Dov Ben-Meir

Jugend in Erez Israel

Erinnerungen

Mit einem Vorwort
von Johannes Rau

Aus dem Hebräischen
von Markus Lemke

Bleicher Verlag

Das Original erschien 1999 unter dem Titel
Mezachzechim schinajim laParot
auf Hebräisch im Verlag Alfa Communication Ltd.

© by Dov B. Ben-Meir

Die Deutsche Bibliothek – CIP-Einheitsaufnahme :

Ben-Mˉeˈîr, Dov B.:
Jugend in Erez Israel : Erinnerungen / Dov Ben-Meir.
Übers.: Markus Lemke.
Gerlingen : Bleicher 2001
ISBN 3-88350-120-4

© der deutschsprachigen Ausgabe
bei Bleicher Verlag GmbH, Gerlingen 2001
www.bleicher-verlag.de
Alle Rechte vorbehalten
Umschlag: Atelier Reichert, Stuttgart,
unter Verwendung eines Privatfotos von Dov Ben-Meir.
Lektorat: Angelika Vogt
Herstellung: MZ-Verlagsdruckerei GmbH, Memmingen
ISBN 3-88350-120-4

Inhalt

Vorwort

Einer wie ich, geboren im Januar 1931, sollte das Familien-
stammbuch und die von Vater und Mutter gesammelten
Fotoalben aus der eigenen Kindheit neben sich liegen haben
und in ihnen blättern, wenn er dies Buch liest: Da tut sich
eine andere Welt auf und man könnte Parallelen, Über-
schneidungen und Entfernungen geradezu messen. Die Entfernungen wären am größten. Der kleine Avraham Roth aus
der jüdischen Familie in Polen war nicht nur geographisch
ganz weit weg von dem Predigersohn aus der kinderreichen
Wuppertaler Familie. Ich war als Leseratte auf vielen Ent-
deckungs- und Abenteuerreisen. Roth aber, der jetzt Dov B.
Ben-Meir heißt und dem ich mich seit mehr als drei Jahr-
zehnten freundschaftlich verbunden weiß, wollte die polnische Kleinstadt nicht verlassen, wollte im kindlichen und
jungenhaften Leben mit seinen Eltern und mit seinem Bruder erwachsen werden, sich selber erproben, sein »Schicksal« in die Hand nehmen und gestalten. Da ergriff politi-
scher Wahnsinn zuerst ein Land und seine Menschen, da
wurde latenter Antisemitismus manifest, da wurde aus familiären und finanziellen Sorgen eine Krise, die den Vater in
den Tod trieb, da war Weggehen eine Lebenschance. Groß-
eltern helfen der Mutter im Leid und geben den Jungen ein
Netz des Vertrauens, helfen bei der Ausreise, die wir uns
heute so einfach vorstellen wie unsere Ferienreisen – Avraham
Roth, nein, Dov B. Ben-Meir wird Landwirtschaftsschüler im

7

Internatsbetrieb, der uns nicht an Ferienhotels erinnert, sondern an strenge, aber friedliche Lager. Wir gehen – als Leser – mit ihm und werden unversehens zu Leuten, die Biologie und Agronomie lernen, die mit ihm staunen über die geheimnisvolle Natur, die Juden und Christen die Schöpfung nennen. Unversehens sind wir Mitschüler und erfahren die Nöte und die Ängste, die Aufregungen und die Alltäglichkeiten des Heranwachsenden in einer nicht nur uns, sondern auch ihm fremden Welt, in der es einheimische Araber gibt und britische Mandatsmächte, mit denen zu kooperieren und gegen die sich durchzusetzen auf Buchseiten leichter ist als in einer Region, die erst fruchtbar werden soll, nicht bloß bewohnt, sondern auch bewohnbar. Dov Ben-Meirs Jugendroman, autobiographisch manchmal bis ins Detail, endet vor der Gründung des Staates Israel 1948. Dass es diesen Staat heute gibt, ist ohne die vielen nicht denkbar, die das Land zuvor urbar gemacht haben, weil es die Verheißung des Nachhausekommens gibt. Der kleine Avraham war ein frommer Jude, der junge Dov streift ab oder verliert, was er als Fessel empfindet und nicht als Halt erkennen kann, der zur Haltung hilft. Der vaterlose Junge verliert die schwer kranke und so geliebte Mutter, er findet zurück zum Bruder und hat längst erkannt und gelebt, dass unsere Welt ohne Brüderlichkeit verkommt. Viele haben das von ihm gelernt und vielfach hat er es gezeigt, einer derer, die Brücken nach Deutschland nicht bloß zugelassen, sondern gebaut haben, und die oft über diese immer noch schwankende Brücke gegangen sind. Es ist gut zu erfahren, was vor der Zeit war, in der Dov Ben-Meir die israelische Politik als Kommunalpolitiker in Tel Aviv, als exponierter Gewerkschafter und als Mitglied und Vizepräsident der Knesset mitgestaltet und nach innen und außen vertrat. Sein Jugendroman wird in Israel seit langem und von vielen gelesen. Da werden manche sein, die Ähnliches erlebt haben und erzählen können, da wird es viele geben, denen eine solche Jugend zwischen Sparta und Jerusalem Anlass zum Staunen gibt. Hoffentlich sind auch in den Ländern, in denen wir Dov Ben-Meirs zum Roman geronnene Erinnerungen jetzt lesen können, die Staunenden in der Überzahl. Aus dem Staunen gerieten wir ins Träumen: von einer Welt, in der es keine Flüchtlinge mehr zu geben braucht, weil es keine Fluchtursachen mehr gibt; von einer Welt, die Schlagstöcke nicht kennt und Gewehre nicht braucht, weil wir das Miteinanderleben gelernt und lieben gelernt haben; von einer Welt, in der die Löwen und die Lämmer miteinander weiden. Diese Welt ist noch weiter weg von der Wirklichkeit unserer Tage, als der deutsche Predigersohn von dem kleinen jüdischen Jungen in Polen weg war. Aber versprochen ist diese Welt – und wir sind danach gefragt, ob wir uns jeden Tag darum bemühen, sie möglich zu machen.

Im Mai 2001
Johannes Rau

Für Yael
In großer Dankbarkeit

Einführung

Es war mein großer Wunsch, dem deutschen Leser das Bild einer jungen jüdischen Generation zu präsentieren, die im Land Israel zu jener Zeit aufgewachsen ist, als ihre Brüder und Schwestern in den Fängen der Nazis in Europa zwischen 1939 und 1945 gefangen waren. Doch erst durch die Unterstützung der Friedrich-Ebert-Stiftung (sowie Herrn Dr. Winfried Veit, ihrem Direktor in Israel) und der Bereitschaft zur Veröffentlichung seitens des Bleicher Verlags wurde die Verwirklichung dieses Wunsches möglich. Ich bin für die finanzielle Unterstützung des Projekts und das Engagement des Verlags sehr dankbar.

Während in Europa zwei Millionen Jugendliche, junge Männer und Frauen um die zwanzig in die Gaskammern getrieben wurden, wuchs zeitgleich eine Generation in Erez Israel heran, lernte, arbeitete und bereitete sich auf einen Kampf für Freiheit und das eigene Land vor (– und gewann ihn schließlich). Der Leser sollte sich einmal vorstellen und daran erinnern, was für ein außerordentliches Land wir hätten aufbauen können, wenn diese zwei Millionen junge Menschen (zusammen mit weiteren vier Millionen Eltern und Kindern) den 650.000 Juden hätten helfen können, die sich 1948 mit der Invasion von fünf gut ausgerüsteten Armeen ihrer arabischen Nachbarn konfrontiert sahen.

Dieser autobiographische Roman zeichnet das Bild dieser ganzen Generation. Er zeigt, wie normal und natürlich unser

Leben hätte sein können, wenn wir nicht mit der traurigen Notwendigkeit konfrontiert gewesen wären, für unser Land kämpfen zu müssen. Die Generation der Staatsgründer konnte lachen und lieben, tanzen und singen, genauso wie sie arbeiten und kämpfen konnte. Das Buch möchte Einblick in den israelischen »Dampfkessel« geben, um die Wurzeln der heutigen Leistungen Israels aufzuzeigen: In der Landwirtschaft wie in der Wissenschaft, im Hightech-Bereich wie im sozialen Netz (Kibbuz, Moschav) und im Aufbau einer modernen, starken Armee ist das Land gewachsen und zu einer blühenden Pflanze geworden.

Viele dieser Leistungen wurden erst durch die außerordentliche wirtschaftliche, militärische und politische Hilfe möglich, die Israel von Deutschland erhalten hat (und noch immer erhält). Damit schließt sich der Kreis eines tausendjährigen deutsch-jüdischen Zusammenseins, das so viele Höchstleistungen in Literatur, Philosophie, Medizin, Wissenschaft und Kultur hervorgebracht hat. Wenden wir uns einem neuen Jahrtausend deutsch-jüdischer Kreativität zu.

An dieser Stelle möchte ich schließlich noch denjenigen danken, die am Zustandekommen dieses Buches besonderen Anteil haben: Frau Angelika Vogt für ihre Hilfe bei der deutschen Bearbeitung und Veröffentlichung, Herrn Markus Lemke für seine exzellente Übersetzung und Dr. Johannes Gerster, dem Direktor der Adenauer-Stiftung, für seine persönliche Unterstützung.

Tel Aviv, im Juli 2001
Dov Ben-Meir

Aufbruch in ein neues Leben. Juli 1943

Der Autobus hielt in einer Straßenkehre. Von hier aus würde er in den Ortskern der *Moschawa* abbiegen und die zentrale Busstation ansteuern, ehe er von dort weiter nach Karkur, Giv'at-Eda, Binjamina und Sichron-Ya'akov fuhr. Er verband die Siedlungen der Shomron-Ebene miteinander und war alle paar Stunden auf der kurvigen Strecke unterwegs, die in Chadera begann und in Haifa endete. Es war eine familiäre Atmosphäre im Autobus, ein Ort geselliger Zusammenkünfte, wichtige Informationsbörse und nicht versiegende Quelle für Tratsch, Klatsch und neueste Nachrichten.

Sobald der Autobus Chadera verlassen hatte, konnte ich meinen Blick nicht von den Gesichtern der anderen Fahrgäste abwenden, musste ihren abgerissenen Gesprächen lauschen, ihre Gesten aufsaugen und mich vom Rhythmus der auf- und abebbenden Unterhaltungen, der Zwischenrufe und Wortwechsel, die im Bus die Runde machten, mitreißen lassen. Dies alles erzeugte eine Atmosphäre geschäftiger Betriebsamkeit, ähnlich dem Summen der Bienen, die an einem warmen Frühlingstag die in Blüte stehenden Zitrusbäume umschwirren. Stieg ein neuer Fahrgast zu, erhoben sich vorne im Bus Begrüßungen wie »Ahalan«, »Wie geht's dir?« und »Wohin fährst du?«, und Abschiedsworte wie »Grüße an ...«, »Vergiss nicht, zur Hochzeit zu kommen«, »Bestell mir zwanzig Mandarinenbaumsetzlinge bei Sasslawsky« und »Halt mir für Dienstag einen Platz bei deinem

Bullen frei« waren im Inneren des Busses zu hören, sobald sich jemand dem Ausstieg in der Wagenmitte näherte.

Gespräche der weiblichen Fahrgäste kreisten im wesentlichen um das Verhältnis zwischen den Geschlechtern – etwa wer geheiratet und wer sich getrennt hatte oder wessen Tochter oder Schwiegertochter gerade schwanger war. Grußbotschaften der Söhne, die in der britischen Armee dienten, wurden ausgetauscht, ein Loblied auf die trächtigen Ziegen gesungen, jene weißen Ziegen der Gattung »Sanan«, welche die Kolonisierungsabteilung der Jewish Agency zur Stärkung der Heimatfront an die Haushalte in den landwirtschaftlichen Siedlungen verteilt hatte. Auch die Wundertaten der »Leghorn«-Hennen wurden ausgiebig beschrieben, die in drei Tagen zwei Eier oder zuweilen sogar jeden Tag ein Ei legten! Über all dem Geflüster und Getuschel lag – wie beim Mussaf-Gebet am Schabbat der Singsang des Kantors vor dem Thoraschrein – die sonore Stimme des Fahrers, der nicht nur Fahrscheine verkaufte oder den nächsten Halt ankündigte, sondern für einen kontinuierlichen Fluss des Informationsaustauschs sorgte, damit dieser nicht mit dem Aussteigen eines der am Gespräch beteiligten Fahrgäste abriss. Der Fahrer fasste also die Gespräche für neu zugestiegene Fahrgäste zusammen, so dass jene darauf reagieren, dem etwas hinzufügen oder das Gehörte an Bekannte weitergeben konnten.

Ich hatte es mir auf der hinteren Sitzbank bequem gemacht. Noch heute sitze ich gerne in einer der beiden hinteren Ecken, strecke – sofern ich die ganze Bank für mich habe – die Beine lang aus und lehne mich mit dem Rücken gegen eine der Seitenwände des Busses. Von hier aus hat man das gesamte Businnere im Blick, kann die Fahrgäste in Augenschein nehmen und sie beinahe unbemerkt belauschen. In dieser Sitzposition vermied ich unliebsame Überraschungen von hinten, eine Vorsichtsmaßnahme, die ich mir wie viele meiner Kameraden aus den Jugendbrigaden der *Hagana* schon früh angeeignet hatte, was vor allem dem Einfluss von Thrillern mit Stars wie Peter Lore und Flash Gordon zuzuschreiben war.

Der Anblick, der sich mir bot, war interessant und fesselnd. »Da hast du echte bäuerliche Lebensweise«, dachte ich bei mir. »So leben die Bauern, so reden sie und dies sind die Dinge, die sie beschäftigen.« Und ich war im Begriff, mich ihnen anzuschließen, einer von ihnen zu werden: Ein Bauer, einer, der die eigene Scholle bestellt, mit schwieligen Händen und zerfurchtem Gesicht.

Ich rückte den *Tembelhut* gerade, der fein säuberlich in der Mitte gefaltet in meinem Koppel steckte, krempelte meine kurzen Schieberhosen noch einmal um, bis der weiße Saum der Taschen unten hervorschaute, und löste meine Armeegamaschen, um sie erneut über den genagelten Arbeitsschuhen festzuschnallen. Dann warf ich einen Blick nach oben zur Gepäckablage, um sicher zu gehen, dass mein Tornister (der ebenfalls aus Beständen der britischen Armee stammte) an seinem Platz lag, ehe ich endlich so weit war, die Landschaft zu betrachten, die an mir vorüberzog.

Ich verspürte einen unstillbaren Durst nach grünen Feldern, nach rotierenden Sprinklern, die einen Dunst aus Wassertropfen freisetzten, ehe sie in der Luft zerstoben und im Licht der sich brechenden und reflektierten Sonnenstrahlen in allen Farben des Regenbogens schillerten. Meine Sehnsucht galt dem Grün der Pflanzungen, den Zitrusbäumen, die im nachmittäglichen Wind hin und her wogten, ihre goldene Frucht im Wechselspiel preisgebend und wieder verbergend, und den breiten, mannshohen Blättern der Bananenpflanzen, die die riesigen Stauden schützend umgaben. Zu meiner Freude folgte der Bus einer Route, die all dies bot. Zunächst

15

fuhr er um die Bahnstation von Chadera, folgte dann dem Zaun um Karfifiya bis zum Bahnübergang, wo die Straße die Schienen kreuzte, und schon passierten wir die Pflanzungen des Kibbuz Gan-Shmu'el mit seinen roten Schindeldächern, die zwischen den Bäumen hervorlugten, ehe wir nach links abbogen und erst das Kinderdorf, die Megged-Siedlung und schließlich die Arbeitersiedlung von Pardess-Chana hinter uns ließen.

Auch hier wurde der Blick zu beiden Seiten von gedrängt stehenden, ausladenden Pampelmusen- und Orangenbäumen versperrt. Zypressenalleen markierten die Grenzen der einzelnen Plantagen und schufen ein Mosaik aus Parzellen, das von inneren Pfaden durchzogen war, die zu den rundherum offenen Sortier- und Packbaracken führten, wo zur Erntezeit emsiges Treiben herrschte und Liebende sich in warmen Sommernächten trafen. Immer wieder gaben die Obstplantagen den Blick auf ein Bewässerungsbecken frei und das monotone Tackern einer Pumpe war zu hören, die Wasser aus der Tiefe empor beförderte und es durch ein dickes Rohr in hohem Bogen in das Wasserreservoir schoss. In gar nicht ferner Zukunft, als ich bereits zu den Schülern der Landwirtschaftsschule zählte, mit dem Labyrinth der Plantagen bestens vertraut und den Mädchen aus der *Moschawa* Pardess-Chana zugetan war, würde ich mich, zusammen mit meinen Kameraden und unseren Begleiterinnen, des öfteren mitten in der Nacht zu einem der Bewässerungsbecken schleichen, immer auf der Hut, in den Pflanzungen nicht einem der Nachtwächter über den Weg zu laufen. Sie hatten die unangenehme Angewohnheit, unsere am Fuß des Bewässerungsbeckens abgelegten Kleidungsstücke zu beschlagnahmen, um so am nächsten Morgen unsere Identität aufzudecken und sich bei der Schulleitung über uns zu beschweren. Daher gewöhnten wir uns an, unsere Sachen zu verstecken oder im Haus eines der Mädchen aus der *Moschawa* zu deponieren, ehe wir barfuss und nur mit Badehose bekleidet zu unserem nächtlichen Abenteuer aufbrachen. Wir bauten einen Wachposten auf, der uns rechtzeitig warnen konnte, da man beim Schwimmen in den Becken, die teilweise nur in der Sperrmauer einen Zugang hatten, zu dem man über eine Eisenleiter gelangte, die Nachtwächter weder kommen sah noch ihre sich nähernden Schritte hörte. In den offenen Becken dagegen fühlten wir uns frei, doch wurde unsere Wachsamkeit durch das Brausen des Wasser, das aus dem Zuleitungsrohr in das Reservoir strömte, behindert, da die Becken gewöhnlich des Nachts gefüllt wurden, um am nächsten Tag die Pflanzungen zu bewässern.

Während ich mich noch an der vorbeiziehenden Landschaft erfreute, zeigten sich schon die ersten Häuser der *Moschawa* Pardess-Chana. Hier standen die Anwesen der alteingesessenen Siedler, deren Häuser von einer hohen, akkurat beschnittenen Hecke umgeben waren, über die die grünen Kronen der Obstbäume hervorlugten, und deren Dächer zur Hälfte von einem mächtigen Maulbeerbaum beschattet wurden. Und daneben die Häuser der neu hinzugezogenen Bewohner, mit kleinen, noch zarten Ligusterpflänzchen entlang des Zauns, die Einblick auf den Hof gewährten. An der Stirnseite des Hauses waren Birn-, Apfel-, Pflaumen- und Pfirsichbaumsetzlinge gepflanzt, deren dünne Stämmchen gekalkt und an einen stützenden Pfahl gebunden waren, mit einem im Wind schaukelnden Aluminiumstreifen versehen, auf dem die Sorte des Setzlings stand. Dieser Streifen diente als eine Art Ausweispapier und war bereits in der Baumschule mit einem Fädchen an einem der Äste befestigt worden, damit der Pflanzer die einzelnen Sorten genau auseinander halten konnte.

Entlang der rückwärtigen Hausfront erstreckten sich Blumen- und Gemüsebeete, die von der Hausherrin und ihren Töchtern angelegt wurden, um Gemüse im Eigenanbau zu ziehen und die Tafel zum Schabbatmahl mit einem duftenden Blumenstrauß schmücken zu können. In dem hinter dem Haus gelegenen Hof befand sich ein kleiner Hühnerstall, der lediglich aus einer quadratischen, braun angemalten und auf vier Rundhölzern ruhenden Kiste bestand, die vorne durch ein weißes Netz abgeschlossen wurde und über deren ganze Breite eine Futterrinne angebracht war. Dies war der Einheitshühnerstall, den jeder Landwirt, der dem Hilfsprogramm angeschlossen war, von der Jewish Agency erhielt, um gut und gerne vierzig Hühner darin zu halten. Und unweit des Hühnerverschlags, neben einem niedrigen Futtertrog, stand die weiße Ziege genüsslich große Mengen Heus kauend und in jenen Tagen der Hauptmilchlieferant jeder bäuerlichen Familie.

Von all diesen Bildern waren es ausgerechnet die Gemüsebeete, die Erinnerungen in mir wachriefen. Auch mein landwirtschaftlicher Werdegang hatte einmal mit einem Gemüsebeet begonnen, einem Beet, das ich vor unserem Haus anlegte, dem Haus meines Großvaters in Tel Aviv, um darin mein eigenes Gemüse zu ziehen. Rings um das Haus, das mein Großvater bei seiner Ankunft in Palästina im Jahre 1932 erworben hatte, erstreckte sich ein prachtvoller Garten, sein ganzer Stolz. Damit die Hausbewohner nicht wie die Vandalen darin hausten, umgab mein Großvater seinen Garten mit einem hohen Zaun und einem stets verschlossenen Tor. Nur mein Großvater und der Gärtner besaßen einen Schlüssel zu diesem Tor und nur sie allein hatten Zutritt zu dem Garten, sei es um diesen zu bestellen, die Goldfische zu füttern oder die Wassersprenger in Gang zu setzen.

Jeder Tag an dem der Gärtner, *Herr* Weiß, im Garten zur Arbeit erschien, bedeutete einen Festtag für mich. Er gestattete mir, ihm zur Hand zu gehen, und ich kam voller Eifer jeder Aufgabe nach, die er mir auftrug. Herr Weiß, ein rothaariger *Jecke* von etwa vierzig Jahren, in Kniebundhosen, die von ledernen Hosenträgern aus bayerischer Fabrikation gehalten wurden, legte die Strecke zu unserem Garten mit dem Fahrrad zurück. Oft hatte er seine schwarze Tabakspfeife im Mund und auf dem Rücken trug er einen deutschen Feldrucksack, in dem sich sein Arbeitszeug befand: Baumscheren aller Art, Harken und kurzstielige Gartenschaufeln. Die langstieligen Harken und Hacken hatte er an den Rahmen seines Fahrrades gebunden und einen Handrasenmäher auf geniale Art und Weise auf dem Gepäckträger untergebracht, das Gestänge hoch emporragend und den Scherkörper mit einem Draht am Sattel befestigt.

Ich war hauptsächlich mit dem Aufsammeln von Laub und abgeschnittenen Zweigen beschäftigt, mit dem Harken der Wege und dem Überprüfen des Bewässerungsschlauchs, um zu verhindern, dass das Wasser die Wände der Sandmulden durchbrach, die Herr Weiß um die Obstbäume im Garten ausgehoben hatte. Es gab nicht viele Bäume in Großvaters Garten: Einen Zitronenbaum und einen Paradiesapfelbaum – das war seine gesamte Obstpflanzung. Dennoch achtete er streng darauf, auch dort die in Bezug auf die Landarbeit geltenden *Mizwot* einzuhalten: Drei Jahre lang pflückte er gewissenhaft die Zitronen und Paradiesäpfel, die seine Bäume hervorbrachten, schnitt die Früchte mit dem Taschenmesser in Stücke und warf sie dann weg, um so vor der Übertretung des Gebots der Unbeschnittenheit gewappnet zu sein und zugleich der *Mizwa* Genüge zu tun, die den Genuss der Früchte eines Baumes während seiner ersten drei Lebensjahre untersagt. Später erntete er Jahr für Jahr sorgfältig Zitronen und Paradiesäpfel, zählte sie ab und warf jede zehnte Frucht weg, um so die *Mizwa* des Zehnten zu erfüllen. Als ich mich mit der Bitte an ihn wandte, mir eine kleine Fläche zum Anlegen eines Gemüsebeets zu überlassen, kam es daher zur Diskussion über die Frage des Zehnten, und Großvater gab sich erst zufrieden, als ich ihm endlich zugesichert hatte, die Auslese des zehnten Teils jeder Ernte, die das Gemüsebeet hervorbringen würde, genauestens einzuhalten. Unter Anleitung von Herrn Weiß häufte ich Erde für das Beet auf, grub die Fläche um und bestreute sie der Länge nach mit Hühnermist aus einem Düngesäckchen, das mir der Gärtner gegeben hatte. Dann entnahm ich – ehrfürchtig und voller Liebe – zehn Mil aus meiner geheiligten Sparbüchse, um davon Samen für das Beet zu kaufen.

Da es in unserer näheren Umgebung keine Gemüsesetzlinge zu kaufen gab, blieb mir nichts anderes übrig, als mich mit Karotten- und Rübensamen sowie Steckzwiebeln zufrieden zu geben. Diese kaufte ich im Blumenladen von Frau Stieglitz auf dem Carmel-Markt. Der Laden war eine Institution in unserem Viertel. Seit dem Tag ihrer Ankunft in Palästina im Jahre 1933 war Frau Stieglitz für ihre unerschütterlichen Bemühungen bekannt, sich auf Hebräisch zu artikulieren: Sie besuchte eifrig Kurse in der Sprachschule »Berlitz« und achtete streng darauf, sich nur Hebräisch auszudrücken. Tatsächlich jedoch entrang sie ihrem Mund ein Wortgemisch aus deutschen und hebräischen Bruchstücken, mal auch ganzen Sätze auf Hebräisch, die wegen ihres schweren deutschen Akzents aber nur äußerst schwierig zu verstehen waren. Trotz ihres aufrichtigen Bemühens blieb es ihr versagt, sich die »asiatische« Sprache anzueignen und diese zu beherrschen. Selbstverständlich änderte sich die Situation grundlegend, sobald eine ihrer Bekannten aus der alten Heimat den Laden betrat. Dann sprudelte das gute alte

20

Deutsch nur so aus ihrem Mund, ohne grammatikalische Kraftanstrengungen, aber mit allen Höflichkeitsfloskeln wie »Dankeschön«, »Bitteschön« und »auf Wiedersehen«.

Um all jene Kunden zufrieden zu stellen, die der Muttersprache der Frau Stieglitz nicht mächtig waren, sicherte sie sich die Dienste Eli Yafets, eines Jungen aus dem angrenzenden Jemenitenviertel. Dieser baute gegen alle in Deutschland üblichen Bestimmungen für ein Geschäft dieser Art vor dem Laden zwei unterschiedlich hohe Tische mit Eimern voller Blumen auf und pries lautstark seine Ware an. Und so, untermalt vom schweren deutschen Akzent und gutturalen Kehllauten, blühte und gedieh der Blumenverkauf im Laden der Frau Stieglitz. Aber die bösen Zungen, die in unserem Viertel die Runde machten, ließen sich von dem Bild unschuldiger Eintracht, das die beiden boten, nicht in die Irre führen. Der Milchmann und andere Fromme, die zum Frühgebet hasteten, wussten zu berichten, dass sie Eli Yafet sich im Morgengrauen aus der Erdgeschosswohnung der Frau Stieglitz hatten stehlen sehen.

Frau Stieglitz stammte aus Stuttgart und war mit ihrer Mutter und ihren beiden Töchtern, der achtzehnjährigen Emmi und der dreizehnjährigen Ruthi, nach Palästina gekommen. Die Familie wohnte im Haus meines Großvaters zur Miete. Niemand wusste, welches Schicksal Herrn Stieglitz widerfahren und wer der Vater der beiden Mädchen war, aber da sie ihre Miete stets pünktlich zahlte, ließ man sie gewöhnlich in Ruhe. Monatelang verfolgte ich das Geschehen im Blumenladen mit Interesse, da Ruthi mir zur getreuen Spielkameradin in unserem großen Garten wurde. Immer wieder schmuggelte ich sie in das Allerheiligste meines Großvaters ein, vorgebend, sie einen Blick auf die Goldfische im Teich werfen zu lassen. Tatsächlich jedoch galt unser Interesse dem jeweils anderen Geschlecht, was zumeist mit

Knutschen, Umarmungen und gegenseitigem Streicheln endete. Dieses Spiel verdankten wir der Initiative und dem Erfindungsreichtum Ruthis, die zwei Jahre älter war als ich, und fand im Schatten eines ausladenden Oleanderbuschs statt, der uns vor neugierigen Blicken verbarg. Als Gegenleistung für meine Bereitschaft mitzuspielen, bestellte mich Ruthi in den Laden ihrer Mutter und bestürmte diese, uns Blumen und Pflanzen an Kunden austragen zu lassen, was eine ertragreiche Taschengeldquelle bedeutete. Mich jedoch fesselte in Frau Stieglitz Laden ausgerechnet das Regal mit den Samentütchen, das über dem Verkaufstresen an der Wand hing: ein rechteckiger Holzkasten mit zahllosen Fächern, auf dessen Stirnseite die Abbildungen der Gemüse- und Blumensorten geklebt waren. In jedem Fach standen exakt aufgereiht die Tütchen mit den jeweiligen Samen. Im Geiste sah ich mich schon Reihe um Reihe Karotten- und Radieschensamen aussähen, Steck- und Blumenzwiebeln setzen, wobei die Reihen immer länger wurden und schon über die Felder hinausgingen.

Eine ähnliche Vision begleitete mich, als ich den Blumenladen betrat, um Samen für mein Beet zu kaufen. Ich wandte mich dem Gestell zu und wählte drei Tütchen aus, zwei mit Karotten- und Radieschensamen und eines mit Steckzwiebeln. Ich versicherte mich, dass die Saatanweisungen auf der Rückseite der Tütchen tatsächlich auch auf Hebräisch gedruckt waren, ehe ich mich mit meinen Schätzen auf den Rückweg machte.

Das Beet unterteilte ich in drei Felder und zog mit Hilfe eines spitzen Stocks der Breite nach Furchen. Dann schnitt ich alle Tütchen auf und streute vorsichtig und auf gleichmäßige Verteilung bedacht die Samen in die Furchen. Die Steckzwiebeln versenkte ich in kleine Mulden, die ich mit dem Daumen geformt hatte, und achtete penibel darauf, dass ihre

Wurzeln nach oben zeigten. Schließlich schüttete ich vorsichtig alle Furchen zu und füllte auch die Mulden der Steckzwiebeln mit Erde auf. Nun blieb mir nichts weiter zu tun, als das Beet glatt zu harken und mehrmals zu gießen. In den darauffolgenden Tagen fand ich keine Ruhe. Wie eine brütende Henne, die die Eier unter ihrem Gefieder so lange wendet, bis die Küken schlüpfen, stand ich in aller Frühe auf und eilte zu meinem Beet, um zu sehen, ob die Samen nicht etwa schon gekeimt hatten und die ersten zarten Pflänzchen aus der Erde hervorsprossen. Als sich das Wunder dann tatsächlich ereignete, erfüllte mich unbändiger Stolz, fühlte ich mich doch beteiligt am Akt der Schöpfung. Ich hatte Karotten-, Radieschen- und Gemüsezwiebelpflänzchen aus dem Nichts erschaffen.

Zu beiden Seiten des Beets steckte ich dünne Holzpinne in den Boden und spannte eine Schnur mit aufgefädelten Papierstreifen. Wenn der Wind durch die Papierstreifen strich, gerieten diese in Bewegung und erzeugten ein Geräusch, das ausreichte, die Vögel zu vertreiben und sie davon abzuhalten, die zarten Pflänzchen auszupicken. Sobald ich von der Schule heimkehrte, eilte ich zu meinem Beet, ließ mich seitlich davon nieder und besprach die Setzlinge, ermutigte sie und versuchte, ihr Wachstum zu beschleunigen. Viele Stunden lang verharrte ich so, schweigend und in gespannter Erwartung. Eines Tages lasen wir in der Schule das Gedicht »Grabstein« des Dichters David Shimonowitz, und als ich an jenem Tag nach Haus zurückkehrte und mich neben mein Beet hockte, kamen mir unwillkürlich seine zündenden Worte in den Sinn:

»Was ist mir in diesem tosenden Betonmeer?
Verlangt es mein Herz nicht seit frühester Kindheit
mit rätselhafter Macht nach Wäldern und Feldern?«

»Landwirtschaftsschule!« rief der Fahrer und der Autobus kam so abrupt zum Stehen, dass die Fahrgäste auf ihren Sitzen nach vorn geworfen wurden und einige im Mittelgang liegende Gepäckstücke ins Rutschen gerieten. Ich hatte tatsächlich vor mich hingeträumt und erst der Ausruf des Fahrers ließ mich hochschrecken. Ich sprang von meinem Platz auf, zog meinen Tornister aus der Gepäckablage, hastete, um die Scharniertür in der Wagenmitte zu öffnen – und schon war ich draußen. Gleißende Sommersonne empfing mich und blendete mich für einen Moment, zumal meine Augen mit dem Staub zu kämpfen hatten, den die Reifen des sich rasch entfernenden Autobusses aufwirbelten. Als ich wieder sehen konnte, stellte ich fest, dass ich neben einem ordentlich grün angestrichenen Wartehäuschen mit schrägem Dach stand. Bereits auf den ersten Blick machte mir diese Hütte eine erfreuliche Veränderung in meinem Leben bewusst: Ich würde es nicht länger mit den nackten Eisenstangen zu tun haben, die in der Stadt nachlässig und zumeist verbogen das Blechschild mit dem Namen der Haltestelle trugen, sondern mit einem richtigen Wartehäuschen, in das man eintreten konnte, auf dessen an den Wänden angebrachten Bänken man ausruhen und Schutz vor der brennenden Sonne oder dem peitschenden Regen finden konnte.

Wieder betrachtete ich das grün gestrichene Wartehäuschen und fühlte, wie ich eine besondere Beziehung zu seiner eigentümlichen Bauweise entwickelte und überhaupt zu der Tatsache, dass es hier so vor mir stand. Der erste authentische Repräsentant eines jüdischen Dorfes. Später würde ich noch engere Bande zu diesem Unterstand knüpfen: Hier sollte ich mich, ohne es zu ahnen, zum letzten Mal von meiner Mutter verabschieden, die nur wenige Tage nach ihrem Besuch in der Landwirtschaftsschule unerwartet verstarb; hier würde ich mehr als nur einmal Schutz vor heftigen

Regengüssen finden, die mich auf meinem Weg von der Schule zur Synagoge in der *Moschawa* überraschten, wohin ich unterwegs war, um den *Kaddisch* für meine Mutter zu beten; hier würde die Konfrontation zwischen dem Schulleiter und der Klasse meines Jahrgangs eskalieren, die beschlossen hatte, trotz ergangenen Verbots zu einer mehrtägigen Wandertour aufzubrechen; und schließlich würde ich hier zum ersten Mal den süßen Geschmack beim Küssen eines verliebten Mädchens kosten.

Über dem Wartehäuschen erhob sich wie ein schützender Patron eine Eiche mit mächtigem Stamm und ausladender Krone, die das Dach des Unterstands und die Fläche ringsum mit ihren Eicheln übersäte. Um mich herum erstreckten sich Getreidefelder und trennten das Gebiet der hinter dem Zaun liegenden Landwirtschaftsschule von den am Rand der *Moschawa* gelegenen Häusern. So weit das Auge reichte, waren auf den brach liegenden Feldern weitere mächtige Eichen auszumachen, die großzügigen Schatten spendeten und zur Mittagszeit den Ziegen- und Viehherden der örtlichen Araber einen kühlen Platz zum Lagern boten. Die Felder waren abgeerntet und die abgedroschenen Halme bereits aufgelesen, zu Strohballen gepresst und in eine der Scheunen verbracht worden. Auf den Feldern ragten nur noch hier und dort ein paar vereinzelte kümmerliche Ähren in die Höhe, die die Messer des Mähdreschers ausgelassen hatten, und hin und wieder Teile von Strohballen, die beim Beladen der Wagen auseinandergefallen und zurückgeblieben waren. Auf sie stürzten sich die Herden der Beduinen, bevor die Traktoren kamen und die Felder umpflügten. Jetzt, nach stundenlangem Weiden, lagen die Herden im Schatten der Eichen und käuten wieder, während sich die Hirten versammelt hatten, um auf einem rostigen Blech Körner zu rösten und ein gemeinsames Mahl zuzubereiten, das im

Wesentlichen aus Fladenbrot bestand, das in Olivenöl und dickflüssigen Joghurt getunkt, mit Oliven gefüllt und zu guter Letzt mit Thymian bestreut wurde.

Ich zog meinen *Tembelhut* aus dem Gürtel und setzte ihn auf, warf mir den Tornister über die linke Schulter und begann auf die Schule zuzumarschieren. Ich überquerte die Straße und folgte dem staubigen, von Leiterwagenreifen zerfurchten und mit Pferdeäpfeln übersäten Weg, der direkt zum Haupttor des Internats führte. Während ich so am Rand des Weges entlang ging, stieg mir der Geruch der Pferdeäpfel in die Nase, ein wunderbarer Geruch, der sich schon bald mit dem Schweißgeruch nackter Rücken, die Heu- und Strohballen aufluden, vermischen würde.

Zur Rechten zeichnete sich am Horizont, dort, wo der mit einer Doppelreihe Zypressen gesäumte Zaun der Landwirtschaftsschule diesen zu berühren schien, der Wasserturm der *Moschawa* in seiner Höhe von mehreren Dutzend Metern ab. Dieser Turm hatte eine außergewöhnliche Form, die im ganzen Land ihresgleichen suchte. Anstelle der üblichen Konstruktion aus viereckigen Betonstelzen mit einem darauf ruhenden riesigen, ebenfalls aus Beton gegossenen Wasserreservoir, zu dem steile Eisenleitern empor führten, war der Wasserturm von Pardess-Chana als durchgehende Betonröhre vom Fundament bis zu seiner Spitze in einem Stück gegossen. Nach oben gelangte man im Inneren des Turmes, wobei der beschwerliche Aufstieg über spiralförmige Eisenleitern erfolgte, die zu drei auf unterschiedlichem Niveau liegenden Wasserreservoirs führten. Oben hatte der Turm eine umlaufende, am oberen Rand nach innen gewölbte Betonbrüstung, in der Guck- und Schießscharten ausgespart waren.

Zum damaligen Zeitpunkt konnte ich noch nicht ahnen, dass dieser hochgelegene Betonhorst meinen Kameraden und mir einmal als Schlafstätte dienen sollte. Dort würden wir während langer Nachtwachen abwechselnd versuchen, anhand von Morselampen oder Signalfeuern die Hilferufe benachbarter Kibbuzim und Moschawim aufzufangen, die von der Umwelt abgeschnitten waren oder aber von britischen Soldaten nach versteckten Waffen oder illegal ins Land gekommenen Flüchtlingen durchsucht wurden.

»Vereinigung der Bauern im Lande Israel« und »Landwirtschaftliches Gymnasium«: Diese beiden Bezeichnungen waren – auf Hebräisch und Englisch – auf dem Schild zu lesen, das über die gesamte Breite des Eingangstors lief. Das Tor selbst war versperrt und mit Schloss und Kette gesichert, doch eine Seitenpforte stand offen und durch sie betrat ich nun erstmalig die Schule, die lange Zeit meine Träume beschäftigt hatte.

Meine Schulzeit in Tel Aviv

Mein Weg in diese Bildungseinrichtung war nicht frei von Hindernissen und es dauerte ein ganzes Jahr, ehe ich in den Genuss kam, dort aufgenommen zu werden. Alles begann mit dem plötzlichen Wiederauftauchen von Putzi, unserem Leiter in der Jugendbewegung *Bnej Akiva*, der in einer Armeejacke mit stoffbezogenen Knöpfen erschien. Eine solche Jacke bekundete, dass ihr Träger – im Unterschied zu jenen, die Jacken mit Messingknöpfen trugen – zu den geheimen Sicherheitskräften des jüdischen *Jischuws* zählte, oder genauer gesagt – zur *Palmach*. Putzi tauchte unangekündigt bei einer der Zusammenkünfte unserer Gruppe auf, nachdem er zuvor einfach verschwunden und über mehrere Monate nicht mehr in der Baracke der Jugendbewegung gesichtet worden war. Er war braun gebrannt, seine Hände schwielig und zerkratzt. Gewaltmärsche und strapaziöse Geländeübungen hatten sichtbare Spuren an ihm hinterlassen. Das Metallgestell seiner Brille schien Teil der scharf geschnittenen Nase geworden zu sein und tanzte ihm nicht mehr mit unbeholfener Nachlässigkeit im Gesicht herum. Er war kantiger geworden und statt des weichlichen, beinahe wie ein Jeschiwa-Schüler wirkenden Jungen, den wir kannten, stand jetzt ein kräftiger Mann mit stählernem Blick vor uns, wie es sich für einen Palmachnik gehörte.

Die Mädchen machten Putzi schöne Augen und die Jungs klopften ihm auf die Schulter und versuchten, sich im Armdrücken gegen ihn zu messen. Doch er hatte es eilig, das übliche Wiedersehensritual zu beenden, und beorderte alle Jungen in den kleinen Saal unserer Baracke. Dort zog er seine Jacke aus, warf sie über die Stuhllehne und strich sein Khakihemd glatt, an dessen Kragen eine Anstecknadel mit einem blauen »G« prangte. In jenen Tagen der Rekrutierung zur britischen Armee in das in ihren Reihen kämpfende Regiment aus jüdischen Freiwilligen – der »Brigade« – wurden an die Mitglieder des jüdischen Untergrunds in Palästina, die Angehörigen der *Hagana* und des *Palmach*, runde Anstecknadeln ausgegeben, die auf weißem Grund gut sichtbar ein blaues »G« trugen. So befreiten sie sich von dem wenig angenehmen gesellschaftlichen Druck, den jeder junge Mann zu spüren bekam, der nicht dem Ruf des jüdischen *Jischuw*s Folge leistete, sich freiwillig zum Dienst in der britischen Armee zu melden.

Junge Männer, die aufgrund »wirtschaftlicher Umstände« wie etwa der Arbeit in unverzichtbaren Dienstleistungsbereichen oder als alleinige Ernährer ihrer Eltern und Familien von der allgemeinen Mobilisierung befreit waren, bekamen eine Anstecknadel mit einem braunen »G«. Dieses Abzeichen galt gemeinhin als weniger ehrenhaft und weckte gegenüber seinen Trägern neben Geringschätzung nicht selten auch Unmutsbekundungen, sie seien nichts weiter als Drückeberger mit guten Beziehungen. Solches widerfuhr einem der Lehrer an unserem Gymnasium, der eines Tages mit einem braunen »G« am Revers seines Jacketts erschien, was sogleich für vielsagendes Grinsen und Getuschel sorgte. Kaum hatte er den Grund für die allgemeine Unruhe begriffen, baute er sich in ganzer Länge vor uns auf und brüllte erbittert: »Ich bin kein Drückeberger! Ich bin vom Dienst an der Waffe befreit, weil ich der alleinige Ernährer meiner alten Eltern bin! Und das auf Beschluss der zuständigen Stellen!

Denn wer an der Kanune zu stehen hat, stehe an der Kanune, und wer hier vor euch treten muss, um den Unterricht fortzuführen, wird tun, wie ihm befohlen – mit derselben Hingabe und Aufopferung!« Bei dem Wort »Kanone« verwechselte er mit schöner Regelmäßigkeit »u« mit »o« und bereicherte so den Anekdotenschatz unserer Schulzeit um eine weitere Perle: »Wer an der Kanune zu stehen hat, stehe an der Kanune!«

Putzi ließ sich also auf dem Stuhl nieder und sah jeden von uns prüfend an. Er wusste, dass alle Jungs des »Stammes« bereits von den Jugendregimentern der *Hagana* gemustert worden waren. Als Mitglieder der Jugendbewegung *Bnej Akiva* waren wir der religiösen Abteilung zugeteilt worden und hatten bereits an zahlreichen Wehrübungen teilgenommen: In der Polizeistation der jüdischen Siedlungen in Be'er-Ya'akov hatten wir an kanadischen Karabinern trainiert; mit der Parabellum-Pistole waren wir in einem getarnten Schießstand, der sich in der Mädchenschule »Alliance« in Neve-Zedek befand, vertraut gemacht worden; Nahkampf mit Stöcken, die aus dem glatten, harten Holz der wilden Orangenbäume gemacht waren, wurde in der Turnhalle der Carmel-Schule, im Herzen Tel Avivs, trainiert und Feldübungen fanden in den Randbezirken der Stadt zwischen den Obstpflanzungen von Ramat-Gan und Bnei-Brak, statt. Außerdem waren wir als Verbindungsmänner für die örtliche Kommandantur der *Hagana* in der Stadt unterwegs. Die Rekrutierung zur *Hagana*, und in einem ersten Schritt die Rekrutierung zu ihren Jugendkompanien, erfolgte größtenteils aus den Reihen der einzelnen Jugendbewegungen. Dadurch konnte man sich ein Bild von der persönlichen Vergangenheit und den Fähigkeiten jedes Neurekruten machen und Stellungnahmen über ihn durch seine Jugendleiter und frühere Kameraden, die bereits gemustert waren, anfordern.

So kam es, dass eines Tages Fessale, ein Kamerad aus meinem »Stamm«, mich aufforderte, mit ihm zu kommen. Wir ließen uns auf einer Bank des nahen Rothschild-Boulevards nieder. Fessale schlug die Beine übereinander, wie es hochgestellte Persönlichkeiten zu tun pflegen, die in Begriff sind, ein Gespräch mit Untergebenen zu führen. Diese ihrerseits senken in dem Gefühl, im nächsten Moment etwas Wichtiges, Schicksalhaftes gesagt zu bekommen – vielleicht die Mitteilung über ihre unehrenhafte Entlassung, vielleicht die Nachricht, befördert zu werden – voller Demut den Kopf und machen sich auf das Schlimmste gefasst. Das lässt den Initiator des Gesprächs, der die Untertänigkeit seines Gegenübers sehr wohl bemerkt, sich vor lauter Autoritätsfülle aufplustern und zu hochtrabenden Worten greifen – so hochtrabend, dass sie mitunter über den Kopf seines Gesprächpartners hinwegziehen, ohne auch nur ansatzweise in dessen Bewusstsein vorzudringen. Genau so erging es mir, als Fessale endlich das minutenlang zwischen uns herrschende Schweigen brach, in dessen Verlauf er durchdringende, prüfende Blicke auf mich gerichtet hatte.

»Meinst du nicht, ein junger Mann in deinem Alter sollte allmählich auch über die Pflichten nachdenken, die er im Leben hat?«, fragte er mit ernstem, selbstgefälligem Gesichtsausdruck. Angst erfüllte mich, verstand ich doch nicht, worauf er hinauswollte. Ich musste befürchten, dass mein übermütiges und ungestümes Auftreten und vor allem die besondere Aufmerksamkeit, die ich den Mädchen unseres »Stammes« gewidmet hatte – ein für die damalige Zeit in der religiösen Jugendbewegung *Bnej Akiva* etwas ungebührliches Betragen –, den »Sittenwächtern« Gelegenheit gab, mir die Leviten zu lesen oder mich sogar abzumahnen.

»Was meinst du?«, stieß ich mühsam mit zitternder Stimme hervor.

»Du weißt«, er wechselte die Beinhaltung, »dass wir neben den Verpflichtungen, die wir gegenüber unserem Zuhause, der Familie und der Schule haben, auch gehalten sind, unsere Schuld gegenüber der Gesellschaft und unserem Volk zu begleichen.« Mit einem Mal wurde mir leichter. Ich begriff, dass er nicht gekommen war, mir eine Strafpredigt zu halten oder mich auf Beschluss des Komitees, das über unser Sozialverhalten wachte, aus dem »Stamm« zu verbannen.

»Gewiss«, beeilte ich mich zu versichern. »Jeder von ist verpflichtet, für sein Volk zu sterben!«

»Nicht ganz so schnell«, ließ sich Fessale herab, mich zu beruhigen. »Selbstverständlich kann es zu einer Situation kommen, in der wir gezwungen sein werden, unser Leben zu opfern, aber im Moment frage ich dich nur, ob du bereit bist, dem Volk im Untergrund zu dienen.«

»Welchem Untergrund?«, fragte ich flüsternd, denn in unserer Jugendbewegung *Bnej Akiva* versuchten Rekrutierungsoffiziere aller Untergrundbewegungen ihr Glück.

»Die *Hagana*«, erwiderte Fessale. Ich atmete erleichtert auf. Obgleich zu Hause nicht offen darüber gesprochen wurde, gehörten wir nicht zu den Anhängern des *Etzel* oder der *Lechi*. Außerdem wusste ich, wenn auch nicht mit absoluter Sicherheit, dass schon mein Bruder Mitglied der *Hagana* war. Er erzählte mir zwar nichts, aber dass er alle zwei Wochen am Schabbat mit unserem Armeetornister, zwei Butterbroten und einer Orange, mit Wasserflasche, in Khakikleidung und schwerem Schuhwerk mit Armeegamaschen darüber das Haus verließ, räumte bei mir jeden Zweifel aus. Er erklärte seine Ausflüge zwar mit der Funktion, die er seit neuestem im Arbeiterrat von Tel Aviv bekleidete, doch die staubbedeckten und manchmal sogar zerrissenen Sachen, in denen er an jenen Schabbatnachmittagen zurückkehrte, verrieten, dass er seine Zeit nicht mit einem theoretisierenden Seminar vertan hatte ... Weder meine Mutter noch ich schenkten ihm Glauben, auch wenn ich nicht sagen kann, ob sich meine Mutter eingestand, dass es um Aktivitäten im Untergrund ging.

Ich hatte eine vage Angst vor der Untergrundbewegung des *Etzel* und zwar wegen eines nächtlichen Zwischenfalls, der sich ein Jahr zuvor in unserem Haus ereignet hatte. Mein Bruder und ich bewohnten damals gemeinsam ein Zimmer in der Wohnung meines Onkels, des Bruders meiner Mutter. Diese Wohnung gehörte ebenfalls meinem Großvater. Um die Einnahmen aus der Vermietung der Wohnungen aufzustocken, was notwendig wurde, als die Gelder, die sowohl meine Mutter als auch mein Großvater aus ihren Besitzungen in Polen bezogen, nach dem deutschen Einmarsch ausblieben, teilte mein Großvater meinem Bruder und mir ein gemeinsames Zimmer in der Wohnung meines Onkels zu und meiner Mutter eines in seiner eigenen, die an die unsrige angrenzte. So lebten wir zwar in den Nächten getrennt, führten jedoch tagsüber ein normales Familienleben, da alle Mahlzeiten von meiner Großmutter und meiner Mutter zubereitet und um den Esstisch in Großvaters Wohnung gemeinsam eingenommen wurden.

Eines Nachts, es war schon nach Mitternacht, wurden wir durch lautes Klopfen an der Wohnungstür geweckt. Vor der Tür standen einige junge Männer, die umgehend Zutritt verlangten. Auf die Frage meines Onkels, was sie wollten, erwiderten sie, sie wollten mit ihm sprechen. Mein Onkel weigerte sich, die Tür zu öffnen, und teilte ihnen mit, zu so später Stunde lasse er niemanden mehr in seine Wohnung und sie könnten ja am nächsten Tag in seinen Laden kommen. Damit gaben sich die jungen Burschen jedoch nicht zufrieden und drohten, sich mit Gewalt Zutritt zur Wohnung zu verschaffen.

Auf Geheiß meines Onkels kletterte daraufhin mein Bruder auf einen Stuhl und öffnete das Fenster über der Tür, um einen besseren Blick auf die Ruhestörer zu haben und sich womöglich auch mit ihnen zu unterhalten. Es waren drei junge Männer und einer von ihnen, allem Anschein nach der Anführer, hielt eine Namensliste in der Hand. Mein Bruder fragte, im Namen welcher der Untergrundorganisationen sie unterwegs seien. Zunächst weigerten sich die drei, ihre Identität preiszugeben, doch als sie sich des wachsenden allgemeinen Aufruhrs im Haus bewusst wurden, Nachbarn spähten aus ihren Wohnungen und meine Tante lief auf den zur Straße gehenden Balkon und rief lauthals um Hilfe, gaben sich die Burschen wohl oder übel als Emissäre der »Eisernen Sammlung« des *Etzel* zu erkennen. Sie waren erschienen, um von meinem Onkel eine »Spende« zu bekommen. Nach einigem Hin und Her, diesmal jedoch in niedrigeren Tonlagen, wurde beschlossen, dass sie an einem der nächsten Tage in den Laden kommen sollten, um dort die »Spendenangelegenheit« zu regeln. Ich weiß nicht, wie die ganze Sache schließlich ausging und ob mein Onkel ihnen irgendeine »Spende« zukommen ließ, doch der Zwischenfall hinterließ bei mir über viele Jahre einen bitteren Nachgeschmack, die Kostprobe einer gewaltbereiten und in hohem Maße angsteinflössenden Untergrundorganisation. Ich war daher äußerst erfreut, meinem sechs Jahre älteren Bruder, der mir immer als Vorbild gedient hatte, nachfolgen zu können und Mitglied in jener Untergrundorganisation zu werden, in deren Reihen ich ihn vermutete.

»Na klar bin ich bereit, mich der *Hagana* anzuschließen«, antwortete ich mit fester Stimme. Fessales Augen leuchteten und er klopfte mir leicht auf die Schulter.

»Ich wusste, du würdest mich nicht enttäuschen«, sagte er und fügte dann hinzu: »In Kürze wird man sich mit dir in

Verbindung setzen und dir einen ›Knoten‹ zukommen lassen, deine Aufforderung, vor dem Musterungsausschuss zu erscheinen. Du musst dich exakt an das halten, was man dir sagen wird, und es ist dir strikt untersagt, jemandem von der Unterhaltung mit mir oder von irgendetwas, das sich von jetzt ab und in Zukunft ereignet, zu erzählen. Auch deinen Eltern oder deiner Familie nicht. Versprichst du das?« Es verstand sich von selbst, dass ich meine Verschwiegenheit zusicherte, wobei mich Stolz und Freude erfüllte: Jetzt wurde auch ich zur Fahne gerufen, auch ich würde ein Mitglied der *Hagana* sein! Nach dieser Unterhaltung mit Fessale kannte ich keine Ruhe mehr. Jeden Tag erwartete ich den »Knoten«, jenes Blatt Papier mit einer Liste von Namen, das von Hand zu Hand ging, indem jeder, der es zugesteckt bekam, den »Knoten« unverzüglich an den ihm auf der Liste Nachfolgenden weiterleitete. Im oberen Teil des Blattes war der Auftrag beschrieben, den der Empfänger des »Knotens« auszuführen hatte. Dabei handelte es sich zumeist um die Aufforderung, zu einer Zusammenkunft an einem der konspirativen Versammlungsorte zu erscheinen, die wir anhand eines Codes, den wir auswendig lernen mussten, zu unterscheiden wussten. Eines Tages klopfte Shlomke, der Waschlappen unseres »Stammes«, ein Junge, der sich niemals an Prügeleien beteiligte oder beim Armdrücken mitmachte, der weder mit uns ins Hadassah-Freibad schwimmen ging noch versuchte, vor den Mädchen am Strand mit breiter Brust herumzustolzieren. Mit einem Lächeln streckte er mir ein Blatt Papier hin und stieß nur ein einziges Wort aus: »Knoten«!

»Du auch?!«, fragte ich bloß. Was ihn mit einem breiten, über das ganze Gesicht ergossenen Grinsen dazu brachte, so heftig mit dem Kopf zu nicken, dass ich schon Angst hatte, er würde sich den Hals verrenken.

Mit einem Mal war er nicht länger Shlomke, der *Nebbich*.

Wie weggeblasen die eingefallene Brust und die schlaffe Haltung. Vor mir stand Shlomke, ein junger *Hagana*-Aktivist wie alle anderen, aufrecht und zu jeder Aufgabe bereit, einer, der »Knoten« überbrachte und im Untergrund tätig war.

»Lass alles stehen und liegen und bring den ›Knoten‹ zum Nächsten auf der Liste«, sagte er nur – und ging. Ich warf einen Blick auf die Liste – und strahlte. Die meisten Namen meiner Kameraden aus dem »Stamm« tauchten auch auf dem »Knoten« auf. Von nun an würden wir in der Hagana zusammen sein. Die Botschaft des »Knotens« war kurz und bündig: »Am kommenden Dienstag hast du dich ab 16 Uhr zu Hause aufzuhalten.«

Nach mir auf der Liste kam Pempik, der mit richtigem Namen Chesi Yerushalmi hieß und dessen Vater ein Eisenwarengeschäft an der Ausfallstraße hatte, die Jaffa mit Tel Aviv verband. Umgehend eilte ich zu seiner Wohnung in der HaShoftim-Straße. Sein Vater, den ich bis dahin noch nicht kannte, öffnete mir die Tür.

»Ist Pempik zu Hause?«, fragte ich.

»Wer soll das sein, Pempik?«, brauste sein Vater auf. »Hat er denn keinen Namen? Er heißt Chesi, warum in aller Welt also Pempik?«

In jenem Augenblick erschien Pempik im Eingang und befreite mich aus der misslichen Lage, in die ich geraten war. »Schon in Ordnung, Papa, so werde ich nun mal in der Jugendbewegung gerufen«, besänftigte er seinen Vater und zog mich hinter sich her in sein Zimmer. Ich händigte ihm den »Knoten« aus und wir kamen überein, zusammen zu dem Nächsten auf der Liste zu gehen und danach noch ein wenig durch die Straßen zu schlendern. Wir brauchten einfach frische Luft, mussten wieder einen klaren Kopf bekommen und die Erlebnisse und Eindrücke austauschen, die wir nicht allein verdauen konnten.

Am darauffolgenden Dienstag, genau um vier Uhr nachmittags, hörte ich einen kleinen Stein gegen meine Fensterscheibe schlagen. Ich spähte hinaus und sah Shlomke unten auf der Straße stehen und mir mit den Händen Zeichen machen, ich solle zu ihm hinunterkommen. Kleine Steinchen gegen die Fensterscheiben zu werfen oder den Erkennungspfiff unserer Jugendbewegung auszustoßen waren gängige Erkennungszeichen beim Überbringen von »Knoten«. Als ich unten bei ihm angelangt war, flüsterte er mir zu: »Punkt sieben musst du in der Carmel-Schule erscheinen, am konspirativen Versammlungsort Nr. 12. Klopf an die Seitenpforte, und wenn man dir öffnet, flüsterst du die Parole: ›Ich bin bereit.‹« Und schon war er weg. Ich nahm mein Geometriebuch und mein Hausaufgabenheft und sagte meiner Mutter, ich ginge zu einem Klassenkameraden, um mich gemeinsam mit ihm auf eine Prüfung vorzubereiten, und dass ich gegen 22 Uhr zurück sein würde. Buch und Heft versteckte ich im Treppenhaus und machte mich auf den Weg zur Carmel-Schule.

Als ich auf die Minute pünktlich um 19 Uhr dort ankam, wurde es bereits dunkel. Die Seitenpforte lag finster und verlassen. Nicht eine Menschenseele war zu sehen. Dennoch fasste ich Mut und hämmerte mit der Faust gegen die verschlossene Eisentür. Nach einigen Augenblicken des Wartens, sie kamen mir wie eine Ewigkeit vor, öffnete sich in dem Häuschen neben der Pforte eine Tür, aus der ein mir unbekannter junger Mann lugte. »Ja?«, fragte er ungehalten. »Was willst du?«

All mein Mut verließ mich und im ersten Moment verlor ich jegliche Orientierung. Meine Augen irrten über sein Gesicht und ich fürchtete schon, er werde mir die Tür vor der Nase zuschlagen und mich draußen stehen lassen. Mit letzter Anstrengung flüsterte ich die Parole: »Ich bin bereit.« Die Miene des Burschen hellte sich auf.

»Warum hast du das nicht gleich gesagt?«, fragte er und öffnete die Seitenpforte. Er führte mich zum Hauptgebäude des Schulkomplexes, öffnete mir eine Tür zu einem stockdunklen Flur und sagte: »Geh immer die Wand entlang, bis du auf die erste Tür stößt. Mach sie auf und setz dich still auf eine der Bänke. Reden ist untersagt. Du bist Nummer 47. Sobald deine Nummer aufgerufen wird, betrittst du das angrenzende Zimmer und stehst stramm!« Er stieß mich sachte vorwärts und zog sogleich die Tür hinter mir zu. Ich blieb in vollkommener Finsternis zurück. Wohl oder übel tastete ich mich den Flur hinunter, bis ich auf die besagte Tür stieß, öffnete sie und trat ein. Ich spürte die Anwesenheit weiterer Personen im Raum, konnte aber natürlich nicht feststellen, um wen es sich handelte. Alle saßen in tiefes Schweigen gehüllt. Ich tastete mich weiter vor, strich mit der Hand über die Köpfe der Sitzenden, bis ich eine ausreichend große Lücke gefunden hatte, um mich dort auf eine der Bänke sinken zu lassen. Ein leicht muffiger Schweißgeruch hing in der Luft, wie in einem ungelüfteten Klassenzimmer an einem kalten Wintertag. Von Zeit zu Zeit öffnete sich die Tür des angrenzenden Raums und gleißendes Licht überflutete uns alle. Eine Stimme verkündete die Nummer und einer der Sitzenden erhob sich und betrat den angrenzenden Raum.

Ganz allmählich gewöhnten sich meine Augen an die Dunkelheit. Und als sich die Tür das nächste Mal öffnete, konnte ich bereits einige der neben mir Sitzenden erkennen, allesamt Kameraden meines »Stammes«.

»Pempik?«, fragte ich flüsternd und er antwortete mir mit einem unterdrückten Lachen. Und so gelang es mir nach und nach, weitere Kameraden unter den Umsitzenden auszumachen. Schnell waren das Gefühl der Verlassenheit und die Angst verflogen und Geflüster und Gekicher von allen Seiten zu hören. Im Angesicht des Ungewissen waren wir nicht mehr allein. Wir wussten genau, wo und in wessen Gesellschaft wir uns befanden, und gewannen ein jeder sein Selbstvertrauen zurück. Als sich die Tür schließlich öffnete und Nummer 47 aufgerufen wurde, kannte ich keine Furcht mehr, das Zittern war verschwunden, das mich von dem Augenblick begleitet hatte, als sich die Seitenpforte des Schulgebäudes auftat. Vor Selbstbewusstsein strotzend betrat ich den hell erleuchteten Raum und stand wie befohlen stramm. Eine starke Lampe war direkt auf mein Gesicht gerichtet und blendete mich für einen Moment. Nachdem ich mich an das Licht gewöhnt hatte, sah ich, dass ich mich in einem ganz gewöhnlichen Klassenraum befand, dessen Tische und Stühle zur Seite geschoben worden waren. Nur am Ende des Raums waren einige Tische zusammengestellt und mit einem weißen Laken bedeckt, das die Beine der dahinter Sitzenden verbarg. Auf dem Tisch war eine Art Sichtschutz aufgebaut: Eine grau angemalte Sperrholzplatte mit Schlitzen darin.

»Rühr dich!«, dröhnte eine mir wohl bekannte Stimme hinter dem Sichtschutz. Es war die Stimme von Moshe Cohen, unserem Übungsleiter für allgemeine Leibesertüchtigung auf dem Gymnasium, ein groß gewachsener, massiger Bursche mit schmalem, schwarzem Schnurrbart, von dessen Lippen niemals ein spitzbübisches Lächeln wich. Jetzt fing ich an, die einzelnen Teile des Rätsels zusammenzufügen: Putzi, der Mitglied der Palmach geworden war, Fessale, der als Rekrutierungsmann für die Hagana diente, und Moshe Cohen, einer ihrer Kommandeure. Alle sitzen sie in ein und demselben Boot, dachte ich, die Jugendbewegung, die Schule und die Leibesertüchtigung.

Ziel der Leibesertüchtigung war es, den Jugendlichen eine verdeckte vormilitärische Ausbildung zu vermitteln, mit Genehmigung der britischen Mandatsbehörden und ohne die Schüler in die Aktivitäten der jüdischen Untergrundorganisationen zu verwickeln. Im Rahmen der allgemeinen Leibesertüchtigung fanden Wanderungen statt, um das Land kennen zu lernen, wurden Feldübungen abgehalten, der Umgang mit Schlagstock und Messer trainiert, Kenntnisse im Nahkampf und im Morsen erworben und anderes mehr. Diese Aktivitäten ersparten den jüdischen Untergrundorganisationen viel Arbeit und verringerten das Risiko, durch Spione der britischen Mandatspolizei, die überall herumschnüffelten, ausgehoben zu werden. Kein Wunder also, dass sämtliche Lehrer und Übungsleiter für Leibesertüchtigung zugleich auch Mitglieder der Untergrundorganisationen waren, vor allem der *Hagana*.

»Dein Name?«, verlangte die Stimme hinter der auf dem Tisch aufgebauten Sperrholzplatte.

»Avraham Roth«, antwortete ich mit fester, vielleicht ein wenig zu fester Stimme, denn es vergingen Sekunden, die mir eine Ewigkeit zu dauern schienen, ehe die nächste Frage abgefeuert wurde.

»Deine Anschrift?«

»HaYam-Straße 35, Tel Aviv.«

»Weißt du, wozu du hierher gekommen bist?«

»Ja, um mich der Hagana anzuschließen.«

»Was ist die *Hagana*?«

»Das ist die geheime militärische Streitmacht des jüdischen *Jischuws* im Lande Israel«, zitierte ich Putzis Rede bei einer der letzten Zusammenkünfte, die er mit uns abhielt, bevor er sich der *Palmach* anschloss.

»Und was sind die Pflichten eines *Hagana*-Mannes?«, mischte sich die weiche, vom Zigarettenrauch brüchige Stimme eines alten Mannes ein, der versuchte, dem Hang zu widerstehen, die Worte auf der letzten Silbe zu betonen. Die

Stimme kam mir bekannt vor, doch es gelang mir nicht, sie eindeutig zuzuordnen. Während ich noch versuchte, wahllos Schubladen in meinem Gedächtnis aufzuziehen, ließ sich erneut Moshe Cohens Stimme vernehmen, die verlangte: »Antworte, Junge!«

»Ein *Hagana*-Mann muss jeden Befehl ausführen, Geheimhaltung wahren und bereit sein, sein Leben für das Volk zu opfern«, fuhr ich fort, Putzi zitierend. Offenbar genügte ihnen meine Antwort. Eine behaarte Hand tauchte an der anderen Seite der Sperrholzplatte auf und schob ein Blatt Papier und einen Stift in Richtung Tischkante.

»Lies laut und unterschreib!«, wies mich Moshe Cohens Stimme an. Ich trat an den Tisch, kniff wegen der Lichtstärke der jetzt nahen Lampe die Augen zu, senkte den Kopf, um meine Augen aus dem blendenden Lichtkreis zu bekommen und betrachtete das Blatt Papier.

Es war ein Matrizenabzug mit einem kurzen Gelöbnisschwur zum Beitritt in die *Hagana*, der am oberen Rand abgedruckt war. Die ausladenden Buchstaben des Schwures waren verschmiert, zogen Schwänze von Druckerschwärze hinter sich her und ließen unschwer erkennen, dass der Mann an der Vervielfältigungspresse viele Dutzend solcher Abzüge gemacht hatte, ohne sich auch nur im mindesten um die Qualität der Ausführung zu kümmern. Trauer und Scham überkamen mich. Trauer, weil ein derart schicksalhafter Augenblick in meinem Leben, in dem ich meine gesamte Zukunft und mein Leben in die Hände unbekannter Befehlshaber gab, zerrann und zu einem schlampig bedruckten Blatt Papier wurde. Und Trauer angesichts des Umstandes, dass die *Hagana*, eine Organisation, die von all meinen Altersgenossen so sehr verehrt wurde, nicht in der Lage war, eine saubere, ehrenhafte Gelöbnisurkunde zustande zu bringen. Sind wir ihnen das nicht wert, dachte ich, oder lässt das

Ganze auf organisationsinterne Missstände schließen? Doch Moshe Cohen war nicht bereit zu warten, bis ich bei meinem Sinnieren auf Antworten gestoßen war.

»Lies, Junge!«, befahl er mir erneut und ich las: »Ich (an dieser Stelle erschien mein voller Name, von Hand hastig und nachlässig über eine vorgegebene Linie gekritzelt), Avraham Roth, stolzer und freier Sohn des Volkes Israel, verkünde hiermit meine Bereitschaft, mich den Reihen der *Hagana*, der jüdischen Verteidigungsorganisation im Lande Israel, anzuschließen. Ich gelobe, all meine Kraft und sogar mein Leben der *Hagana* und dem Kampf für mein Volk und mein Vaterland zu weihen, um der Freiheit Israels und der Erlösung Zions willen. Mögen meine Kameraden und die höchste zionistische Instanz über mich richten, sollte ich Verrat üben, mich kompromittieren lassen oder bei der Erfüllung meiner Pflichten versagen.«

Ich fragte mich, was in Gottes Namen unter »kompromittieren lassen« zu verstehen war. So sehr ich mich auch bemühte, es gelang mir nicht, den Sinn dieses Ausdrucks zu verstehen. Ich wollte schon die hinter der Trennwand sitzenden Unbekannten fragen, hörte dann aber, wie Moshe Cohens Stimme mich anwies: »Und jetzt unterschreib!«

Ich unterschrieb und schob Blatt und Stift in Richtung Trennwand.

»Ich beglückwünsche dich zu deinem Eintritt in die Streitkräfte der *Hagana*«, erklang wieder die Stimme des alten Mannes. Jetzt erkannte ich ihn! Das war doch Rivlin, mein Sportlehrer und Kopf der religiösen Pfadfinder auf der Volksschule! Wie hatte ich das vergessen können?! Ein ganzes Jahr war seither zwar vergangen, aber die fesselnden Erinnerungen an Völkerball, Schlagball und Volleyball, die drei von uns am meisten geliebten Ballspiele, waren noch nicht verblasst. Also ist auch er mit von der Partie, dachte ich bei mir. Ich trat einige Schritte zurück und nahm dort, wo ich zuvor gestanden hatte, wieder Habachtstellung ein.

»Still gestanden«, befahl Moshe Cohen. »Von nun ab bist du in allen Belangen Mitglied der *Hagana*. Es ist dir untersagt, irgend jemandem davon zu erzählen, auch deinen Eltern oder sonst jemandem aus deiner Familie. Du hast geduldig auf die nächste Benachrichtigung zu warten. Abtreten!«

Im selben Moment öffnete sich eine zweite Tür im Raum und ein junger Mann, der dort stand, machte mir ein Zeichen, zu ihm zu kommen. Ich war noch nicht bei ihm angelangt, als sich die Tür zu dem stockfinsteren Zimmer, aus dem ich selbst erst vor wenigen Minuten gekommen war, erneut auftat und eine nicht zu identifizierende Stimme dröhnte: »Nummer 48!« Ich konnte gerade noch sehen, wie Pempik den Raum betrat, als der junge Mann sich beeilte, die andere Tür hinter mir zuzuziehen. Ich befand mich wieder in dem dunklen Flur.

»Geh bis zum Ende des Flurs, öffne die Tür auf der rechten Seite und tritt nach draußen. Geh gleich nach Hause und halte dich nicht länger in der Nähe des konspirativen Versammlungsortes auf«, befahl mir der junge Mann und stieß mich leicht in Richtung Ausgang. Ich eilte nach Hause, um im Wörterbuch die Bedeutung des Ausdrucks »kompromittieren lassen« nachzuschlagen, und nach langem Suchen und Ableiten fanden sich drei mögliche Bedeutungen: bloßgestellt werden, sich enttarnen lassen und gegebenes Vertrauen missbrauchen, was alles drei auf einen Bruch des von mir geleisteten Schwures hindeutete.

Es folgten zwei Wochen, die ich in gespannter Erwartung verlebte, bis eines Tages Shlomke bei mir Zuhause erschien und einen neuen ›Knoten‹, der diesmal nur uns beide betraf, aus der Tasche zog: »Heute habt ihr um genau 17.45 Uhr erst die Lilienblum-Straße, dann die Kfar-Saba-Straße und schließlich die Yechi'eli-Straße bis zur ›Alliance‹-Mädchenschule zu nehmen, um euch dort am konspirativen Versammlungsort Nr. 1 einzufinden. Punkt 18 Uhr klopft ihr dreimal an das Haupttor. Die Parole lautet: ›Sie werden uns nicht aufhalten.‹ Kameraden, denen ihr unterwegs begegnet, gebt ihr euch nicht zu erkennen. Fallt auf keinen Fall auf!«

Und so begann das Viertel Neve-Zedek als Schauplatz aufregender Ereignisse und Erfahrungen in mein Leben zu treten, als Ort, an dem ich zum ersten Mal eine richtige Waffe in die Hand nehmen sollte, eine Pistole vom Typ Parabellum. Neve-Zedek hatte für meine Kameraden und mich jahrelang nicht zu unserem »Revier« gehört. Die Pines-Straße, die das Viertel nach Osten hin begrenzte, kreuzten wir zwar regelmäßig, doch das Viertel selbst betraten wir nie. Die Volksschule, die ich ein Jahr zuvor beendet hatte, lag nur zwei Häuserblocks nordwestlich von dem berühmten, von mir viel besuchten Stummfilmkino »Eden« entfernt. Dennoch zogen wir es vor, nicht weiter in östliche Richtung in das Labyrinth der Gassen von Neve-Zedek vorzudringen. Möglich, dass es die an der Ecke Rockach-Straße und Tel-Aviv-Yaffo-Straße gelegenen Büros des CID, der britischen Geheimpolizei, waren oder vielleicht auch die nahe Bar und die Geschichten von einem Bordell und den sich dort herumtreibenden arabischen Zuhältern, die uns aus jener Gegend fern hielten. Jetzt jedoch marschierten wir mit größter Selbstverständlichkeit durch die Gassen von Neve-Zedek, um zum konspirativen Versammlungsort Nr. 1 zu gelangen, ein weiterer Schritt, die Unbekümmertheit der Jugend von unseren Schultern abzustreifen und das Gewand des Erwachsenseins und damit Verantwortung und Gefahr anzulegen. Auf unserem Weg begegneten wir weiteren Paaren von Jungen und Mädchen, Mitgliedern unseres »Stammes« aus der Jugendbewegung oder Klassenkameraden vom Gymnasium. Die strikte Anweisung des »Knotens« jedoch nötigte uns, diese nicht zu beachten und weiter der uns vorgeschriebenen Route zu folgen.

Der Schuldiener ließ uns ein, nachdem wir dreimal ans Tor geklopft und die Parole genannt hatten. Er führte uns den Flur hinunter und öffnete einen der Klassenräume. Der Klassenraum war abgedunkelt. Eine lange, aus mehreren Schülerpulten zusammengestellte Tafel zog sich durch die gesamte Länge der Klasse. Auf den Tischen lagen große weiße, in der Mitte eingeschlagene Bögen Papier, die irgendein Geheimnis zu bergen schienen. Und tatsächlich erwartete uns dort ein Geheimnis. Hinter der langen Tischreihe in der Klassenmitte stand das Lehrerpult, auf dem ebenfalls ein weißer, geheimnisvoll eingeschlagener Bogen Papier lag und daneben zwei Leuchter mit brennenden Kerzen. Diese lieferten das wenige Licht, das die sich im Raum befindlichen Personen und Gegenstände beschien. Zu beiden Seiten des Lehrerpultes standen in gespannter Habachtstellung eine junge Frau und ein junger Mann, die ich nicht kannte, und zwischen ihnen, in einer Entfernung von ein oder zwei Schritten, hatte sich in derselben straffen Habachtstellung niemand anderes aufgebaut als unser Lehrer für Leibesertüchtigung, Moshe Cohen höchstpersönlich.

Mit einer Kopfbewegung wies uns der Schuldiener an, uns der Reihe von Jungen und Mädchen anzuschließen, die auf der anderen Seite der langen Tischreihe mit den Gesichtern zu den Befehlshabern bereits Haltung angenommen hatten. Niemand lächelte oder nickte zum Zeichen der Begrüßung mit dem Kopf. Alle waren sich der Bedeutung des Augenblicks und seiner Ernsthaftigkeit bewusst. So standen wir da, ohne uns zu rühren, bis die Letzten eingetroffen waren und wir gut zwanzig Jungen und Mädchen zählten, allesamt Angehörige meines ›Stammes‹ aus der Jugendbewegung *Bnej Akiva*.

»Still gestanden!«, befahl Moshe Cohen endlich, und präzise kamen wir seinem Befehl nach.

»Präsentiert die Waffe!« Im selben Augenblick zogen – zu meiner Überraschung und Bestürzung – die beiden jungen Leute aus ihren Gürteln Pistolen hervor, die wir wegen der Dunkelheit zuvor nicht bemerkt hatten. Echte Pistolen! Gezückt und feuerbereit! Während ich noch über diesen aufregend beunruhigenden Anblick nachsann, ließ sich Moshe Cohens Stimme dröhnend mit einem weiteren Befehl vernehmen: »Übergebt die Waffe!«

Worauf die beiden jungen Leute, die uns hinterher als Kommandierende unserer Züge, des Jungenzugs und des Mädchenzugs, präsentiert wurden, an die lange Tafel traten, die eingeschlagenen Bögen Papier auseinander rollten und sich unseren Augen Dutzende aufgereihter Pistolen darboten. In der Rechten noch die eigene gezückte Waffe, nahm nun jeder der beiden Zugführer mit der linken Hand eine Pistole vom Tisch und ging gemessenen Schrittes auf die in Reih und Glied vor ihm stehenden Jungen und Mädchen zu, den Lauf der Waffe in der Hand und ihren Griff auf den Neurekruten weisend.

Ich spürte, wie mir die Pistole in die Hand gedrückt wurde, und umfasste sie mit allen fünf Fingern. Die Waffe war kalt, hart und ziemlich schwer. Ich umklammerte sie fest, damit sie mir nicht aus der Hand glitt. Ich halte eine Waffe in der Hand, schoss es mir durch den Kopf, ich bin jetzt wirklich und wahrhaftig Soldat in der *Hagana*!

»Nach erheblichen Anstrengungen ist es uns endlich gelungen, von der *Palmach* grünes Licht zu erhalten, eine religiöse Kompanie aufzustellen«, unterbrach Putzi meinen Gedankengang. »Doch wir haben noch nicht genügend Rekruten. Uns ist die Auflage gemacht worden, so schnell wie möglich eine Quote von vierzig Neurekruten zu erfüllen, anderenfalls ist das ganze Kapitel ›religiöse Kompanie‹ wieder vom Tisch. Deshalb bin ich in die Stadt gekommen, um euch auf das Gespräch mit dem offiziellen Rekrutierungsoffizier der *Palmach* vorzubereiten. Die meisten von euch sind zwar noch keine sechzehn Jahre alt, doch haben wir die Sondererlaubnis bekommen, euch schon jetzt einzuziehen, mit der Zusage, dass eure Ausbildung im ersten Jahr weniger schwer sein wird und ihr nicht an operativen Einsätzen teilnehmen werdet.« Während Putzi noch sprach, betrat ein weiterer Palmachnik den Raum. Auch er trug Schirmmütze und *Palmach*-Jacke. Er begrüßte Putzi und nickte uns zu. Dann nahm er auf Putzis Anweisung hin im Nebenzimmer Platz und bestellte alle Anwesenden zu einem Gespräch unter vier Augen.

»Sag Jakob zu mir«, meinte er, als ich das Zimmer betrat, und begann sogleich, eine ganze Reihe persönlicher Fragen zu stellen. Die Antworten notierte er feinsäuberlich in den Kästchen eines vorgefertigten Fragebogens. Er war hochaufgeschossen und schlaksig. Die Schirmmütze, die er auf dem Kopf hatte, war ein typisches Erkennungsmerkmal der religiösen Kibbuzim. Bestimmt ist er Mitglied in einem solchen Kibbuz oder aber in einem religiösen Moschaw, dachte ich bei mir. Davon zeugten auch seine sehnigen und von Schwielen übersäten Hände.

»Und jetzt kommen wir zur eigentlichen Frage«, unterbrach Jakob meine Überlegungen. »Bist du bereit, dich zum Dienst in der *Palmach* zu melden?«

Wir wussten, dass die Zugehörigkeit zur *Palmach* eine mehrjährige Dienstzeit von unbestimmter Dauer bedeutete. Wer sich zur *Palmach* meldete, verzichtete auf eine geregelte Schulbildung, auf Reifzeugnis und Universitätsstudium. Nur mit äußerster Mühe gelang es mir, das Zittern in meiner Stimme zu verbergen, als ich antwortete, ich sei bereit, der *Palmach* beizutreten.

»Du musst die ganze Angelegenheit noch mit deinen Eltern klären«, meinte Jakob abschließend. »Doch da du nach dem Tod deines Vaters Halbwaise bist und, wie du gesagt hast, auch dein Bruder Mitglied der *Hagana* ist, nehme ich an, dass es dir nicht schwer fallen wird, die Zustimmung deiner Mutter einzuholen.«

In Wahrheit jedoch lag hier das größte Hindernis: Wie konnte ich meine Mutter dazu bewegen, meiner Rekrutierung zuzustimmen? Dass mein Bruder Mitglied der *Hagana* war, war mir ja nur aus Andeutungen und vom Hörensagen bekannt. Jetzt jedoch, da ich von der Unterhaltung mit Jakob, dem Palmachnik, nach Hause zurückkehrte, beschloss ich, mich direkt an meinen Bruder zu wenden. Auf die Fensterbank des offen stehenden Fensters gestützt, damit Mutter nichts von unserem Gespräch mitbekam, wisperte ich ihm ins Ohr, ich beabsichtige, mich zur *Palmach* rekrutieren zu lassen.

»Bist du verrückt geworden?«, kam die ungehaltene Reaktion meines Bruders wie aus der Pistole geschossen.

»Und was ist mit dir?«, antwortete ich mit einer Gegenfrage.

»Dir ist es erlaubt, Mitglied in der *Hagana* zu sein?«

»Bei mir ist das etwas anderes«, erwiderte er und bestätigte damit erstmals meine Vermutungen. »Ich gehe nicht von Zuhause weg, ich arbeite weiter wie gewöhnlich und außerdem bin ich läppische sechs Jahre älter als du. Wie können sie nur fünfzehnjährige Bengel zur *Palmach* rekrutieren?«, fragte er sich fassungslos.

Ich ließ mich jedoch nicht beirren und nach etlichen Wortwechseln einigten wir uns darauf, unserer Mutter zu sagen, ich habe beschlossen, mich der Jugend-*Hachschara* in einem Kibbuz anzuschließen. Doch es sollte ganz anders kommen. Als meine Mutter von meinem Wunsch hörte, an der *Hachschara* teilzunehmen, entgegnete sie sogleich: »Und wann gedenkst du, dein Reifezeugnis zu machen? Ohne Reifezeugnis kommst du mir nicht aus dem Haus. Du willst in die Landwirtschaft – bitte sehr! Besuch eine Landwirtschaftsschule, und nachdem du dort dein Reifezeugnis gemacht hast, kannst du gehen, wohin du willst – und sei es in einen Kibbuz!«

So entwickelte sich der Gedanke, zunächst eine Landwirtschaftsschule zu besuchen und die Rekrutierung zur *Palmach* etwas aufzuschieben. Wir versuchten unser Glück in Mikwe-Israel. Gemeinsam mit meiner Mutter besuchte ich die dortige Landwirtschaftsschule und was ich sah, gefiel mir sehr: Eine Allee aus mächtigen Washington-Palmen führte vom Eingangstor des Geländes zum eigentlichen Schulgebäude, dahinter ein abgeerntetes Feld und auf der anderen Seite eine Herde Kühe, die auf einer umzäunten Wiese weideten. Unter unseren Füßen rollten goldene Strohhalme hin und her und erinnerten an die Strohballen, die auf diesem Wege in die Scheunen eingefahren worden waren.

Vor uns erhob sich das Hauptgebäude der Schule strahlend weiß, umgeben von prachtvollen Blumenrabatten, Eukalyptusbäumen und ungewöhnlich hohen Dattelpalmen. Um dieses betagte, über achtzig Jahre alte Bauwerk rankten sich etliche Legenden, die auch uns Städtern zu Ohren gekommen waren, vor allem aus dem Munde unserer Klassenkameraden. Die Schulleiterin empfing uns sehr freundlich, doch als meine Mutter erfuhr, dass die Absolventen der Landwirtschaftsschule Mikwe-Israel kein Reifezeugnis ausgestellt bekamen, wollte sie kein weiteres Wort mehr hören und machte auf dem Absatz kehrt.

Es hatte keinen Sinn, mit meiner Mutter zu diskutieren, nicht nur wegen ihrer Hartnäckigkeit und ihres gesunden, resoluten Sachverstands, sondern auch wegen ihrer körperlichen Schwäche und ihren häufigen Erkrankungen. Mein

Bruder und ich taten daher alles, was in unserer Macht stand, um ihr Kummer oder unnötige Aufregung zu ersparen. So machten wir uns also daran, eine Landwirtschaftsschule zu suchen, die ihren Absolventen ein Reifezeugnis ausstellte. Eine solche Schule fand sich nur in Pardess-Chana, da auch das dritte Institut dieser Art, die Landwirtschaftsschule Kadduri, ihren Prüflingen kein Reifezeugnis ausstellte.

Doch hier tat sich ein neues Problem auf: Die landwirtschaftliche Schule in Pardess-Chana war eine Privatschule der nichtgenossenschaftlich organisierten Bauernschaft, deren Besuch bezahlt werden musste. Schulgeld inklusive der Kosten für die Unterbringung im Internat belief sich in jenen Tagen zu Beginn der vierziger Jahre auf mindestens zweihundert Mandatspfund pro Schuljahr. Und woher sollte eine Witwe, deren Haupteinnahmequelle aus den umfangreichen Besitztümern, die sie im inzwischen besetzten Polen zurückgelassen hatte, gänzlich versiegt war, eine derartige Summe nehmen? Ihr gesamter Lebensunterhalt und der ihrer Kinder wurde von zwölfeinhalb Mil am Tag oder drei Pfund im Monat bestritten, die mein Bruder als Dreher in einer Schlosserei in Tel Aviv verdiente.

Ich verdanke es meiner Tante, die in der Bildungsabteilung des Exekutivkomitees, der Schattenregierung des jüdischen *Jischuws*, arbeitete, dass meine Ausbildung in einer landwirtschaftlichen Schule damit nicht zu den Akten gelegt wurde. Als sie von meinem Wunsch hörte, die Landwirtschaftsschule in Pardess-Chana zu besuchen, teilte sie mir mit, dass dem Exekutivkomitee jedes Jahr von Seiten der Bauernvereinigung zwei Stipendien für ausgezeichnete Schüler, die das Schulgeld und die Kosten für die Unterbringung im Internat nicht aufbringen konnten, zur Verfügung gestellt wurden. Sie verwies uns an den in der Bildungsabteilung mit der Aufsicht über die landwirtschaftliche Ausbildung betrauten Inspektor, einen freundlichen und umgänglichen Mann. Sein entgegenkommendes Auftreten, die Tatsache, dass er sehr davon beeindruckt war, dass ich als strenggläubiger junger Mensch mich ausgerechnet der Landwirtschaft zuwenden wollte, sowie der tiefe, beruhigende und zugleich autoritätsheischende Klang seiner Stimme nahmen mich sogleich gefangen. Sein ergrautes, nach hinten gekämmtes Haar erinnerte mich stark an meinen verstorbenen Vater, dessen Bild sich mir mit den Jahren immer mehr verwischte, da ich bei seinem Tod kaum älter als vier Jahre war. Eigentlich ähnelte der Mann, vor dem wir nun saßen, nicht so sehr meinem Vater, sondern vielmehr seinem Foto, das stets in meiner Schublade lag, und an das ich mich in der Not mit meinen Bitten, Beschwerden und Vorwürfen wandte. Ich war daher schon im Begriff, mich direkt an den Schulinspektor zu wenden und ihm meine Bitte vorzutragen, so wie ich es mit dem Bild meines Vaters immer tat, als meine Mutter mir zuvor kam und mich anwies, den Raum zu verlassen, damit sie unter vier Augen mit dem Herrn sprechen könne. Wie sehr ich diese intimen Unterhaltungen hasste, die meine Mutter mit Amtspersonen und einflussreichen Funktionsträgern zu führen gezwungen war. Meine Mutter war eine stolze Frau von ehrfurchtgebietendem, vornehmen Äußeren. Trotz ihrer Magerkeit und der unverkennbaren Anzeichen von Krankheit umgab sie eine Aura von Selbstachtung, Lebenserfahrung und charakterlicher Stärke, die jeden, der mit ihr in Kontakt kam, nachhaltig beeindruckte.

Sie war gerade dreißig, als sie ihren Mann verlor, der zu den zahllosen Opfern des Börsencrashs zu Beginn der dreißiger Jahre zählte. Danach widmete sie ihr ganzes Leben ihren beiden Söhnen und der Verwaltung der Immobilien und des großen Ladens, den unser verstorbener Vater hinterließ. Trotz der Krankheiten, unter denen sie litt, führte sie die

Geschäfte mit großer Begabung und behauptete sich erfolgreich gegenüber der Familie ihres Mannes, die mit allen Mitteln versuchte, sie um ihren Besitz zu bringen. Schließlich aber war sie der Querelen überdrüssig und gab der immer wieder geäußerten Bitte ihres Vaters, unseres Großvaters, in dessen Haus wir später wohnen würden, nach und wanderte nach Palästina aus.

In den ersten Jahren nach unserer Einwanderung im Jahre 1935 meinte es das Schicksal gut mit uns. Meine Mutter brachte eine beträchtliche Summe Geld mit ins Land und erhielt zudem jeden Monat ihren Anteil aus dem Besitz in unserer Geburtsstadt. Doch als der Zweite Weltkrieg ausbrach und der Finanzfluss unterbrochen wurde, standen wir mit einem Mal völlig mittellos da und waren gezwungen, allein von dem kargen Lohn meines Bruders zu leben. Glücklicherweise konnten wir im Haus des Großvaters wohnen und sparten so die Ausgaben für Miete, Elektrizität, Wasser und Wohngeld – Ausgaben, die wir von den Einkünften meines Bruders niemals hätten bestreiten können.

Einst eine unabhängige Dame, die ihren Weg nach eigenen Erwägungen und Gutdünken ging, war meine Mutter, und mit ihr ihre kleine Familie, zu einer bedürftigen Person geworden. Anstatt Waren und Dienstleistungen nach eigenem Ermessen mit dem ihr zur Verfügung stehenden Geld zu erwerben, war sie gezwungen, demütig bittend vor den Türen aller möglichen wichtigen Leute zu erscheinen, auf deren Hilfe oder Unterstützung sie angewiesen war. Ich konnte die Umstände nicht ertragen, die sie dazu gebracht hatten, ihre traurige Lage als Witwe, als mittellose und kranke Frau, als Mensch auszubreiten, der Hilfe benötigte und dafür bereit war, auf die eigene Ehre zu verzichten, um etwas zu bitten und vielleicht sogar mit Tränen in den Augen sich vor anderen zu erniedrigen.

Als ich nun auf dem schmalen Flur der Bildungsabteilung stand und an meine Mutter dachte, die just in diesem Moment unter Tränen von ihrem bitteren Schicksal berichtete, kochte ich innerlich und schwor mir, dies wäre das letzte Mal: Meine Mutter sollte nicht länger auf Almosen und Gefälligkeiten angewiesen sein, da ich ihr durch mein untadeliges Verhalten und meine schulischen Leistungen nur noch Ehre machen würde. Nie wieder sollte sie genötigt sein, etwas für mich zu erbitten, denn nicht aus Gefälligkeit gegenüber einer bemitleidenswerten Witwe, sondern aufgrund meiner beeindruckenden Resultate würde ich mit Stipendien und Auszeichnungen nur so überhäuft werden. Ich weiß nicht, was genau meine Mutter damals dem Schulinspektor gesagt hatte, doch wurde mein Name nach unserem Besuch auf die Liste der Stipendienanwärter gesetzt. Ich wurde zu einem Aufnahmetest bestellt, den ich ganz ordentlich bestand, (zumal ich in den Fächern Biologie und organische Chemie, die an unserer städtischen Schule nicht unterrichtet wurden, von der Prüfung befreit war), und stand kurz davor, nach Pardess-Chana zu einem abschließenden persönlichen Gespräch mit dem Leiter der dortigen Landwirtschaftsschule geschickt zu werden. Doch da bestellte der Schulinspektor meine Mutter und mich erneut zu sich und teilte uns mit, zwei der insgesamt vier Stipendienanwärter seien in einem Alter, das ihnen jetzt den Besuch der vorletzten Klasse ermöglichte. Sollten diese beiden Bewerber jedoch im kommenden Schuljahr nicht eingeschult werden, bestünde keinerlei Möglichkeit mehr für sie, diese Schule überhaupt zu besuchen, da man dort in der Abschlussklasse keine Schüler mehr aufnahm. Ich hingegen, führte der Inspektor aus, der ich zwei Jahre jünger sei, könne ohne weiteres auch im darauffolgenden Jahr eingeschult werden. Sollte ich daher auf meine Anwartschaft für das bevorstehende Schuljahr verzichten, würde mein Eintritt in die Landwirtschaftsschule im darauffolgenden Jahr ohne zusätzliche Aufnahmeprüfungen garantiert. Meine Mutter willigte sogleich ein. Ich jedoch, im Unterschied zu ihr, zauderte, hatte ich mich doch schon in der Natur gesehen, befreit von den Fesseln der Stadt und des städtischen Gymnasiums. Der Gedanke, ein ganzes weiteres Jahr in der Stadt leben zu müssen, freute mich nicht besonders.

Doch die Wartezeit verging schneller, als ich befürchtet hatte. Meine Aktivitäten in der religiösen Jugendbewegung *Bnej Akiva* und in der *Hagana* beanspruchten mich. Unser Zugführer in der *Hagana*, Benjamin, rief uns zweimal in der Woche zusammen: einmal zum Training an der Waffe, zumeist mit der Parabellum-Pistole, die ich mit geschlossenen Augen auseinandernehmen und wieder zusammensetzen lernte, und einmal in einer Sporthalle, wo wir im Nahkampf ausgebildet wurden.

Eines Tages erhielten wir den Befehl, uns um acht Uhr abends an einem bestimmten Treffpunkt einzufinden und unsere Eltern davon in Kenntnis zu setzen, dass wir einen ganztägigen Ausflug mit Übernachtung machten. Also versammelten wir uns in Khakiuniformen gekleidet, mit halbhohen Schnürstiefeln an den Füßen und darüber schweren Tuchgamaschen zur festgelegten Stunde am Rand des Weinbergs von Kiriyat-Meʾir. Wir hatten Tornister mit Verpflegung für einen ganzen Tag und unsere Stöcke für den Nahkampf bei uns. Die gesamte Kompanie war dort angetreten, sowohl Jungen als auch Mädchen – nicht einer fehlte. Die beiden Zugführer und der Kommandeur der Kompanie, Moshe Cohen, erklärten uns, dass wir eine nächtliche Feldübung abhalten würden, an deren Ende eine sensationelle Überraschung auf uns warten würde.

Wir wurden in drei Gruppen zu je acht Mädchen und Jungen

eingeteilt und fuhren aus Sicherheitsgründen mit drei verschiedenen Omnibussen in Richtung Giv'at Herzl. Dort angekommen sammelten wir uns erneut im Schatten einer dornigen Akazienhecke, die die angrenzende Obstplantage vor ungebetenen Besuchern schützte. Die Akazien standen in voller Blüte und ihr Duft machte uns ganz benommen. Dazu gesellte sich der Geruch eines brennenden *Tabun*, eines irdenen arabischen Ofens, der mit Reisig und getrockneten Kuhfladen befeuert wurde. Untermalt wurde das Ganze vom Gequake der Frösche, das aus dem nahen Sumpfgebiet erklang, und dem heiseren Kläffen arabischer Hunde, die unser Kommen gehört hatten und nun laut anschlugen.

Unsere Befehlshaber ließen uns jedoch keine Muße, uns an den Gerüchen und Lauten der Nacht zu berauschen. Sie würden uns ohnehin den ganzen Weg über begleiten, vor allem das Quaken der Frösche und Kröten aus den zahllosen Tümpeln und Sumpflöchern, die wir auf dem Weg durch die Dünenlandschaft am Rande der kleinen Ortschaft Be'er-Ya'akov hin zu den Häusern der Siedlung Rishon leZion passieren sollten.

»Von diesem Moment gelten für uns die für eine nächtliche Feldübung üblichen Verhaltensmaßregeln«, ließ uns Moshe Cohen wissen. »Es darf allerhöchstens noch geflüstert werden. Besser ist jedoch, es bei einem leichten Klopfen auf die Schulter zu belassen. Die Uhren müssen mit dem Leuchtzifferblatt zum Körper gedreht werden. Jeder Gegenstand, der in den Hosentaschen oder im Rucksack ein Geräusch verursachen könnte, ist zu umwickeln. Sobald ein geflüstertes »Pssst« ertönt, wird sich hingekniet, wobei jeder in der Kolonne sich abwechselnd nach rechts oder nach links zu wenden hat. Der Letzte in der Kolonne dreht sich nach hinten. Für alle gilt äußerste Wachsamkeit. Sobald das »Pssst« zweimal ertönt, steht ihr sogleich auf und stellt sicher, dass der Hintermann ebenfalls das Kommando zum Weitermarsch mitbekommen hat. Dies erfolgt durch leichtes Klopfen auf seine Schulter. Vor allem ist darauf zu achten, dass auch derjenige, der sich am Ende der Kolonne befindet, das Signal zum Weitermarsch übermittelt bekommt, denn er steht ja mit dem Rücken zu den Kameraden.«

Wir wurden in zwei Marschkolonnen eingeteilt, an deren Spitze unsere beiden Zugführer, Benjamin und Dalia, Aufstellung nahmen. Einige Meter vor ihnen baute sich Moshe Cohen auf, der Befehlshaber der Kompanie. Die beiden Zugführer schritten die Kolonnen der Länge nach ab und befahlen jedem, auf der Stelle zu hüpfen, um sicherzustellen, dass niemand etwas bei sich trug, das Lärm hätte machen können. Ebenso wurde überprüft, ob die Leuchtzifferblätter der Uhren auch zum Körper gedreht waren.

»Pssst!«, kam es von Moshe Cohen und in Windeseile knieten wir auf dem Boden, drehten uns wie befohlen zur Seite und nach hinten.

»Durchzählen!«, hieß der nächste geflüsterte Befehl, den unsere beiden Zugführer wie aus einem Munde gaben.

»Durchzählen!«, wiederholten ein jeder von uns flüsternd, sobald er an der Reihe war, und wandte den Kopf zu dem hinter ihm Knieenden, bis das Kommando bei der Nachhut angelangt war. Diese berührte den vor ihr Knieenden sacht an der Schulter und flüsterte »eins«, derjenige fuhr mit »zwei« fort und klopfte ebenfalls den vor ihm Knieenden leicht auf die Schulter, bis schließlich der Zugführer an der Spitze der Kolonne die genaue Anzahl aller Rekruten übermittelt bekam. Dann hasteten die beiden Zugführer in gebückter Haltung zu Moshe Cohen und teilten ihm die Stärke jedes Zuges mit.

Endlich waren wir marschbereit und Moshe Cohen begann, uns mit Hilfe eines großen Kompasses, den er in der Hand hielt, durch die Dunkelheit zu lotsen. Von Zeit zu Zeit machten wir Halt und knieten nieder, wandten uns – wie befohlen – seitwärts, zählten durch und marschierten dann weiter.

Bald schon hatten wir den festen Boden der Obstpflanzungen und die von Maultiergespannen ausgefahrenen Wege am Rand der arabischen Siedlung Abu-Kabir hinter uns gelassen und stapften nun durch den weichen weißen Sand der Dünen. Um uns das mühselige Auf und Ab zu ersparen, versuchte Moshe, uns zwischen den Dünenketten hindurch zu geleiten, war jedoch selbst immer wieder gezwungen, eine der Dünen zu erklimmen, um Ausschau zu halten, die Peilung zu korrigieren oder einen Froschtümpel zu umgehen.

Nach zwei Stunden Marsch durch die Dünen, kam endlich der Befehl zum Rasten. Wachposten wurden an allen vier Seiten der Düne, bei der wir angelangt waren, aufgestellt, ehe wir uns rücklings in den weichen Sand fallen ließen, die Sterne am Nachthimmel zählten und der eine oder andere schon bald in süßen Schlaf gefallen war. Offensichtlich war sich Moshe in Bezug auf die eingeschlagene Richtung nicht sicher. Er zog sich mit seinen beiden Stellvertretern, den Zugführern, zur Beratung zurück. Sie versuchten anhand der in der Ferne leuchtenden Lichter von Häusern ein Ziel auszumachen und debattierten flüsternd über die zu wählende Marschrichtung.

Zu guter Letzt machten wir uns wieder auf den Weg und hatten nach weiteren zwei Stunden kräftezehrenden Herumirrens endlich die Straße unter den Füßen, die von Tel Aviv nach Rishon LeZion führte. Im Laufschritt überquerten wir sie einer nach dem anderen und erreichten nach einer weiteren Stunde strammen Marschierens, diesmal auf festem Untergrund, schließlich die ersten Häuser der *Moschawa* Be'er-Ya'akov. Die Zugführer ließen uns erneut in zwei

Marschkolonnen Aufstellung nehmen. Wir zählten durch und marschierten dann gemessenen Schrittes durch die Siedlung gerade auf das örtliche Schulgebäude zu. Dort angelangt, schoben wir, die Mädchen in einem der Klassenräume und die Jungen in einem anderen, Stühle oder Tische zusammen und verbrachten die noch verbleibenden Stunden der Nacht der harten Unterlage zum Trotz tief und fest schlafend.

Früh am Morgen waren wir wieder auf den Beinen, versammelten uns zum Gebet, nachdem wir am Wasserhahn im Hof der Schule eine eher oberflächliche Wäsche hinter uns gebracht hatten, und aßen dann die von zu Haus mitgebrachten belegten Brote. Selbst der Schuldiener, der zuvor über unser Kommen in Kenntnis gesetzt worden war, erschien ungeachtet der frühen Stunde und bereitete mit Hilfe des Heißwasserboilers im Lehrerzimmer für alle starken, süßen Tee.

Um 7.30 Uhr, noch ehe die ersten Schüler zum Unterricht erschienen waren, zogen wir aus der Schule ab, nachdem wir Tische und Stühle an ihren Platz geräumt und alle Anzeichen, die von unserer nächtlichen Anwesenheit im Schulgebäude kündeten, beseitigt hatten. Bei der örtlichen Station der jüdischen Hilfspolizei nahmen wir Aufstellung. Moshe zog sich mit dem Leiter der Station zur Beratung zurück, während wir angewiesen wurden, uns bei der Waffenkammer zu versammeln. Benjamin und Dalia verschwanden ins Innere der Kammer und brachten zehn langläufige kanadische Karabiner und Putzzeug zum Reinigen der Waffen: Flanelltücher, (die auf Englisch wegen ihrer Größe *Four by Two* genannt wurden, vier auf zwei Inches), Gewehrstöcke, Bürsten und Fläschchen mit Waffenöl.

Die kanadischen Karabiner waren reichlich schwer. Die Waffe wog gut fünf Kilo. Dennoch drängten sich alle, besonders wir Jungen, eine der Waffen einmal in der Hand halten zu dürfen. Erst später, als wir üben mussten, mit den Karabinern zu exerzieren und im Liegen wie im Stehen ein Ziel anzuvisieren, bekamen wir ihr ganzes Gewicht zu spüren. Glücklicherweise durften wir noch nicht damit schießen, da sonst der eine oder andere durch die Wucht des Rückstoßes bestimmt mit gebrochener Schulter nach Hause gekommen wäre.

Dicht gedrängt in einer nahen Baracke, wo sonst zur Erntezeit das Obst sortiert und abgepackt wurde, verbrachten wir die Hälfte des Tages damit, den kanadischen Karabiner gründlich kennen zu lernen. Draußen hielten einige von uns abwechselnd Wache, damit wir nicht durch einen unliebsamen Kontrollbesuch des britischen Offiziers überrascht wurden, dem die Hilfspolizeistation unterstand. Wir machten uns mit allen Einzelteilen des Karabiners vertraut, nahmen ihn auseinander und setzten ihn wieder zusammen, putzten ihn mit Hingabe, bis nicht mehr das geringste Staubkörnchen zu sehen war. Dass uns die Ehre zuteil wurde, eine dieser legendären Waffen in Händen zu halten, versetzte uns in freudige Erregung.

Doch plötzlich Alarm! Einer der Wachposten stürzte herbei und berichtete, auf der Polizeistation sei eine rote Fahne gehisst worden und gleichzeitig habe sich der Pritschenwagen der Hilfspolizisten eiligst in Richtung der Obstpflanzung, in der wir uns befanden, aufgemacht, was nichts anderes bedeuten konnte, als dass ein Fahrzeug der Briten auf dem Weg zur Polizeistation war. Sogleich wurde das Kommando gegeben sich zu verteilen, worauf wir, wie am Morgen geübt, auseinander stoben und uns zwischen den Bäumen der Pflanzung verbargen. Die Karabiner wurden hastig zusammengesteckt und neben dem Eingang zur Packbaracke aufgestellt, so dass, als schließlich der Pritschenwagen mit dem verstörten Sergeanten der Hilfspolizei eintraf, es weniger als einer Minute bedurfte, um die Gewehre zu verladen. Doch unsere Anstrengungen waren allem Anschein nach vergebens, denn noch ehe der Sergeant wieder bei der Polizeistation sein konnte, war dort bereits der britische Jeep eingetroffen. Also machte Moshe Cohen dem Sergeanten einen tollkühnen Vorschlag:

»Nimm drei von unseren Mädchen hinten auf die Ladefläche des Pritschenwagens und sag dem Engländer, die drei seien Schwestern von Hilfspolizisten. Ihr wärt unterwegs gewesen, um die Waffen, die die Männer über Nacht bei sich zu Hause gehabt hätten, wieder einzusammeln, und die Mädchen hätten angeboten, dir und den Kameraden bei der Reinigung der Karabiner zu helfen.«

Und so geschah es. Bei der Station der Hilfspolizei angelangt, stiegen die Mädchen unbeirrt vom Wagen, jedes nahm zwei Karabiner und trug sie in die Station. Dem prüfenden Blick des britischen Offiziers, der hinter dem Schreibtisch des Stationskommandeurs thronte, begegneten sie mit fröhlicher Unschuldsmiene junger Frauen, die gewissenhaft ihre Arbeit taten.

Auf die Fragen des Offiziers antwortete der Sergeant wie Moshe ihm geraten hatte, und da die Mädchen sich beim Reinigen der Karabiner so routiniert anstellten, dass man meinen konnte, sie hätten nie etwas anderes getan, schenkte der Brite der Geschichte schließlich Glauben. Er begnügte sich mit der Durchsicht des Dienstbuches, in dem er tatsächlich die Namen jener zehn Hilfspolizisten vermerkt fand, denen in der vergangenen Nacht angeblich die Karabiner zur Verwahrung anvertraut worden waren.

Zu guter Letzt versah der Brite das Dienstbuch mit einer Notiz über seinen Besuch, schrieb, er habe die Station und die sich vor Ort befindlichen Waffen in ordnungsgemäßem Zustand vorgefunden, und brach dann zur nächsten Hilfspolizeistation auf, um seine Inspektionstour fortzusetzen. Sobald er weg war, rief der Sergeant alle Stationen der Umgebung an und warnte deren Kommandeure vor einem möglichen Besuch des britischen Offiziers. Unser erster Übungstag an den kanadischen Karabinern jedoch war damit vorzeitig beendet.

Den Rückweg nach Tel Aviv mussten wir immerhin nicht zu Fuß bewältigen. Ein Lastwagen, den Moshe Cohen irgendwo aufgetrieben hatte, stand am Nachmittag bereit, und dankbar kletterten wir hinauf. Um nicht aufzufallen, kauerten wir uns auf die Ladefläche und wurden, sobald wir Tel Aviv erreicht hatten, entlang der Yehuda-HaLevi-Straße in kleinen Gruppen abgesetzt.

Auch in den folgenden Monaten fanden ständig Übungen statt und ganz allmählich begann die *Hagana*, uns mit ernsthaften Aufgaben zu betrauen, im Wesentlichen mit Botengängen für die Bezirkskommandantur. Dabei fiel mir die Ehre zu, zum Verbindungsmann des *Hagana*-Stadtkommandanten von Tel Aviv ernannt zu werden und seine Instruktionen an verschiedene Adressen in der ganzen Stadt zu überstellen. Sein Stab war in einem Wohnhaus in der Bialik-Straße untergebracht, und mit Stolz erfüllt betrat ich zum ersten Mal das Heiligtum der Kommandantur, eine Wohnung im zweiten Stock, um ein Sendschreiben entgegenzunehmen, das ausgetragen werden sollte. Während das Dokument noch fertig gestellt wurde, gelang es mir, einen Blick ins Innere der Wohnung zu erhaschen, um die um einen Konferenztisch versammelten, genüsslich Zigarette oder Pfeife rauchenden Größen der *Hagana* zu sehen.

Doch nicht immer lief alles glatt ab. Einige Eltern zeigten sich nicht eben begeistert von den Kieselsteinen, die in schöner Regelmäßigkeit gegen die Fenster ihrer Wohnungen geworfen wurden. Nachdem alles Erklären nichts nutzte, waren wir wohl oder übel gezwungen, anstelle des Steinchenwerfens unseren Erkennungspfiff aus der Jugendbewegung zu verwenden.

Ein anderes Mal, als ich spät nachts von einem meiner Botengänge zurückkehrte und allein durch das verlassene, finstere Labyrinth des Carmel-Marktes stapfte, hörte ich plötzlich das Geräusch genagelter Sohlen hinter mir, das sich rasch näherte. Dann leuchtete mir auf einen Schlag eine starke, blendende Stablampe ins Gesicht und ein britischer Soldat fragte: »*Do you want me, to give you ten Piasters?*« (»Möchtest du, dass ich dir zehn Piaster gebe?«)

Ich konnte mir nicht vorstellen, welche Absicht er mit seiner Frage verfolgte, und verstand daher im ersten Augenblick nicht, was sich hinter seinem großzügigen Angebot verbarg. Angst packte mich, vor allem weil ich mein Gegenüber nicht sehen oder mich gegen ihn hätte verteidigen können, da seine Lampe mich weiter blendete.

»*What for do you want to give me ten Piasters?*« (»Wofür wollen Sie mir zehn Piaster geben?«), fragte ich all mein Englisch zu Hilfe nehmend mit zitternder Stimme. Da streifte er sacht über meinen Hosenschlitz und raunte: »*Do you want me, to … you?*« (»Möchtest du, dass ich dir einen …?«). Jetzt wurde ich von regelrechter Panik erfüllt, doch um das Gefühl der Ohnmacht nicht zu zeigen, das ich angesichts der gleißenden Stablampe und des widerwärtigen Angebots spürte, schüttelte ich nur ablehnend mit dem Kopf und wandte mich ab, um so selbstsicher wie eben möglich weiterzugehen. Glücklicherweise schien der Soldat nicht geneigt, gewalttätig zu werden, sondern beließ es nur bei einer Nachbesserung seines Angebotes: »*Fifteen!*«, brüllte er mir nach, als ich meine Schritte beschleunigte, um Schweiß gebadet davon zu stürzen.

Und noch ein weiterer interessanter Zwischenfall ereignete

sich im Lauf jenes Jahres. Es war während einer Feldübung in den Hügeln inmitten der Obstplantagen von Bnei-Brak. Wir waren gerade dabei, uns an eine »befestigte Stellung« heranzurobben, als wir in einiger Entfernung eine zweite Gruppe ausmachten. Die beiden Gruppen arbeiteten sich langsam aufeinander zu, bis wir diejenigen, die dort ihre Feldübung abhielten, erkennen konnten. Es waren strenggläubige junge Männer, *Jeschiwot*-Schüler der Misrachi-Kongregation mitsamt ihren Lehrern und Jugendleitern, allesamt zwanzigjährig und älter. Man sah ihnen an, dass dies ihre erste Begegnung mit irgendeiner Form von militärischer Übung war, denn sie alle trugen modische lange Hosen und bunte oder weiße Hemden mit langen Ärmeln, die schon bald vom Kriechen und Krabbeln auf allen Vieren an den Ellbogen zerrissen waren. Keiner von ihnen trug Khakikleidung wie wir, die Jüngeren. Dann machte ich in der Gruppe unseren neuen Lehrer für Arabisch aus und auch er erkannte mich. Wir grüßten einander mit einem Kopfnicken. Den Grünlingen war anzumerken, mit welcher Ehrfurcht sie uns begegneten, wie sie wie frisch eingezogene Rekruten zu altgedienten Kämpfern aufsahen: Unsere militärische Kleidung und Ausrüstung – die kurzen Hosen und Khakihemden, die genagelten schweren Arbeitsschuhe unter festen Armeegamaschen, die akkurat gebügelten *Tembel*-Mützen auf dem Kopf und unsere Nahkampfstöcke aus dem Holz wilder Orangenbäume anstelle von Gewehren in den Händen – all dies verlieh uns in ihren Augen militärische Bedeutung, die uns nicht entging, ja sogar schmeichelte.

Als am nächsten Morgen unser Arabischlehrer die Klasse betrat, spürte ich sogleich die Wertschätzung in seinen Augen und erwiderte sie mit einem aufmunternden Verschwörerblick. Doch dabei ließ ich es nicht bewenden. Da ich wusste, dass in der Landwirtschaftsschule in Pardess-Chana

Arabisch nicht mehr auf dem Lehrplan stehen würde, erschien mir jede weitere Anstrengung in diesem Fach denkbar überflüssig, weshalb ich mein Bestes gab, mich der lästigen Pflicht von Hausaufgaben zu entziehen. Sobald der Arabischlehrer in die Klasse kam, trat ich an sein Pult und flüsterte ihm zu, gestern sei ich beschäftigt gewesen und hätte es daher nicht geschafft, die Aufgaben zu machen. Regelmäßig antwortete er mir mit einem verständnisvollen Nicken, und ich feierte für einige Zeit meine kleinen Triumphe.

Und so ging, während ich mit Kriegsspielen und Untergrundaktivitäten beschäftigt war und meine Zeit auf das Entgegennehmen von »Knoten« und das Ausführen geheimer Missionen verwandte, das Schuljahr zu Ende und die großen Ferien des Sommers 1943 brachen an. Das Direktorium der Landwirtschaftsschule in Pardess-Chana schickte mir eine Einladung zu einem persönlichen Gespräch. Endlich war es soweit. Ich würde die Schule meiner Träume betreten. Damals war ich meiner Mutter von Herzen dankbar, dass sie der Regelung zugestimmt hatte, dass ich nun nach diesem Jahr ohne weitere Prüfungen in Pardess-Chana aufgenommen werden würde. Denn wäre ich genötigt gewesen, der Schulleitung mein Abschlusszeugnis des abgelaufenen Schuljahres vorzulegen – wer weiß, wo meine gymnasiale Schullaufbahn geendet hätte …

In neuer Umgebung

Das eiserne Maschendrahttor fiel ächzend hinter mir ins Schloss. Angenehmes Halbdunkel empfing mich, erzeugt von einer breiten Allee aus Grevilleen, die den Duft der Sommerblüte verbreiteten. Ich folgte der Allee, deren Baumwipfel im Licht der gleißenden Sonne strahlten, als wollten sie mir auf meinem Weg, ein Mann der Scholle zu werden, salutieren.

Zu meiner Linken bemerkte ich die Wirtschaftsgebäude: Kuh- und Pferdestallungen, Hühnergehege und Lagerräume. Gleich daneben erhob sich ein einstöckiges Flachdachgebäude, in dem – wie ich bald erfuhr – ein Teil der zum Schulgehöft gehörenden festangestellten Belegschaft wohnte. Unter anderem befand sich dort die Wohnung von Frau Dienst, der Hausmutter, einer großen, korpulenten, peniblen und energischen *Jeckin*, die den Internatsbetrieb mit allem was dazu gehörte – Küche, Speisesaal, Wäscherei sowie Sauberkeit und Ordnung in den Schlafsälen, Gemeinschaftsduschen und den Klassenräumen – mit eiserner Hand regierte und der sämtliche Bedienstete widerspruchslos gehorchten. Frau Dienst war vor allem für ihre Knauserigkeit bekannt, wenn es um die Zutaten für die einzelnen Mahlzeiten ging. Da Krieg herrschte und Grundnahrungsmittel nur noch gegen Wertmarken ausgegeben wurden, hatte sie es leicht, jede Bitte nach größeren Portionen unerbittlich zurückzuweisen, was Dutzende junger, tatendurstiger Internatsschüler mit einem ständigen Gefühl von Hunger leben ließ.

In der Landwirtschaftsschule kursierten zahllose Geschichten über Frau Dienst und ihre Familie. Ihr Gatte, ein ältlicher, hagerer und in sich zusammengefallener deutschstämmiger Jude, saß die meiste Zeit untätig zu Hause, abgesehen von seinem Besorgungsgang, den er zweimal täglich, einmal am Morgen und dann abends kurz vor Sonnenuntergang, auf der immer gleichen Route von der Wohnung der Familie zur Internatsküche hinter sich brachte, eine Aluminiumkanne schaukelnd in der Hand und – winters wie sommers – einen grauen Filzhut auf dem Kopf. In der Küche nahm er die tägliche Milchration der Familie entgegen und schlurfte in ernstes Schweigen gehüllt zurück, die Augen fest auf den vor ihm liegenden Kiesweg geheftet. »Die Gattin der Frau Dienst«, nannten wir ihn hinter seinem Rücken, da er in unseren Augen ein Müßiggänger und wirtschaftlich ganz von der Erwerbstätigkeit seiner Frau abhängig war.

Doch unser eigentliches Interesse an Familie Dienst konzentrierte sich auf deren Tochter Ora, einem außergewöhnlich hübschen Mädchen von zwanzig Jahren. Auch sie ging keiner Arbeit nach und saß die meiste Zeit in der elterlichen Wohnung. Nur hin und wieder verließ sie das Haus, um ihrer Mutter in der Küche zu helfen oder ihren Vater bei seinem täglichen Gang zum Milchholen abzulösen. Und auch sie ging schleppend und mit gesenktem Blick. Dabei wurde sie stets von den lechzenden Blicken der Möchtegern-Casanovas unter den Internatsschülern begleitet, die sie im Geiste entkleideten und regelrechte Löcher in ihren Rücken bohrten. Als würde sie die Blicke spüren, lief sie noch ein wenig mehr nach vorn gebeugt, zog die Schultern zusammen, um sich gegen einen imaginären Angreifer zu verteidigen.

In den Schlafsälen des Internats erzählte man sich endlose

Geschichten über Ora, Geschichten, die zumeist um jene wilde Liebesaffäre kreisten, die das Mädchen angeblich mit einem Schüler namens Gara gehabt hatte, als es selbst noch zur Schule ging. Damals gerade erst sechzehn Jahre alt, so wurde kolportiert, sei Ora schwanger geworden und habe eine Abtreibung vornehmen lassen müssen. Die Sache sei bald in aller Munde gewesen, Gara von der Schule verwiesen und Ora auf ein Gymnasium in der Nachbarsiedlung versetzt worden. Seither saß sie Zuhause und wartete offenbar auf einen *Schidduch* – ein Heiratsangebot –, was keine leichte Aufgabe in einer so kleinen Siedlung war, wo jeder jeden kannte und alle alles voneinander wussten.

Das an die Wohnung der Frau Dienst angrenzende Zimmer wurde von Gila bewohnt, die für die Hühnerställe verantwortlich war. Mit Mitte zwanzig war sie etwas älter als Ora, und auch wenn sie nicht ganz so hübsch wie diese war, konnten wir uns ihrer betörenden körperlichen Ausstrahlung nicht entziehen. Ihr wiegender Gang, ihre äußerst knappen Shorts, deren Gummibänder verführerisch nah zum Schritt die Rundungen ihrer Schenkel betonten, die enge Bluse, die ihre vollen Brüste hervorhob und schließlich das Kopftuch über ihrem aufgeweckten, strahlenden Gesicht verfehlten ihre Wirkung bei keinem der Schüler, die turnusmäßig Dienst im Hühnerstall taten. Die Spannung unter den Jungen erreichte ihren Höhepunkt, wenn es galt, gemeinsam den Boden des Hühnerstalls zu reinigen. Bei dieser Arbeit rutschte Gilas Bluse regelmäßig aus dem Gürtel, pendelten ihre Hemdzipfel über der kurzen Hose, sprangen ein oder zwei Knöpfe auf und gaben den Blick auf ihren prall gefüllten Büstenhalter frei, und der Schweißgeruch ihres Körpers, so nah und doch so unerreichbar, verdrehte manchem den Kopf und brachte ihn um den Verstand. Eine weitere Gelegenheit Gila nahe zu kommen bot sich in den Winternächten, wenn diejenigen, die im Hühnerstall Dienst taten, jede Nacht zweimal aus ihren Schlafsälen die Treppe hinab zum Inkubator mussten, um Temperatur und Feuchtigkeit im Brutverschlag zu überprüfen. Dieser stand zwischen den anderen Wirtschaftsgebäuden und unweit des Wohntraktes, in dem die feste Belegschaft untergebracht war. Für gewöhnlich war auch Gila auf, einen Morgenmantel nachlässig über ihr Nachthemd gestreift, um sicherzustellen, dass der diensthabende Internatsschüler seine Sache pünktlich und ordentlich machte.

Im Inneren des Brutverschlags war es dunkel, warm und so eng, dass die dort Arbeitenden gezwungen waren, sich seitlich aneinander vorbei zu zwängen, wobei gegenseitiger Körperkontakt unvermeidlich war. Doch das erotische Fluidum zerstob rasch: Gila war nicht zu Schäkereien mit Internatslümmeln aufgelegt, ihre Bewegungen blieben sachlich und effektiv. Sie war mit einem jungen Mann verheiratet, der als Pionier in der Royal Army diente, weshalb sie das Zimmer allein bewohnte, das ihr zur Verfügung gestellt worden war. Gila liebte ihren Mann über alles und sprach immer in den höchsten Tönen von ihm. Als ihr Mann eines Tages unangekündigt auf Heimatbesuch kam, war sie außer sich vor Freude. Unverzüglich machten sich Gila und ihr Mann für einige Tage aus dem Staub, um nachträgliche Flitterwochen zu verbringen, die sie wegen der unmittelbar nach ihrer Hochzeit erfolgten Einberufung nicht früher hatten machen können.

Wenige Monate danach begann sich Gilas Bauch zu runden und die gesamte Schülerschaft verfolgte mit Anteilnahme und Sorge ihren Schwangerschaftsverlauf. Wie es sich für Schicksalsgenossinnen gehörte, übermittelten ihr die Mädchen Solidaritätsbeweise und brachten von zu Hause alle erdenklichen Delikatessen mit, von denen sie annahmen, dass es eine schwangere Frau danach gelüste. Die Jungen hingegen nahmen von schwülstigen Phantasien Abschied und legten stattdessen Sympathie und sogar offene Zuneigung an den Tag, wie gegenüber einer älteren Schwester, die im Begriff war, auf wundersame Weise neues Leben zu schenken. Alle taten ihr Bestes, um Gila von körperlich schweren Tätigkeiten zu entlasten, und meldeten sich freiwillig, auch die ungeliebtesten Arbeiten zu verrichten, damit sich die werdende Mutter nicht überanstrengte und – Gott behüte – dem Säugling womöglich Schaden zugefügt würde.

In jenem Flachdachgebäude wohnte noch eine weitere Familie, die Familie von Ruben, dem Verantwortlichen der Pferdestallungen, mitsamt seiner Frau und dem gerade erst geborenen Sohn Avi. Wir alle mochten Ruben. Er war der rangniedrigste unter den landwirtschaftlichen Ausbildern und in fachlicher Hinsicht lernten wir rein gar nichts von ihm, weder, was die Aufzucht von Pferden betraf noch deren Ernährung oder Grundlagen der medizinische Betreuung. Ruben war der Mann, von dem man die Erlaubnis bekam, eines der Pferde oder einen der Maulesel zu satteln und damit einen Ausritt auf dem Gelände der Landwirtschaftsschule oder sogar in die nahe gelegene Siedlung zu unternehmen, um dort die bewundernden Blicke der Mädchen zu ernten. Von ihm lernten wir, wie ein Pferd vor einen Wagen oder einen Pflug zu spannen war, und vor allem war er es auch, der uns erste Kenntnisse in der Kunst des Pflügens, des Auflockerns des Bodens und des Aufwerfens von Bewässerungskanälen vermittelte.

Es bedurfte eines kundigen und starken Arms und einer genauen Abstimmung zwischen der Hand, die den Pflugsterz führte, und jener, die mit Hilfe der Zügel das Pferd kontrollierte, um in der Linken die Zügel des Pferdes zu halten und mit der Rechten den Pflug zu dirigieren – das einschneidige

Modell Nr. 4, die europäische Weiterentwicklung des arabischen Pflugs –, eine gerade Furche zu ziehen. Und dabei musste man noch Acht geben, dass der Abstand zwischen den Furchen immer stimmte, damit kein ungefurchter Boden zurückblieb, der Pflug jedoch auch nicht mit einem Mal in die zuvor bereits aufgeworfene Furche fuhr. Furchte man zu tief und zu breit, grub sich der Pflug fest und das Pferd blieb stehen. Geriet die Furche hingegen zu schmal und zu flach, sprang die Pflugschar aus dem Boden und schrammte nur noch leicht über die ungepflügte Erde, so dass man sich unversehens im Laufschritt hinter dem davoneilenden Pferd hergezogen wiederfand. Gelang beides, blieb die knifflige Aufgabe zu bewältigen, eine gerade Furche zu ziehen. Zumeist pflegten Ruben oder einer der Schüler aus den höheren Klassen die erste Furche für den Novizen am Pflug aufzuwerfen. Aber wehe ihm, wenn der Anfänger es wagte, von der ihm vorgegebenen Linie abzuweichen. Besonders Yiftach, der Verwalter und Oberausbilder, legte größten Wert darauf. Wie aus dem Nichts tauchte er mit einem Mal hinter der Zypressenreihe auf, beäugte den Neuschüler, noch ehe dieser davon etwas mitbekam, und brüllte plötzlich mit seinem schweren kaukasisch-russischen Akzent los: »Roth, warum pflügt er wie die Rute eines pinkelnden Bullen?!«

Etliche Geschichten über Yiftach machten in der Schule die Runde: Über seine kaukasische Herkunft, seinen Jähzorn, der ihn nur zu gerne handgreiflich werden ließ, und vor allem über einen Zwischenfall, bei dem es mit den arabischen Bewohnern des Nachbardorfs, die als Pächter Teile der Ländereien der Siedlung bestellt hatten, ehe diese von ihren arabischen Besitzern veräußert wurden, zum Streit gekommen war.

Darüber wurde folgende Geschichte erzählt: Eines Tages waren die jüdischen Siedler eiligst zu einem neu erworbenen

Stück Ackerland gerufen worden, das man kurz zuvor von einem arabischen Notabeln mit Wohnsitz in Beirut gekauft hatte. Die arabischen Pächter, die das Land bislang bestellt hatten, wollten sich, obgleich sie eine zusätzliche Summe gesondert ausbezahlt bekommen hatten, nicht damit abfinden, dass die Parzelle nun in jüdische Hände übergegangen war, und beschlossen, den Boden von neuem in Besitz zu nehmen. An jenem Morgen zogen sie in Scharen auf das umstrittene Ackerland, trieben Pferde, Esel, Kamele und Ochsen vor sich her und begannen, mit ihren arabischen Messerpflügen den Boden kreuz und quer umzugraben. In ihrem Gefolge fanden sich unzählige Frauen und Kinder ein, die hinter den Pflügenden herschritten und Gerstensamen in den aufgelockerten Boden streuten. Das Eintreffen der Juden machte dem Pflügen ein Ende und brachte mit einem Mal Stöcke und Schaufelstiele zum Vorschein, mit denen sich die Männer beider Lager bewaffnet hatten. Bereit zum Kampf baute man sich voreinander auf, während die arabischen Frauen mit lauten Anfeuerungsrufen und aufmunternden Trillern ihren Männern den Rücken stärkten.

Auch die einflussreichen Bewohner der Siedlung und einige, die rechtmäßig in Besitz einer Schusswaffe waren, kamen eiligst zum Ort der Auseinandersetzung gelaufen und unter ihnen auch der Verwalter Yiftach, der seine doppelläufige Jagdflinte bei sich trug. Es entwickelte sich eine zermürbende Debatte zwischen dem *Muchtar* des arabischen Dorfes und seinen Gefolgsleuten auf der einen und den Sprechern der jüdischen Siedlung auf der anderen Seite, ein Wortwechsel, der zunehmend schärfer wurde und schon bald in Schreiereien, gegenseitigem Anrempeln und ersten Handgemengen mündete. Plötzlich fiel ein Schuss und einer der arabischen Notabeln stürzte blutüberströmt zu Boden. Großer Aufruhr entstand und drohte sich zu einer blutigen Massenschlägerei auszuweiten, als mit einem Mal die Sirene eines Polizeifahrzeugs zu hören und schließlich ein mit Polizisten beladener Pritschenwagen zu sehen war, der sich mühsam seinen Weg über das frisch gepflügte Ackerland bahnte. Das Knäuel aus aufgebrachten Menschen erstarrte, um sich im nächsten Augenblick zu teilen und dem englischen Offizier und seinen arabischen Hilfspolizisten Platz zu machen.

Auf der freien Fläche zwischen den beiden Lagern blieb die Leiche des erschossenen arabischen Würdenträgers liegen, dessen Kopf noch immer von zweien seiner Freunde gestützt wurde, während drei andere Yiftach festhielten und vergeblich versuchten, ihm die Jagdflinte zu entwinden. Das Auftauchen der Polizisten verhinderte zwar ein Blutbad, machte aber zugleich auch den Umstand aktenkundig, dass sich Yiftach mitsamt seiner Waffe am Tatort befunden hatte. Die Jagdflinte wurde beschlagnahmt und Yiftach von den Polizisten auf die Polizeistation in Chadera gebracht.

Es folgte monatelanges Feilschen mit den Notabeln des arabischen Dorfes über die Höhe des Blutgeldes, dass der Familie des Opfers gezahlt werden sollte, um zu einer »Aussöhnung« zu kommen. Yiftach wurde dem Richter vorgeführt und ungeachtet der Plädoyers seiner Verteidiger, ein Unfall habe sich ereignet, weshalb von vorsätzlicher Tötung nicht die Rede sein könne, von diesem zu fünf Jahren Gefängnishaft verurteilt. Weitere Eingaben und Revisionsverhandlungen waren nötig, ehe die Haftstrafe auf zwei Jahre begrenzt wurde, von denen Yiftach dann letztendlich sechzehn Monate absaß.

In geruhsamen Momenten, etwa während der Mittagspause auf offenem Feld, wenn wir um den Pferdewagen versammelt saßen und die belegten Brote verschlangen, die uns Frau Dienst mitgegeben hatte, ließ sich Yiftach erweichen und schwelgte in Erinnerungen an die Leiden, die er im britischen Gefängnis hatte erdulden müssen: Wie er sich Kraft seiner Muskeln in einer Zelle, die ausschließlich mit arabischen Häftlingen belegt gewesen sei, habe behaupten müssen; wie er gelernt habe, mit offenen Augen zu schlafen, damit sie ihm nicht im Schlaf die Kehle durchschnitten. Auch sprach er von der schicksalhaften Bedeutung des oberen der beiden Etagenbetten, von dem aus man leichter einen Überraschungsangriff der Zellengenossen abwehren konnte.

Die Arbeit mit dem Vertikutierpflug erforderte ebenfalls gewisse Fertigkeit. Hierbei kam es darauf an, in jeder Hand einen der Zügel und gleichzeitig je einen Pflugsterz zu halten. Die Schwierigkeit bestand darin, das Pferd zwischen den Setzlingsreihen hindurch zu manövrieren, besonders zwischen den eng stehenden und durch Eisendrähte gestützten Tomatenpflanzen. Anfangs war die Hand weder geübt noch im mindesten kräftig genug, die Griffe des Pfluges nach unten zu drücken und gleichzeitig das Pferd im Zaum zu halten, damit es nicht von der geraden Linie abwich. Passte man eine Sekunde lang nicht auf, nur ein Moment versonnener Unaufmerksamkeit – und schon lag der Pflug auf der Seite, begann das Pferd zu traben, so dass ganze Gruppen von Setzlingen aus dem Boden gerissen und in hohem Bogen weggekatapultiert wurden. Wehe dem Schüler, dem ein solches Missgeschick unterlief. Wäre da nicht Ruben gewesen, der stets zur Stelle war, um zu helfen, den Pflugsterz wieder in die Waagerechte zu bringen, mit sicherer Hand die Zügel zu ergreifen, bevor das Pferd und mit ihm der Pflug gänzlich außer Kontrolle geriet, und vor allem gnädig wegzuschauen, wenn sich der Schüler beeilte, die aus dem Boden gerissenen Setzlinge aufzusammeln und wieder einzupflanzen, ehe Shlomo, der Ausbilder im Bereich Gemüseanbau, auf das Malheurs aufmerksam wurde.

Die Grevilleenallee mündete in ein weitläufiges Fußballfeld, das von drei Gebäuden umgeben war. Zu meiner Linken lag jetzt lang gestreckt das Schulgebäude, in dem sich vier Klassenräume, das Chemielabor, das Zimmer des Schulleiters, das Lehrerzimmer und das Sekretariat befanden. Auf dem Dach am Ende des Gebäudes erhob sich der neuerrichtete Anbau mit dem Biologielabor, dem Allerheiligsten unseres Biologielehrers Dr. Agassi und seines Assistenten Shalom, den wir nur Bojka nannten.

Da der ganze restliche Teil des Schulgebäudes nicht überbaut war, konnte man auf das Dach klettern, sich vorsichtig über die Dachkante beugen und von oben durch das offen stehende Fenster die Debatten im Lehrerzimmer belauschen. Natürlich waren wir darauf erpicht, die Konferenzen zum Ende jedes Trimesters zu verfolgen, in denen die Lehrer über die Zensuren der einzelnen Schüler berichteten. So geschah es, dass wir bei einer der Konferenzen hörten, die unter Vorsitz des neuen, gerade aus Haifa entsandten Schulleiters stattfand, wie der für die erste Klasse (die der Obersekunda auf einem regulären Gymnasium entsprach) zuständige Erzieher betonte, vier seiner Schüler hätten zwei oder mehr ungenügende Noten zu erwarten. Für unsere elitäre Schule, deren Niveau sich an den Ansprüchen des »Real-Gymnasiums« in Haifa orientierte, bedeuteten zwei ungenügende Zensuren die Nichtversetzung in die nächsthöhere Klasse. Das Schulgeld betrug inklusive der Kosten für die Unterbringung im Internat 250 £ Mandatswährung, ein mehr als stattlicher Betrag für die damalige Zeit. Und so hörten wir nun den neuen Schulleiter wie nebenbei einwerfen: »Meine Herren, meine Herren, Bedacht … vier Schüler, das macht 1000 £ …« Wir waren wie vor den Kopf gestoßen: Wurden hier etwa Schüler nach der Liquidität ihrer Eltern und nicht entsprechend ihrer eigenen schulischen Leistungen bewertet? Sollte es dem Leiter unserer Schule, anstatt in die Ausbildung der kommenden Generation zu investieren, nur um das Schulgeld gehen? Uns war zwar bewusst, dass etliche der Internatsschüler aus zerrütteten, wenn auch wohlhabenden Familien kamen, Problemkinder oder Söhne von Obstbauern waren, die man hierher und nicht auf ein Internat in Frankreich oder England geschickt hatte, wie es bereits vor dem Ersten Weltkrieg in den Kreisen der reichen Obstplantagenbesitzer gang und gäbe war. Auch die Söhne wohlhabender Städter – von Kaufleuten, Bauunternehmern, Industriellen oder hochrangigen Verwaltungsbeamten – waren vertreten.

Diese Jungen wurden mit dem Augenblick der Aufnahme in die Gemeinschaft der Schüler mit einem ganz anderen Kanon von Verhaltensmaßregeln, Werten und Erwartungen konfrontiert. Diese basierten in erster Linie auf den pädagogischen Grundsätzen des »Real-Gymnasiums« in Haifa, dem unsere Landwirtschaftsschule angegliedert war. Dazu kamen nationale und soziale Wertvorstellungen, die im Wesentlichen dem Zeitgeist entsprachen, der in jenen Tagen den kleinen jüdischen *Jischuw* in Erez Israel beherrschte; Überzeugungen, die vor allem durch die Ethik der Arbeiterbewegung beeinflusst wurden: Die meisten Schüler sprachen offen von der Notwendigkeit, sich zum Dienst in der *Palmach* zu melden, aktiv an der Besiedlung des Landes teilzuhaben und vor allem der *Hagana* beizutreten. Im ganzen Internat gab es nicht einen Schüler, der bereits Mitglied der revisionistischen Untergrundbewegungen *Etzel* oder *Lechi* gewesen wäre oder einer dieser Organisationen nahe gestanden hätte. Das Schulsekretariat war das Königreich von Herrn Zadik, dem Sekretär, Schatzmeister und für die Administration zuständigen Schulleiter in einer Person. Ein Mann Mitte vierzig, klein und kräftig gebaut, mit Schmerbauch, großem kahlem Schädel und einem Lächeln, das nie von seinem rundlichen Gesicht wich. Jeden Tag kam er mit dem Bus aus Chadera, in der einen Hand eine abgewetzte Aktentasche und in der anderen die sorgsam gefaltete Morgenzeitung, die er während der Fahrt las. Doch man durfte sich in Herrn Zadik nicht täuschen: Hinter der fröhlichen Fassade verbarg sich eine machthungrige Krämerseele, die jeden Menschen nach seinem materiellen Wohlstand einstufte und jede Sache entsprechend des zu erwartenden Gewinns beurteilte. Daher empfahl es sich, wann immer wir im Sekretariat etwas zu regeln hatten, einen der Söhne aus einflussreichen, wohlhabenden Familien vorzuschicken, Jungen, deren Väter teilweise sogar im Aufsichtsrat der Schule saßen. Bei solchen Missionen tat sich besonders Kuti hervor, der Sohn eines hochrangigen Direktors der Anglo-Palestine-Bank, ein Junge, der für sein arrogantes, hochmütiges Auftreten bekannt war. Einmal, es hatte bereits zum Unterricht geläutet und Kuti stand noch auf dem Gang, als sich ihm Tzetze, der neue, junge Mathematiklehrer näherte, ereignete sich Folgendes: (Seinen Spitznamen verdankte er übrigens dem Umstand, dass er bestimmte Wörter auf »tz« enden ließ, vor allem Begriffe aus der Geometrie wie »Winkeltz«.) Tzetze berührte also Kuti an der Schulter und forderte ihn unter Verwendung seines Familiennamens auf: »Gafni, ab in die Klasse!« Kuti drehte sich langsam um, bedachte ihn mit einem eisigen Blick, ließ dann die Augen weiter zu der Stelle wandern, wo ihn der Lehrer berührt hatte, ehe er mit zwei Fingern darüber fuhr, als wische er einen imaginären Schmutzfleck weg. Dann wandte er sich ab, ohne ein Wort zu sagen oder den Lehrer eines weiteren Blicks zu würdigen, und betrat die Klasse.

Es war stets etwas Besonderes, Herrn Zadik außer sich zu sehen, sobald Kuti sein Büro betrat: Unterwürfig, geschmeidiger als Bambusrohr und sich windend wie eine hypnotisierte Schlange kam er auf Kuti zugeeilt: »Guten Morgen, Herr Gafni, was kann ich für Sie tun?«

Bei diesen Gelegenheiten senkte Shifra, die altgediente, umsichtige Sekretärin, die alles registrierte, aber nie etwas preisgab, nur den Kopf, um ein unmerkliches Lächeln zu verbergen, das ihre Mundwinkel umspielte.

Als ich meine Schulzeit in Pardess-Chana begann, waren im ersten Stock insgesamt vier Klassenräume untergebracht, die von einem langen Flur abzweigten. Die fünfte und damit oberste Klasse zählte zu jenem Zeitpunkt nur eine Hand voll Schüler, nicht mehr als sechs oder sieben. Diese wechselten ständig zwischen den freien Klassenräumen hin und her, wenn eine der anderen Klassen im Chemie- oder Biologie-labor zu tun hatte oder zum Arbeitsdienst auf dem Hof eingeteilt war. Erst als für unseren Jahrgang, der fast dreißig Schüler zählte, das vierte Ausbildungsjahr zu Ende ging, beeilte sich die Schulleitung, auf dem Dach zwei weitere Klassenräume in Fertigbauweise errichten zu lassen, von denen der eine für die Schulbücherei und der andere für uns, die künftige Abschlussklasse, bestimmt war.

In jedem Klassenraum standen Spinde für den persönlichen Gebrauch der Internatsschüler, in denen sie ihre Bücher und sonstigen Lernutensilien aufbewahrten. Dazu gehörten klei-ne Herbarien mit getrockneten Pflanzen, Netze für die Insektenjagd, Zyankalifläschchen zum Töten der erlegten Beute und Holzkästen mit gläserner Abdeckung, in denen – nach Klassifizierung – die Käfer und Schmetterlinge mit extra langen und dünnen Stecknadeln fein säuberlich in Reih und Glied aufgespießt wurden. Jeder Schüler war verpflich-tet, zum Abschluss jedes Schuljahres im Fach Biologie Sammelkästen anzufertigen, deren Umfang und Inhalt fest-gelegt wurden: beispielsweise getrocknete Pflanzen oder eine

Kollektion von Insekten. Im Unterschied zu den externen Schülern der Landwirtschaftsschule war unser Leben als Internatsschüler für Lehrer, Erzieher und vor allem für uns Schüler untereinander offen wie ein Buch. So waren auch unsere Spinde einer regelmäßigen Inspektion durch den Internatsleiter ausgesetzt. Die Kontrollen erfolgten unangekündigt, und wehe dem Schüler, der in punkto Sauberkeit und Ordnung nicht dem Standart der Schule genügte. Der gesamte Katalog von Strafen, wie er den Rekruten der israelischen Armee nur zu vertraut ist – einschließlich des nächtlichen Antretens zum Appell mitsamt Feldbett, der kompletten persönlichen Habe, Ausrüstung und Waffe –, wurde schon zu Beginn der vierziger Jahre vom Leiter unseres Schulinternats geschaffen. Er, »der Doktor«, den wir auch »der kleine Diktator« nannten, darf getrost das Urheberrecht an diesen und ähnlichen »Denkzetteln« geltend machen: Eine Stunde früher aufstehen – obgleich unsere Weckzeiten von 5.30 Uhr im Sommer und 6.00 Uhr im Winter ohnehin schon grausam genug waren –, das gesamte Schulgebäude einschließlich aller Flure fegen; alle Betten, rund sechzehn an der Zahl, in einem der großen Schlafsäle machen und dennoch rechtzeitig zum Frühstück erscheinen; jede Nacht gegen 22.00 Uhr beim Wächter am Tor des Schulgeländes vorstellig werden und sich bei ihm eintragen lassen. Solche und unzählige Strafen mehr, provozierende, ermüdende Schikanen, die sämtlich auf Kosten unserer freien Zeit oder der auch so schon knapp bemessenen Nachtruhe gingen.

Am Ende des Flures erstreckte sich das Reich von »Schlejkes«, unserem Chemielehrer Dr. Kiriyati. Hager, ein wenig gebeugt und mit dichten, ergrauten, aber wild wuchernden Augenbrauen, war Dr. Kiriyati als einer der milden, höflichen Vertreter der Lehrerschaft bekannt, ein typischer polnischer Gelehrter der alten Schule. Seinen Spitznamen »Schlejkes«

verdankte er dem Umstand, dass er stets, sommers wie winters und auch in den seltenen Fällen, da er in kurzen Hosen zum Unterricht erschien, Hosenträger trug. Ein freundliches Lächeln wich nicht von seinen Lippen, es sei denn, er bekam einen Wutanfall, was zuweilen drohte, wenn er einen Schüler dabei erwischte, der seine Hausaufgaben nicht gemacht hatte oder während einer Klassenarbeit vom Nachbarn abzuschreiben versuchte.

Auf dem Dach erhob sich das erwähnte Biologielabor, das Königreich von unserem Biologielehrer Dr. Agassi. Da es später errichtet worden war, waren Mobiliar und Ausstattung moderner und hochwertiger als im Chemielabor: Im Saal standen in vier parallelen Reihen mit glänzender schwarzer Ölfarbe lackierte Arbeitspulte. Die Pulte erinnerten an längliche Kommoden mit Schubladen und Schiebetür und bargen wertvolle Sammlungen aus Pflanzen- und Tierwelt.

Die Wände des Labors waren mit ebenfalls schwarz lackierten Regalen und Glasvitrinen bedeckt, in denen Formalinpräparate von Föten, kleinen Nage- und Säugetieren aufbewahrt wurden. Daneben standen in Reih und Glied Mikroskope, Operationsinstrumente, Schmetterlingssammlungen und Herbarien, Dutzende von Herbarien mit getrockneten Pflanzen. Sämtliche Exponate waren von Bojka, Dr. Agassis getreuem Assistenten, gesammelt, getrocknet oder erlegt und präpariert worden.

Dr. Agassi selbst dozierte in der Regel von einer kleinen Empore aus, auf der ein eleganter schwarzer Katheder stand. Wir nannten ihn nur »Hooligan«, wussten jedoch nicht, aus welchem Grund ihm dieser Spitzname verliehen worden war, noch, wer ihn erfunden hatte. Die pure Lust der Schüler, einen Lehrer zu veralbern, ließ den Spitznamen von einem Jahrgang auf den nächsten übergehen.

Vielleicht ja auch, weil Dr. Agassi ein ebenso strenges Regiment führte wie der »Diktator«, der Leiter des Internats. Gnade dem Schüler, der einen der Tische anritzte, ein Reagenzglas zerbrach oder eines der Präparate beschädigte. Dieser arme Sünder musste nicht nur in voller Höhe für die entstehenden Reparaturkosten aufkommen, sondern wurde von Dr. Agassi noch zusätzlich mit einer unfreiwilligen Spende für den *Keren Kayyemet* – den israelischen National-fonds – zur Kasse gebeten, dessen getreuer Repräsentant unser Biologielehrer neben seiner Lehrtätigkeit noch war.

Morgen für Morgen konnte man verfolgen, wie Dr. Agassi in dem für ihn typischen Watschelgang von seinem nahe gele-genen Haus zum Schulgebäude kam, in jeder Hand eine lederne Aktentasche, in der sich zumeist korrigierte Klassen-arbeiten befanden, und der listigen Miene eines Menschen, der weiß, dass er eine Überraschung parat hält. Und mal neben, mal hinter ihm her trottend folgte schwer beladen unter Akten, Schaukästen oder Schachteln mit getrockneten Insekten sein Gehilfe Bojka.

Rechts des Schulgebäudes lag ein im Erdgeschoss offenes, auf Säulen ruhendes Gebäude, in dessen erstem Stock sich die Wohnung von Schuldirektor Radoscher, seiner jungen Frau und ihren beiden Kinder befand. Und darüber erhob sich der mächtige Wasserturm der Schule, alles in hellem Rosa gestrichen. Die Gattin des Schuldirektors war seine zweite Frau und der Altersunterschied zwischen beiden unverkennbar. Als Schüler verehrten wir unseren Direktor, der von Haus aus Agronom war. Sein dunkler Teint, seine glatte Haut, sein dichtes graues Haar, das ihm als Tolle in die Stirn hing, machten ihn zu einem gut aussehenden, attrakti-ven Mann. Nur sein erblindetes linkes Augen entstellte ein wenig die edlen Züge. Man erzählte sich, der Direktor habe einst über eine Mähmaschine gebeugt gestanden, um diese zu reparieren, als eine von einer Schraube gehaltene Feder sich plötzlich löste und ihm ins Auge flog, worauf er – mit der Linken das Auge abdeckend – in seinen Wagen gestiegen und sich vor Schmerzen krümmend einhändig bis nach Chadera gefahren sei.

Doch nicht einmal er war sicher vor den spitzen Zungen der Schandmäuler unter uns, vor allen Dingen, weil er seine Schwierigkeiten bei der richtigen Aussprache des Buchstabens »h« hatte. So pflegte er im Landwirtschaftskundeunterricht mit schöner Regelmäßigkeit die nährstoffreiche organische Substanz im Boden als Chumus, eine orientalische Speise aus Kichererbsen, anstatt Humus zu bezeichnen.

Vom Eingangstor her gesehen erstreckte sich am linken Ende des Fußballfelds über eine Länge von gut sechzig Metern das Hauptgebäude des Internats, ein unansehnliches zweigeschossiges Bauwerk mit phantasielosem Dach aus grauen Asbestrollen. Das Gebäude war weiß getüncht und von auffälliger Disharmonie der beiden Haupttrakte: Richtung Schulgebäude zeigte der kompakte Trakt, der im Erdgeschoss nur durch eine Reihe kleiner Fenster aufgelockert wurde. Dahinter verbargen sich die Duschen, Umkleideräume und Spinde der Schüler. Zwischen den Gemeinschaftsduschen in beiden Flügeln des Gebäudes lag der Speisesaal, der unschwer an seinen quadratischen, braungestrichenen Fenstern, die nach außen hin mit rostigen Fliegengittern versehen waren, zu erkennen war. Im oberen Stockwerk befanden sich die vier Schlafsäle der Internatsschüler, während über dem Speisesaal die Privatwohnung des »Doktors«, des Internatsleiters, lag, sowie das Zimmer der Krankenschwester, das zuweilen zur Quarantänestation umfunktioniert wurde, wenn ein Schüler an einer ansteckenden Krankheit litt.

Fasste man das Gebäude jedoch von der Rückseite und dem dort gelegenen Eukalyptuswäldchen her ins Auge, bot sich einem ein gänzlich anderer Anblick: Ein graues Erdgeschoss und davor ein schmuddeliger Innenhof, der von einem sich über die gesamte Länge des Gebäudes erstreckenden, offenen Balkon umlaufen wurde. Im Zentrum des Hofes lag der Eingang zum Speisesaal und daneben die Küche, vor der Kisten und Essensreste verstreut lagen, Gasballons und mächtige Töpfe, die darauf warteten, gespült zu werden. Der Innenhof wurde zu beiden Seiten von zwei quadratischen, fünf mal fünf Meter messenden Türmen eingerahmt, die ihn wie Wachposten umstanden. Im Sockel der Türme waren die Toiletten des Internats untergebracht und darüber Wohnräume, die man über eine außenliegende hölzerne Treppe vom Balkon im oberen Stockwerk aus erreichte.

Diese Räume wurden von zwei Lehrern bewohnt, die gemeinsam mit dem Leiter für Ordnung und das Wohlergehen der Schüler im Internat zu sorgen hatten. Sowohl Ignatz Marewsky, unser Sportlehrer, der einst aus der polnischen Armee des General Anders' desertiert war, als auch Patchia Agres, Spross einer angesehenen Familie aus Haifa, Mathematiklehrer, Schachgenie und Enzyklopädist waren Junggesellen. Letzterer unterrichtete höhere Mathematik in den beiden oberen Klassen, doch die Sympathie, ja vielleicht sogar Liebe der Schüler gewann er dank seiner steten Bereitschaft, bei der Lösung jedwelchen Problems zu helfen. Wir Internatsschüler machten am Nachmittag unter Beaufsichtigung durch einen dieser beiden Lehrer, damit wir keinen Unsinn anstellten und uns nicht gegenseitig vom Lernen abhielten, unsere Hausaufgaben in der Klasse. Dabei gab es nicht ein Problem, das unser Mathematiklehrer Agres nicht hätte lösen können – ganz gleich, in welchem Fach: Weder in Bibelkunde, in Literatur, Chemie, Physik oder Biologie und ganz gewiss nicht in der Mathematik. Darüber hinaus erwies er sich als große Hilfe bei der Organisation und

Durchführung verschiedener Arbeitskreise: Angefangen bei einem Schachkreis, einem Arbeitskreis zur Geschichte der Musik bis hin zu einem Zirkel, der sich mit Fragen der Astronomie beschäftigte.

Ungeachtet all dessen trug unser Mathematiklehrer Agres schwer an seinem Schicksal, das von einer enttäuschten Liebe überschattet wurde. Obgleich erst Anfang dreißig, war seine Erscheinung die eines alten Mannes, eingefallen, hager, mit zerfurchtem und von Pigmentflecken übersätem Gesicht. Zu allem Überfluss trug er stets einen Filzhut auf dem Kopf, der ihn zehn Jahre älter machte. Man erzählte sich, er habe sich seinerzeit in eine der älteren Schülerinnen verliebt, ein schönes, sportbegeistertes Mädchen aus einer der angesehenen Familien in Chadera, das sein Werben jedoch nicht erhörte. Neben aller Aufregung, die ein derartiger Vorfall – ein Lehrer, der sich in eine Schülerin verliebte – unter der Schülerschaft ausgelöst hatte, waren wie aus dem Nichts Zitate aus den poetischen Liebesbriefen aufgetaucht, die Agres jener Schülerin schickte. Obgleich sich all dies Jahre vor meinem Eintritt in die Schule ereignet hatte, wurde auch zu meiner Zeit noch immer scherzhaft Gebrauch von geflügelten Worten aus den Briefen unseres liebeskranken Mathematiklehrers gemacht.

Ein Jahr nach meiner Einschulung in Pardess-Chana meldete sich Agres freiwillig zum Dienst in der britischen Armee und wurde einer der Artillerieeinheiten zugeteilt, die entlang der Küste Palästinas stationiert eine deutsche Invasion von Seeseite vereiteln sollten. Als der Krieg schließlich zu Ende war, kam unser unglücklicher Mathematiklehrer bei einem Autounfall ums Leben, als er auf dem Weg zum Armeelager Sarafand war, um seine Uniform zurückzugeben und seine Entlassungsurkunde entgegen zu nehmen.

Der Mathematiklehrer Tzetze war Jecke, ebenfalls Anfang

dreißig, aber dennoch deutlich jünger, und wohnte gemeinsam mit seiner Frau und seinen beiden kleinen Kindern in einem gemieteten Haus unweit der Schule. Er war ein Mann, dem jeglicher Humor abging, weshalb es ihm besonders schwer fiel, mit unseren Streichen fertig zu werden.

Erschienen zu Beginn des neuen Schuljahrs die verhätschelten »Frischlinge« im Internat, die vierzehnjährigen Muttersöhnchen, ließen die älteren Jahrgänge sogleich ihr reiches Repertoire an Streichen an ihnen aus. Aus sicherer Entfernung wurde einem der »Frischlinge« erklärt, der Lehrer Tzetze sei der Schulschuster. Es sei äußerst ratsam für den Neuen, schleunigst gute Kontakte mit dem Mann aufzunehmen, da er sonst das Nachsehen hätte, wenn er seine Schuhe zur Reparatur abgäbe. Ohne lange nachzudenken, trat der »Frischling« an Tzetze heran, stellte sich mit vollem Namen vor und meinte: »Man hat mir gesagt, Sie seien der Schuster der Schule. Ich will Ihnen sagen, dass ich gleich Arbeit für Sie habe: Meine neuen Arbeitsschuhe brauchen dringend noch ein paar zusätzliche Nägel in die Sohle.«

Vor lauter Fassungslosigkeit fand Tzetze angesichts einer derartigen Frechheit kaum Worte und konnte wie immer, wenn er besonders aufgeregt war, nur stammeln: »Wie kannst du es wagen, so mit einem Lehrer zu reden?! Ich werde mir sogleich deinen Namen notieren!«

Es war keine Frage, dass dem bemitleidenswerten »Frischling« erheblicher Schaden entstand, Schaden, der sich zum Ende jeden Trimesters in den Fächern Physik und Mathematik, die Tzetze unterrichtete, in schlechten Noten zu Buche schlugen …

Endlich lag die Grevilleenallee hinter mir und ich stand am Eingang zum Fußballfeld. Gleich würde ich mich zum Sekretariat begeben, um mich anzumelden. Noch ein schneller

Blick über das Basketballfeld, die Weinfelder und Obstbaum-
pflanzungen der Schule, und schon stieg ich die vier Stufen
zum Sekretariat empor, klopfte an die Tür und öffnete sie
langsam, nachdem sich eine Männerstimme von drinnen
vernehmen ließ: »Herein!« Es war Herr Zadik, der mir sein
lächelndes, aufmunterndes Gesicht zuwandte.

»Du bist der neue Schüler, richtig?«, fragte er und fügte
sogleich hinzu: »Und wie ist dein Name?«

»Avraham Roth«, erwiderte ich trocken, voller Ehrfurcht ob
des besonderen Anlasses.

»Ah, du bist einer von den Stipendiaten«, kam es wie aus der
Pistole geschossen, als wollte er sagen: Von diesem Ziegen-
bock ist keine Milch zu erwarten. Worauf er unverzüglich
begann, mich mit Verhaltensmaßregeln zu überhäufen: »Begib dich zum Speisesaal und sag dem Lehrer Agres, du seist
zum persönlichen Gespräch erschienen. Er wird dir fürs
Mittagessen einen Platz zuweisen und danach mit dir zu
einem der Schlafsäle gehen, um dir zu zeigen, wo du heute
Nacht schlafen wirst. Um punkt drei Uhr hast du wieder hier
zu sein. Bis dahin kannst du dich nach Herzenslust auf dem
Gelände der Schule umsehen.«

Kaum hatte er geendet, wandte er sich wieder seinen Papie-
ren zu, als stünde ich schon nicht mehr vor ihm. Nur die
Augen von Shifra, der Sekretärin, begleiteten mich auf
meinem Weg zur Tür mit einem stillen, wohlwollenden Blick.
Ich registrierte ihren Blick und dessen Bedeutung. Offenbar
hatte sie meine persönliche Akte gelesen und wusste um die
Gründe, die zu meiner Aufnahme an der Schule geführt
hatten. Von jenem Augenblick an fühlte ich so etwas wie
Seelenverwandtschaft zwischen uns. Sie und ihr Freund, den
sie einige Zeit später heiratete, wurden wie ältere Geschwis-
ter und Ratgeber für mich, vor allem nach dem Tod meiner
Mutter im darauf folgenden Jahr.

Ich überquerte das Fußballfeld, ging um das Internatsgebäude herum und zog die Fliegennetztür am Eingang zum Speisesaal auf. Die Tür öffnete sich mit ohrenbetäubendem Kreischen, als die Rückholfeder zu ganzer Länge gestreckt wurde. Ich trat ein, fing die zurückfedernde Tür ab, damit sie nicht mit lautem Knall zuschlug, und versuchte, mir einen Weg durch das emsige, geschäftige Treiben im Halbdunkel des Speisesaals zu bahnen. Die rostigen Eisendrahtnetze vor den Fenstern, die ein Eindringen von Mücken und anderen Insekten verhindern sollten, erzeugten dieses Halbdunkel, dessen düstere, niederdrückende Atmosphäre durch die spartanische Möblierung aus einfachen braunen Stühlen und Tischen zusätzlich verstärkt wurde. Ich fragte einen der am Tisch Sitzenden nach dem Lehrer Agres, den ich nicht ausmachen konnte. Der Angesprochene wies auf einen Tisch in der Mitte des Saales, an dessen Kopfende der Lehrer saß – mager, schmächtig und fast nicht zu sehen.

Er begrüßte mich freundlich, wies auf einen freien Platz an einem der umliegenden Tische und lud mich ein, am Mittagessen teilzunehmen. Abschließend bemerkte er noch wie nebenbei: »Wir pflegen hier zu Beginn der Mahlzeit einen Segensspruch über die Speisen zu sprechen, doch danach sitzen wir alle barhäuptig zu Tisch.«

Dabei deutete er auf meinen Tembelhut, den ich trug.

»Aber ich bin gläubig«, erwiderte ich zögernd.

»Dann ist es etwas anderes«, billigte er mir zu. »Selbstverständlich kannst du deinen Hut auch beim Essen weiter aufbehalten.«

Er lächelte und machte mir ein Zeichen, nun zu dem Tisch zu gehen, an dem er mir einen Platz zugewiesen hatte.

Die Orangen, die Großvater mir versprach

So begann meine lange, anstrengende, häufig von Beleidigungen, Spott und mangelnder Toleranz überschattete Reise hin zu einem säkularen Leben. Innerhalb von nur anderthalb Jahren wurde ich wie all die anderen Jungen unserer Schule befreit vom Joch der 613 Mizwot und ihrer Beachtung. Meinen Glauben aufzugeben, fiel mir nicht leicht, war ich doch in einer streng religiösen Familie aufgewachsen und erzogen worden, hatte religiöse Schulen besucht – eine religiöse Volksschule und danach ein religiöses Gymnasium – und war bis zu meinem Eintreffen in Pardess-Chana Mitglied der *Bnej Akiva*, der religiösen Jugendbewegung gewesen. Was mir am meisten zu schaffen machte, war der Schwur, den ich meinem Großvater an dessen Sterbebett geleistet und mit einem Handschlag besiegelt hatte.

Mein Großvater, der Vater meiner Mutter, hatte ein besonders enges Verhältnis zu mir. Noch in Polen, vor seiner Auswanderung nach Erez Israel, verwöhnte er mich, wann immer wir ihn besuchen kamen, um gemeinsam das Pessach- oder Laubhüttenfest zu feiern, was stets eine Zugfahrt von zwei Stunden bedeutete. Nach dem tragischen Tod meines Vaters, bei dem ich erst vier Jahre alt war, bestand mein Großvater darauf, sooft sich die Gelegenheit bot, meine Mutter, meinen Bruder und mich zu längeren Aufenthalten in sein Haus einzuladen. Für mich waren dies aufregende und ereignisreiche Fahrten: das Umherstreifen auf den großen Lagerplätzen, wo Baumstämme, Fässer, Eisen- und Blechteile gestapelt lagen, mit denen mein Großvater handelte; die Besuche auf dem Dachboden, um seltene Briefmarken aus den Couverts alter Geschäftsbriefe von Großvater auszuschneiden; oder meine Versuche, mich mit Cäsar anzufreunden, Großvaters Schäferhund, der treu die Lagerplätze bewachte. Und nicht zuletzt waren da die Besuche bei anderen Verwandten, die in derselben Kleinstadt lebten, unter ihnen Großvaters dreiundneunzigjährige Mutter. In ihrem hohen Alter konnte sie zwar schon nicht mehr aus dem Bett aufstehen, hatte ihre sieben Sinne jedoch noch beieinander. Zwischen Bett und Wand bewahrte meine Urgroßmutter in einer Nische neben allen möglichen Waffeln, Gebäck und Bonbons vor allem auch eine große weiße Flasche mit Schnaps auf, aus der sie jeden Morgen ein Gläschen zu sich nahm. Bei einem unserer Besuche stellte mich Großvater ihr voller Stolz vor, worauf die Greisin mir mit dem Finger ein Zeichen machte, ich sollte näherkommen. Als sie den Mund aufmachte, um mir etwas auf Jiddisch zu sagen, das ich nicht verstand, lugten aus ihrem zahnlosen Mund nur zwei lange, gelbliche Schneidezähne, die mich sogleich an die Hexe aus Hänsel und Gretel denken ließen. Und als sie mir dann ein mit Zuckerguss überzogenes Plätzchen hinhielt, bekam ich panische Angst, sie würde mich im nächsten Augenblick in einen Verschlag sperren und mich wie Hänsel mästen. Ich begann laut zu weinen, so dass Großvater gezwungen war, mich zu beruhigen und sich bei seiner Mutter für mein Betragen zu entschuldigen.

Schon damals wusste ich, dass Großvater vorhatte, nach Erez Israel auszuwandern, denn obgleich er strenggläubig war, einen langen Bart und schwarzen Kaftan trug, gehörte er nicht zur Gefolgschaft jener Rabbiner, die den Zionismus verdammten und die Juden drängten, bis zum Kommen des

Messias in der Diaspora auszuharren. Immer wieder erzählte er uns von dem Disput, den er während des Ersten Weltkriegs mit einem jüdischen Wehrmachtsoffizier gehabt hatte. Dieser war als Wachposten an einer Brücke stationiert gewesen, die während eines Waffenstillstands zwischen den beiden kämpfenden Lagern trennte. Als Großvater erfuhr, dass es sich bei dem Offizier um einen Juden handelte, lud er ihn am Freitagabend zum Schabbatmahl in sein Haus ein. Im Verlauf der Unterhaltung brachte Großvater seine Meinung zum Ausdruck, dass alle Juden Europa zu verlassen hätten, da am Himmel über dem alten Kontinent bereits dunkle, jedem Juden Unheil verheißende Wolken aufzögen. Der deutsche Gast verwahrte sich entschieden gegen Großvaters rigoroses Diktum: »Ganz richtig«, pflichtete er bei, »Sie, die polnischen Juden, müssen nach Palästina gehen und zwar so schnell wie möglich. Was uns jedoch betrifft, wir haben bereits eine Heimat – das deutsche Vaterland.«

Nachdem Hitler an die Macht gekommen und der Zweite Weltkrieg ausgebrochen war, außerdem erste vage Nachrichten vom Morden an den Juden eintrafen, erinnerte Großvater mehr als einmal an jene lang zurückliegende Unterhaltung. »Großvater«, fragte ich ihn bei einer Gelegenheit, »was ist der Unterschied zwischen Polen und Erez Israel?«

»In Polen«, erwiderte er auf der Stelle, »muss man, wenn man einen Korb teurer Orangen kauft, gut Acht geben, dass sich unter der obersten Schicht Orangen nicht billige Kartoffeln verbergen. In Erez Israel dagegen gilt es aufzupassen, dass, wenn man einen Korb mit teuren Kartoffeln kauft, dieser nicht mit billigen Orangen gefüllt ist …«

So kamen wir auf Orangen zu sprechen und Großvater versicherte mir, mich an dem Tag, an dem auch ich in Palästina landen würde, mit einem ganzen Lieferwagen voller Zitrusfrüchte im Hafen zu empfangen. Dieses Versprechen gab er einem kleinen Jungen von fünf Jahren, doch ich bewahrte es drei lange Jahre in meinem Herzen, bis auch wir schließlich in den Genuss kamen, nach Erez Israel auszuwandern. In dieser Zeit erzählte ich jedem, der es hören wollte, ich führe nach Palästina und mein Großvater werde mich am Hafen mit einem Lieferwagen voller Orangen in Empfang nehmen. Was ich als damals Achtjähriger nicht wusste, war, dass das Zertifikat, das von der britischen Mandatsregierung ausgestellte Einreisepapier, nicht in Ordnung war: Großvater hatte viel Geld für ein leeres, von einem bestochenen britischen Mandatsbeamten unterzeichnetes Formular bezahlt, in das die Spezialisten der Jewish Agency dann die erforderlichen Angaben eintrugen. Als unser Schiff außerhalb des Hafenbeckens von Jaffa vor Anker ging und ein arabischer Lastenträger mit langem breitem Bart und furchterregendem Schnauzer mich wie eine Feder hochhob, mit mir das Fallreep herabstieg und mich in ein Beiboot setzte, das in den gegen die Bordwand des Schiffes schlagenden Wellen auf und nieder ging, hatte ich im Unterschied zu den übrigen Passagieren nicht die mindeste Angst, mit einer solch kleinen Nussschale die Strecke bis zum Strand zurückzulegen. Unentwegt starrte ich aus dem Boot zum Ufer, wie ich es schon den ganzen Morgen über vom Deck des Schiffes aus getan hatte, um am Kai den Lieferwagen meines Großvaters mit den versprochen Orangen zu erspähen.

Als wir dann endlich festen Boden und den Hafenkai unter den Füßen hatten, erblickte ich meinen Großvater, der in Begleitung eines Fremden, von dem es später hieß, er sei ein Vertreter der Jewish Agency gewesen, neben einem Taxi stand. Doch von dem Lieferwagen mit den Orangen keine Spur … Großvater umarmte und küsste uns der Reihe nach und drängte uns, unverzüglich ins Taxi zu steigen. Ich jedoch entzog mich seiner Umarmung und fragte:

»Aber Großvater, wo ist denn der Lieferwagen mit den Orangen?«

Großvater erstarrte für einen Moment, fing sich aber sogleich und meinte: »Ah, darum kümmert sich die Großmutter.«

Dann schob er uns ins Taxi, überließ es dem Mann von der Jewish Agency, sich um unser Gepäck zu kümmern, und wies den Fahrer an, umgehend das Hafengelände zu verlassen.

Großvater musste jeden Augenblick befürchten, dass der Schwindel aufflog und uns die Einreise nach Palästina verwehrt wurde. Unterdessen hatte Großmutter, die um die Gefahr wusste, in der wir uns befanden, in jedem Raum der Wohnung eine Kerze angezündet und ihren Schöpfer gebeten, unsere Einreise möge reibungslos verlaufen.

Als Großmutter das Taxi vor dem Haus halten hörte, erinnerte sie sich an Großvaters Versprechen. Sie eilte in die Speisekammer, tat alle Orangen, die im Haus waren, in einen Korb und stieg damit die Treppe hinab, um uns zu begrüßen. Worauf ich, Großmutter und ihre überschwänglichen Umarmungen übergehend, die Augen wie hypnotisiert auf den Korb mit den Orangen geheftet, voller Freude brüllte: »Seht ihr, da sind die Orangen, die uns Großvater versprochen hat!«

Dann entriss ich ihr den Korb und flitzte in Begleitung meines Bruders ins Haus. Dort zogen wir zwei Messer aus der Küchenschublade und hörten nicht eher auf, Orangen zu schälen und zu verschlingen, bis der Korb restlos geleert war.

Was Wunder also, dass ich meinen Großvater über alles liebte, und er meine Liebe erwiderte. Einmal, ich war ernsthaft erkrankt und lag mit hohem Fieber im Bett, wich er die ganze Nacht nicht von meiner Seite und las mir, als sich mein Zustand ein wenig gebessert hatte, aus einem der zahllosen Bücher, die die Wände seiner geistlichen Bibliothek füllten, wunderbare Geschichten über Zaddikim vor.

Auch die Liebe zum Land Israel und seiner Kultivierung vermittelte mir Großvater mit großer Hingabe. Jeden Schabbat, wenn wir aus der Synagoge zurück waren und das festliche Mittagsmahl beendet hatten, pflegten wir gemeinsam einen Spaziergang durch die Straßen Tel Avivs zu machen. Genüsslich schlenderten Großvater und ich durch die Hauptverkehrsadern der Stadt, die sich jetzt schon bis weit in den Norden erstreckten: die Ben-Yehuda-Straße entlang bis zu den Ausstellungsgärten und dem Areal der Makkabiya, der Sportwettkampfstätten, die neu angelegte Dizengov-Straße hinunter bis zum kreisrunden Platz, der nach Zina Dizengov, der Frau des Bürgermeisters benannt war. Und von dort weiter in die kleinen, stillen Sträßchen, die ein Labyrinth aus schneeweißen Häuserzeilen bildeten, das die beiden großen, parallel zueinander verlaufenden Straßen verband. Bei unserem Gang durch die Stadt wies Großvater immer wieder auf neu errichtete Häuser und sagte: »Siehst du, Avremale – hier haben sie ein neues Haus gebaut und da drüben gleich noch eins.«

Aus seinen Worten sprach die Liebe zum Land und das innige Verlangen, es besiedelt und kultiviert zu sehen, ungeachtet der Tatsache, dass die Bauarbeiter in der Regel ihrer Arbeit nicht etwa aus Liebe zum Land Israel nachgingen, sondern vielmehr des schnöden Mammons bedurften. Doch ich machte mir Großvaters Idealismus zu eigen, dieses innig empfundenen Verlangen, das Land möge bebaut und entwickelt werden.

Dann jedoch erkrankte Großvater unheilbar an Krebs. Sein Zustand verschlechterte sich schon bald dramatisch, weshalb sein Sohn – mein Onkel – beschloss, ihn nach Jerusalem ins Hadassah-Krankenhaus auf dem Skopusberg zu bringen, als letzten verzweifelten Versuch, Großvaters Leben zu retten. Er war schon zu schwach, um noch aus eigener Kraft die

Treppe hinabzusteigen und zu dem Taxi zu gehen, das auf ihn wartete. Wir setzten ihn daher in einen Lehnstuhl und trugen ihn zu viert mit vereinten Kräften zum Wagen. Jeder aus der Familie näherte sich dem Taxi, um Abschied von Großvater zu nehmen, denn wir spürten, dies würde seine letzte Fahrt sein, von der er nicht zurückkehren sollte. Als ich mich ins Fahrzeuginnere beugte, um ihm einen Kuss zu geben und ihm baldige Genesung zu wünschen, blickte mich mein Großvater lange an und sagte dann mit schwacher Stimme: »Schwöre mir durch Handschlag, dass du dein ganzes Leben lang ein gläubiger Mensch sein wirst.«

Dies war nur wenige Monate nach meiner *Bar-Mizwa*, die sowohl in der Synagoge als auch bei uns zu Haus gefeiert worden war. Großvater hatte der Tafel vorgesessen und sich an der außergewöhnlich schlagfertigen Talmudauslegung erfreut, die ich vor der versammelten Gästeschar zum Besten gab. Hinter mir lagen lange Wochen, in denen ich Morgen für Morgen mit ihm zur Synagoge gegangen war, die Tasche mit den neuen Gebetsriemen und dem *Tallit* unter dem Arm, um wie ein Alter zu beten und das Achtzehngebet genau im Moment des Sonnenaufgangs anzustimmen. Wie hätte ich mich also seiner Bitte verschließen können? Ich beugte mich im Fond des Taxis über ihn, streckte mit Tränen in den Augen zitternd meine Hand aus: »Ich schwöre«, sagte ich und umfasste seine schlaffe, kraftlose Rechte. Diesen Schwur habe ich gebrochen.

Doch bei meinem ersten Besuch in der Landwirtschaftsschule in Pardess-Chana lagen der *Tallit* und die Gebetsriemen in meinem Tornister noch einträchtig neben Schlafanzug, Unterwäsche, Strümpfen, einem Hemd und meinem Lieblingsbuch, das ich begierig wieder und wieder las: Edmondo De Amicis »Herz«. Die Jungen, an deren Tisch im Speisesaal ich mich nun gesellte, trugen Arbeitskleidung, wie ihre Kameraden an den übrigen Tischen auch, da jeder Schüler in den Sommerferien verpflichtet war, einen ganzen Monat auf dem Schulgehöft zu arbeiten. Der Arbeitseinsatz der Schüler ersparte der Schule einerseits die Ausgaben, die durch die Beschäftigung von Saisonarbeitern entstanden wären, und gewöhnte andererseits die Schüler an kontinuierliche landwirtschaftliche Arbeit und die Übernahme von Verantwortung für ganze Wirtschaftszweige. Für die Arbeit während der Sommerferien erhielten die Schüler einen eher symbolischen Betrag als Taschengeld.

Unter den Schülern, an deren Tisch ich aß, befand sich auch Se'evik, ein dunkelhäutiger, schmächtiger Junge mit Locken. Vom ersten Augenblick an mochten wir uns, ein Gefühl, das durch die am Tisch sich entwickelnde Unterhaltung und vor allem die Fragen, die die anderen an mich richteten, noch zusätzlich verstärkt wurde. Als ich nach dem Essen an den Tisch des Lehrers trat, begleitete mich Se'evik und wich nicht mehr von meiner Seite, bis ich am nächsten Morgen den Heimweg antrat. Der Lehrer Agres stieg gemeinsam mit mir die Treppe zu einem der Schlafsäle hoch. Während der Sommermonate wurde auf die Ordnung in den Schlafsälen nicht ganz so penibel geachtet wie während der Unterrichtszeiten. Dennoch wirkte der Schlafsaal, den wir nun betraten, peinlich sauber. Die Betten standen in zwei parallelen Reihen entlang der Wände und waren jeweils mit einem geräumigen Moskitonetz abgedeckt. Agres deutete auf ein freies Bett und wies mich an, meinen Tornister darauf zu legen, damit ich es am Abend wiederfand, wenn ich zum Schlafen in den Saal kam. Auf dem Bett lagen eine Decke und ein Kissen, es fehlten jedoch Laken und Kopfkissenbezug.

»Wenn du heute Abend zum Schlafen kommst, wirst du alles Nötige vorfinden«, bemerkte der Lehrer. »Du musst das Bett nur noch beziehen und zwischen zwei Laken schlafen. Nach dem Aufstehen morgen früh musst du Laken und Kopfkissenbezug wieder zusammenfalten und auf die Decke legen.« Abgesehen von der Nachmittagsruhe am Schabbat und nach sieben Uhr abends an allen anderen Wochentagen war das Betreten der Schlafsäle strikt verboten. Erkrankte Schüler wurden unverzüglich in das Krankenzimmer verlegt, wo zwei Betten standen. Außerdem war das Betreten der Schlafsäle ausschließlich mit Hausschuhen erlaubt. Da ich keine Hausschuhe mitgebracht hatte, wies mich Lehrer Agres an, den Schlafsaal auf Socken zu betreten und meine Schuhe vor der Tür im Flur zu lassen. Schließlich forderte er mich noch auf, zum Abendessen zu kommen, sobald ich die Klingel am Eingang des Speisesaals läuten hörte.

Se'evik blieb die ganze Zeit über neben mir. Nachdem ich von Agres mit allen wesentlichen Anweisungen versorgt worden war, lud er mich ein, ihn zur Pflaumenbaumplantage zu begleiten, wo er am Nachmittag arbeitete. Da es aber schon kurz vor drei Uhr war, fürchtete ich, zu spät zu meinem Vorstellungsgespräch zu kommen, und ließ mich daher auf einer Bank vor dem Schulsekretariat nieder, um dort zu warten.

Neben mir saßen zwei Jungen, deren Namen und Spitznamen ich schon bald erfahren sollte. Einer der beiden war Schöpsale, der während unserer gemeinsamen Schuljahre zu meinem engsten Freund wurde und noch lange blieb. Er war Stipendiat wie ich und sollte in die dritte Klasse kommen. Der andere Junge hieß Kaplansky, war ebenfalls Stipendiat und für die zweite Klasse vorgesehen. Beide kamen aus derselben *Moschawa* in der Sharon-Ebene.

Den Spitznamen »Schöpsale« hatte Jakob Kobersky schon nach Pardess-Chana mitgebracht. In seiner alten Schule pflegten die Schüler einen *Kummsitz* abzuhalten, wann immer es ihnen gelang, ein Huhn oder auch mal zwei vom Hof eines Bauern »mitgehen zu lassen«. Dabei tat sich Jakob besonders hervor, als er eines Abends seine Kameraden mit einem Lämmchen überraschte, das er aus einer der Herden der arabischen Nachbarn »gezogen« hatte, als diese ihr Vieh durch die Besitzungen der *Moschawa* trieben. Er schlachtete das Tier und zog ihm das Fell ab, um es leichter verstecken und in Stücke zerteilt gleich zum Lagerfeuer bringen zu können, wo der *Kummsitz* abgehalten wurde.

Angesichts der erstaunten Blicke und des Schulterklopfens, das er erntete, fühlte er sich bemüßigt aufzustehen und – wie es seine Art war – seine Tat mit ausholender Gestik untermalt zu beschreiben:

»Also, man packt das Schöpsel – das Lamm – mit der linken Hand«, begann er, wobei sein linker Arm gestreckt und die Hand zur Faust geballt war. »Dann drückt man den Kopf aufs linke Knie und hält die Hinterbeine fest, indem man sie zwischen die Knie nimmt«, fuhr er in die Knie gehend fort, das imaginäre Lamm gestreckt zwischen seiner Linken und den fest zusammengepressten Knien. »Und dann«, flüsterte er mit funkelnden Augen, »nimmt man das Messer und schneidet ihm mit einem Mal die Kehle durch.« Zu diesen Worten landete seine rechte Hand wie aus dem Nichts dort, wo sich in etwa der Kopf des Lämmchens befinden musste. Totenstille. Die Mädchen schlugen die Hände vor die Augen und die Jungen verfielen in bedrücktes Schweigen. Doch Jakob, der nun richtig in Fahrt war, deutete das Schweigen als stilles Erstaunen, als Ausdruck sprachloser Hochachtung, und fügte, um diesen Eindruck zu verstärken, hinzu: »Aber man muss den Kopf des Lämmchens vorsichtig nach unten drücken, damit das Blut nicht auf die Hose spritzt …«

Die Mädchen erhoben sich zögernd und entfernten sich immer weiter vom Lagerfeuer, die Hand auf den Mund gepresst, als müssten sie sich jeden Moment übergeben. Die

Jungen stolperten ihnen nach und nur Jakob blieb allein am Feuer stehen, verwundert und fassungslos, warum ihn plötzlich alle mieden. Seither war er den Spitznamen »Schöpsale« nicht mehr losgeworden.

Nachdem jeder von uns mundfaul seinen Namen preisgegeben hatte, hockten wir wieder schweigend nebeneinander auf der Bank. Keiner von uns wusste, ob wir nun Schicksalsgenossen waren oder aber Konkurrenten, die um ein und dasselbe Stipendium kämpften. Je weniger ich sage, desto besser, dachte ich. Um Punkt drei Uhr öffnete sich die Tür des Sekretariats und der kahle Kopf von Herrn Zadik kam zum Vorschein.

»Jakob Kobersky!«, rief der Sekretär mit aufgesetzter Feierlichkeit. Schöpsale sprang von seinem Platz auf und war im Nu hinter der Tür zum Sekretariat verschwunden. Eine halbe Stunde voller Anspannung verstrich – und Kobersky war immer noch drinnen. Offenbar rösten sie ihn auf kleinen Kohlen, dachte ich, und die Beklemmung, die mich von dem Augenblick an begleitet hatte, da ich durch das Tor der Lehranstalt trat, wurde immer größer. Nach einer geschlagenen Stunde, als er fröhlich und mit strahlender Miene endlich heraustrat, war ich selbst kurz vor einem Nervenzusammenbruch. Schöpsale ließ nun jedoch seiner Rede freien Lauf und zog anschaulich und mit eifrigen Handbewegungen untermalt über den Empfang her, den man ihm gerade drinnen bereitet hatte: »Halb so wild«, meinte er mit näselndem Unterton. »Da sitzen vier Lehrer und fragen dich *Klotzkasches* über alles Mögliche. Ich konnte beim besten Willen nicht verstehen, was ihre Fragen mit meiner Eignung für die Schule zu tun haben sollen. Allem Anschein nach ziehen sie nur eine Schau fürs Protokoll ab, um dem Verwaltungsdirektor zu zeigen, dass sie gebührend ihre Pflicht getan haben.«

Schöpsales großspuriges Auftreten beruhigte mich keineswegs. Monate später erfuhr ich sogar, dass das Vorstellungsgespräch seine Aufnahme auf die Schule beinahe verhindert hätte. Als Antwort auf die Fragen des Englischlehrers etwa hatte Schöpsale verkündet, er lehne das Englische als Sprache eines fremden Besatzungsregimes prinzipiell ab. Sollte er sich jedoch dennoch herablassen, Englisch zu lernen, dann nur, um sich künftig mit Fachtexten aus dem Bereich der exakten Wissenschaften – also den Naturwissenschaften und der Landwirtschaftskunde – auseinander setzen zu können. Mit dieser Verlautbarung legte der von stolzem Patriotismus beseelte Junge den Grundstein für einen bitteren Zwist mit dem Englischlehrer, der die gesamten drei Jahre auf der Landwirtschaftsschule andauern sollte. Auf die Fragen von Dr. Weiler, der Hebräisch und Bibelkunde lehrte, als unser Klassenlehrer vorgesehen war und von uns allen nur »Stinker« genannt wurde, antwortete Schöpsale, dass ihn die Geisteswissenschaften nicht im mindesten interessierten, und er denke, eine Landwirtschaftsschule wie die unsere habe diesen Fächern keine besondere Aufmerksamkeit zu widmen. Allem Anschein nach begründete diese Antwort die künftige Notlage Schöpsales in allen Prüfungen und Arbeiten der Fächer Hebräisch oder Bibelkunde: Stets bekam er ein »ausreichend«, unabhängig davon, was er zu Papier brachte. Mit der Begründung, Schöpsales Handschrift sei unleserlich – ein Umstand, der an sich genommen nicht von der Hand zu weisen war –, weigerte sich Dr. Weiler schlicht und ergreifend, seine Arbeiten zu lesen. Auch für Dr. Wachtingel, den unnachgiebigen Leiter des Internats, der Geschichte lehrte und nur »der Doktor« genannt wurde, hielt Schöpsale eine unliebsame Überraschung parat: Im Gegensatz zur Zukunft interessiere ihn die Vergangenheit nicht, so sagte er, und es sei ein Trauerspiel, Zeit auf etwas zu vergeuden, was gewesen sei, während man sich für Künftiges vorbereiten und wappnen müsse.

Als ich davon erfuhr, konnte ich mir die süffisante Kopfbewegung des »Doktors« – der nebenbei bemerkt ein begnadeter und wunderbarer Lehrer war und uns bei seinen Vorträgen über den Chassidismus, die Jakobiner, den Bauernaufstand in Deutschland oder den Sessionskrieg zur Abschaffung der Sklaverei in den Vereinigten Staaten regelmäßig in atemloses Staunen versetzte – angesichts einer derartigen Missachtung seiner geliebten Geschichtswissenschaft förmlich ausmalen. Die Missklänge im Verhältnis des »Doktors« zu Schöpsale waren fortan in jeder Begegnung, jeder Konfrontation zwischen beiden zu vernehmen.

Nur der Schulleiter und Lehrer für Landwirtschaftskunde, der Agronom Radoscher, war von Schöpsales Vorstellung äußerst angetan. Als Spross einer Familie von Bauern und Plantagenbesitzern war der Junge bestens mit den unterschiedlichen landwirtschaftlichen Arbeiten vertraut und verfügte über großes Wissen in diesem Bereich. Schon bald hatte Schöpsale Radoschers Herz erobert, waren beide in eine lebhafte Diskussion verstrickt über die Chancen, den Baumwollanbau im Land heimisch zu machen, über die Möglichkeit, Kaktusfrüchte zu exportieren oder die Aussichten, eine Legehenne zu züchten, die jeden Tag ein Ei legte. Offenbar waren es diese umfangreichen landwirtschaftlichen Kenntnisse, die Schöpsale an den Tag legte, dazu seine Erfolge auf dem Gymnasium, von dem er kam – vor allem in den Fächern Mathematik, Physik und Chemie –, oder aber die Originalität seiner Ansichten in Bezug auf die Fächer, denen er nichts abgewinnen konnte, und nicht zuletzt auch der Mut, derartige Überzeugungen unerschrocken zu vertreten, die schließlich den Ausschlag gaben, ihn auf der Landwirtschaftsschule anzunehmen.

Erste Schritte in Pardess-Chana

»Avraham Roth«, rief Herr Zadik durch die offen stehende
Tür des Sekretariats. Ich stand auf und schleppte mich mit
weichen Knien dem entgegen, was mir wie eine Folterkam-
mer, wie eine Streckbank erschien. Der Anblick jedoch, der
sich mir schließlich drinnen bot, hatte nicht im Entferntesten etwas mit meinen düsteren Prognosen gemein. Um
den Tisch versammelt saßen vier Lehrer und widmeten sich
einem Blatt Papier, auf dem anscheinend Angaben zu meiner
Person standen. Allesamt schenkten sie mir ein aufmunterndes Lächeln, das half, meine Unsicherheit einzudämmen,
und meine Hände zu beruhigen, die ich jedoch sicherheits-
halber sogleich um die Armlehnen meines Stuhls legte, damit
ihr Zittern unbemerkt blieb.
»Ich bin Dr. Blumenthal, der Englischlehrer. Wärst du damit
einverstanden, wenn wir uns auf Englisch unterhalten?« Ich
nickte, worauf er eine Reihe von Fragen zu den Lehrbüchern,
mit denen ich bisher gearbeitet hatte, und den Büchern, die
ich auf Englisch schon gelesen hatte, stellte. Als er hörte,
dass ich unlängst Sir Walter Scotts »Ivanhoe« beendet hatte,
bat er mich, den Roman kurz zusammenzufassen. Offenbar
gelang mir das zu seiner Zufriedenheit, denn schon nach
wenigen Sätzen unterbrach er mich und überließ das Wort
dem neben ihm sitzenden Lehrer.
Obgleich Lehrer für Englisch, stammte Dr. Blumenthal ursprünglich aus Deutschland, wie sein Familienname, der

jenem Städtchen, aus dem er kam, entlehnt war, verriet. Mit kahlem runden Schädel kam er jeden Tag, sommers wie winters, in Anzug und Krawatte in die Schule. Nur hin und wieder sahen wir ihn in dreiviertellangen Hosen zum Unterricht kommen, die – wie bei den Jeckes üblich – unter dem Knie mit einem Riemen gehalten wurden. Von den Schülern wurde er nur der »Engländer« genannt und war allgemein für seine Pedanterie und seinen Fleiß bekannt. Klassenarbeiten, Aufsätze und sogar Abschlussarbeiten, die ihm am Ende eines Unterrichtstages überreicht wurden, pflegte er stets schon am nächsten Tag zurückzugeben – korrigiert, mit einer Fülle belehrender Anmerkungen und einer Note versehen. Nicht von ungefähr schleppte er ständig mehrere Aktentaschen mit sich herum, die von Heften und Prüfungsbogen überquollen, ihn beim Gehen hinderten und seinen Gang zu einem watschelnden Entengang werden ließen.

»Ich bin Dr. Weiler«, stellte sich der »Stinker«, unser Lehrer für Hebräisch und Bibelkunde, vor. »Wie ich sehe, hast du bislang religiöse Schulen besucht. Daher meine Hoffnung, dass dir im Fach Bibelkunde bei uns keine Probleme erwachsen werden. Wie sieht es jedoch in Bezug auf Hebräisch und Literatur aus?« Ich zählte ihm die Namen meiner Lehrer in diesem Fach auf, sowohl auf dem Gymnasium als auch auf der Volksschule, wobei ich vor allem Mordechai Rasi'el hervorhob, der unter der Lehrerschaft im Lande zum einen wegen seiner fundierten Kenntnisse, vor allem aber auch in seiner Eigenschaft als Vater von David Rasi'el hohes Ansehen genoss, jenes *Etzel*-Kommandeurs, der 1941 bei einer Mission für die Briten im Irak getötet worden war.

In der zur damaligen Zeit überschaubaren Lehrerschaft verband die anerkannten Autoritäten in Sachen Hebräisch, Bibelkunde, Mischna und Talmud in aller Regel die gemeinsame Herkunft: Entweder waren sie Absolventen der »Tarbut«-

Gymnasien in Polen und Litauen oder aber Schüler der namhaften *Jeschiwot* in Polen und Osteuropa. Deutschstämmige Juden gab es unter ihnen so gut wie gar nicht. Als ich nun die Namen aufzählte, nickte der »Stinker« anerkennend. Er war mit den Genannten persönlich bekannt. Wahrscheinlich dank meiner alten Lehrer sollte mir künftig das Privileg zuteil werden, im Bibel- und Hebräischunterricht an der nach Osten gehenden Wand der Klasse zu sitzen und im Schnitt immer ein »annähernd sehr gut« zu erhalten.

»Ich bin Dr. Wachtingel«, ließ sich anschließend der »Doktor« mit seiner sonoren Stimme vernehmen. »Was kannst du mir über deine Kenntnisse im Bereich der Geschichtswissenschaften erzählen?« Wieder griff ich auf meine Volksschulzeit zurück und erwähnte den damaligen Schulleiter Dr. Maherschak, der als Autorität im Fach Geschichtswissenschaften großes Ansehen genoss. Sogleich wurden die Züge des »Doktors« weicher, und er wollte wissen, bis zu welcher Epoche wir bei unserem Unterricht auf dem Gymnasium gekommen waren – sowohl in allgemeiner Geschichte als auch in Bezug auf die Geschichte des Jüdischen Volks. Die eigentlichen Fragen und Bemerkungen sparte sich der »Doktor« jedoch für den Punkt »Internatsleben« und meine Aufnahme dort auf. »Wie ich sehe, bist du ein strenggläubiger junger Mann«, meinte er und fügte, nachdem ich dies mit einem Kopfnicken bestätigt hatte, hinzu: »Du wirst zeitiger aufstehen müssen, um dein Gebet zu verrichten und dich danach rechtzeitig zu allen schulischen Aktivitäten einzufinden: Morgendliche Gymnastik, Appell im Schlafsaal und pünktliches Erscheinen zum Frühstück.« Ich versicherte ihm, ich werde mein Bestes tun, um diesen Auflagen zu entsprechen, wozu es jedoch nötig sein werde, mich eine halbe Stunde vor den anderen Schülern zu wecken. Ob der Nachtwächter der Anstalt diese Aufgabe übernehmen könne? Offenbar hatte ich damit ein Problem aufgeworfen, das zu verzwickt für eine umgehende Lösung erschien. Der »Doktor« versprach mir, sich des Themas anzunehmen und mir zu Beginn des neuen Schuljahrs Mitteilung zu geben.

Mit dem Schulleiter selbst, dem Agronom Radoscher, fehlte mir so gut wie jedes Thema für eine gemeinsame Unterhaltung. Einmal abgesehen von dem Verlangen, das ich in Bezug auf baldige Feldarbeit zum Ausdruck brachte, und einem kurzen Rapport, wieso und weshalb ich es abgelehnt hatte, auf die Landwirtschaftsschulen »Mikwe-Israel« oder »Kaduri« zu gehen – ein Bericht, der ein Lächeln der Zufriedenheit auf die Gesichter aller Anwesenden zeichnete –, hatte ich nichts zu berichten, was für den renommierten Agronom von Belang gewesen wäre. Er fand es jedoch angebracht, mir mitzuteilen, dass ich als Stipendiat ein in allen Belangen vorbildlicher Schüler zu sein habe: Sowohl mit Blick auf meine schulischen Leistungen als auch hinsichtlich meines Betragens und meines Arbeitseinsatzes auf dem Ausbildungshof, da man mich strenger als andere beurteilen würde. Denn es gäbe bereits etliche weitere Kandidaten, die sehr erpicht auf das mir gewährte Stipendium seien.

Einigermaßen verwirrt verließ ich das Sekretariat. Ich wusste nicht, ob ich das Bewerbungsgespräch erfolgreich überstanden hatte, und diese Zweifel begleiteten mich für den Rest des Tages und während der Nacht, ehe ich am nächsten Morgen die Ergebnisse des Gesprächs erfahren sollte. Draußen wartete Se'evik auf mich und lud mich auf einen ersten Besuch bei der mächtigen Eiche inmitten der Obstplantage ein. Dort, hoch oben in der Baumkrone, ließ ich meinen Ängsten und Befürchtungen freien Lauf. Se'evik versuchte, mich zu beruhigen, doch die Beklemmung wollte nicht von mir weichen und kam auf besorgniserregende Weise ausgerechnet mitten in der Nacht zum Ausdruck. Mit einem Mal war ich aufgewacht und fand mich zwischen den Betten stehend wieder. Im ersten Moment versuchte ich, das nächstbeste Bett zu erreichen und hineinzuschlüpfen. Ich musste mich mühsam vorantasten, denn meine Brille hatte ich vor dem Einschlafen unters Kopfkissen gelegt. Das Bett war mit einem Moskitonetz überzogen, und von außen konnte ich nicht erkennen, ob jemand darin schlief. Daher ging ich mit meinen Kopf näher heran und lauschte angestrengt, bis ich gleichmäßige Atemzüge von dort vernahm.

»Was soll ich machen?«, fragte ich mich. »Wenn ich so weiter von Bett zu Bett schnüffle, wird am Ende noch jemand aufwachen und denken, ich bin dabei, den anderen Jungen etwas zu stehlen!« Panische Angst ließ mich wie angewurzelt erstarren und kalter Schweiß lief mir den Rücken hinunter. Schließlich hatte ich eine Idee. Ich würde zur Toilette gehen! So hegte niemand Verdacht gegen mich. Ich setzte meine rettende Idee in die Tat um, spritzte mir gleich auch noch Wasser ins Gesicht, bis ich wieder vollkommen klar war. Bei meiner Rückkehr in den Schlafsaal ließ ich die Tür einen Spalt weit offen, so dass das Licht, das die ganze Nacht über im Flur brannte, hinein fiel und mir ermöglichte, mein Bett ausfindig zu machen. Ich setzte meine Brille auf, merkte mir, das wievielte Bett ich hatte, ehe ich zur Tür zurückkehrte und sie schloss. Zu guter Letzt rollte ich mich mit einem mächtigen Gefühl der Erleichterung erneut zwischen die beiden Laken.

Gleich nach dem Frühstück war ich zur Stelle und klopfte an Herrn Zadiks Tür im Sekretariat. Diesmal machte ich ein kurzes Aufflackern von ehrlich gemeinter Sympathie in seinen Augen aus, als er mich mit einem Lächeln begrüßte: »Ich beglückwünsche dich«, sagte er und reichte mir die Hand. »Du bist an der Schule aufgenommen, musst jedoch in den Fächern Biologie, Chemie und Landwirtschaftskunde noch

Stoff nachholen.« Ich drückte seine ausgestreckte Rechte mit beiden Händen und war vor Aufregung ganz außer mir. Wie sie sich zu Hause freuen werden, dachte ich. Damit würde meine Mutter für all die Tränen und Erniedrigungen vor dem Schulinspektor entschädigt werden. Doch Herrn Zadik stand der Sinn nicht nach Sentimentalitäten. Schon war er bei all den administrativen Fragen, die mit meiner Einschulung zu tun hatten. Er hielt mir eine Ausstattungs- liste hin, die Kleidungsstücke, Schuhe, Bettzeug und ähn- liches mehr umfasste, das ich von zu Hause besorgen sollte. Er verlangte sogar, ich solle nicht vergessen, den Block mit Anrechtscheinen für Lebensmittel mitzubringen. Und zu guter Letzt versah er mich noch mit einer Liste der Bücher, die ich für das anstehende Schuljahr in der dritten Klasse der Landwirtschaftsschule – der elften Klasse eines normalen Gymnasiums – benötigte.

Ich verabschiedete mich von Herrn Zadik, schenkte Shifra, der Sekretärin, ein dankbares Lächeln und machte mich auf den Heimweg. Mit dem Tornister über der Schulter mar- schierte ich auf das Tor der Anstalt zu, wobei alles in mir jauchzte: »Ich bin Schüler in Pardess-Chana!«

Ein schwieriger Start

Wie ein Zug, der langsam den Bahnhof verlässt, Fahrt aufnimmt und schließlich unter dem triumphierenden Pfeifen der Lokomotive mit voller Geschwindigkeit daher stampft – so begann auch mein erstes Schuljahr in Pardess-Chana. Schöpsale und ich beeilten uns, ein Pult in der Mitte der rechten Seitenreihe zu besetzen, das wir während der gesamten Zeit unserer drei Jahre auf der Landwirtschaftsschule teilen sollten. Auch im Chemie- und im Biologielabor saßen wir nebeneinander, teilten uns ein Mikroskop, sezierten gemeinsam Kaninchen und führten die kompliziertesten chemischen Experimenten zusammen aus. Dieses Bündnis zwischen uns entsprang der Stellung zweier Neuankömmlinge, die sich mit einem Mal einer verschworenen Schülergemeinschaft gegenüber sahen. In den zwei Schuljahren, die die Klasse schon beisammen war, hatte jeder Schüler einen festen Platz im Sozialgefüge der Klassengemeinschaft eingenommen, hatte sich für jeden Bereich herauskristallisiert, wer der Beste war: Sei es bei den schulischen Leistungen, der Feldarbeit, beim Sport, sei es in Bezug auf Aussehen, Körperkraft, Sozialverhalten – etwa bei der Organisation von Feiern, auf Ausflügen oder bei Liederabenden – und nicht zuletzt hinsichtlich des Erfolgs beim anderen Geschlecht. Uns stand es noch bevor, einen Platz in der Rangordnung zu erkämpfen, so dass wir unbewusst entschieden, dieser neuen Herausforderung mit vereinten Kräften zu begegnen.

Dieses Fußfassen sollte in keinem Bereich ein leichtes Unterfangen werden. Die Schülerschaft der Landwirtschaftsschule Pardess-Chana repräsentierte eine gesellschaftliche Elite, wie sie in Erez Israel zu jener Zeit sehr selten war. Begüterte Herkunft verband sich mit höchsten schulischen Ansprüchen und führte zu einem Aussieben all jener, die Mühe hatten, den schulischen Anforderungen gerecht zu werden. Und nicht minder rigoros verlief die soziale Auslese jener Schüler, die sich nicht an die spartanische Lebensweise nach Muster des »Real-Gymnasiums« in Haifa oder der englischen Public School gewöhnen konnten.

Daher war die Abbrecherquote, vor allem zum Ende des ersten Schuljahres aber auch noch danach beträchtlich. Die dritte Klasse, in der wir, Schöpsale und ich, uns nun zu behaupten hatten, stellte also eine in sich gefestigte, gründlich verlesene Gemeinschaft von Schülern dar. Diese Gemeinschaft hatte ihren eigenen Verhaltenskodex, einen eigenen Slang und eine Hackordnung, die sich im Verlauf von zwei Jahren in ständigen Reibereien geformt hatte. Wir sahen uns gezwungen, all dies in möglichst kurzer Zeit zu erlernen – ein Lernprozess, der zumeist schmerzlich verlief –, um in die Klassengemeinschaft aufgenommen zu werden.

Allein der Umstand, dass sich die Schule im Herzen eines grünenden und blühenden landwirtschaftlichen Anbaugebietes befand, versetzte mich mit einem Schlag in eine Welt, in der neue Verhaltensregeln galten: Die Zeiten, in denen ich morgens hastig ein Brötchen verschlang, es mit einem Becher Kakao hinunterspülte, ehe ich durch die Straßen und Gassen der Stadt rannte – den schweren Schulranzen auf dem Rücken und in der Hand einen Brotbeutel –, um rechtzeitig in der Schule zu sein, waren vorbei. Von nun ab ging man – nach einem reichhaltigen Frühstück – gemächlich zum Schulgebäude hinüber und kam dabei gar nicht in

Versuchung, sich zu verspäten, da sowohl die Erzieher als auch die Kameraden im Internat die Einhaltung des dicht gedrängten Tagesablaufs sehr genau beachteten: Aufstehen, Frühgymnastik, Waschen und Antreten an der Tür zum Speisesaal – es blieb keine andere Wahl, als sich mit dem Strom treiben zu lassen und untrennbarer Bestandteil der großen Masse zu sein.

Daher auch die Gemächlichkeit beim Gehen, Gemächlichkeit, die Selbstbewusstsein ausstrahlte, Entschlossenheit und Tatkraft – sowohl hinsichtlich der geistigen Herausforderungen des Unterrichtsstoffs als auch in Bezug auf die Arbeit auf dem Ausbildungsgehöft oder auf den Feldern. Die weiten, offenen Anbauflächen, die demonstrative Reife und Selbstsicherheit, dass wir hier und jetzt in Begriff waren, etwas zu tun, was getan werden musste, etwas, wovon uns nichts und niemand abhalten konnte, weshalb man alle Zeit der Welt hatte, nichts überstürzen und niemand sich vordrängeln musste – dies alles brachte mich in Kontakt mit einem ganz neuen Menschenschlag. Einem Typ Mensch, im Auftreten reserviert und beherrscht, der dem Geschehen und seinen Mitmenschen durch seine bloße Anwesenheit einen Stempel aufzudrücken vermochte. Das waren nicht mehr jene verschreckten Gestalten, die hektisch um sich selbst zu kreisen schienen, kopflos hin und her hastend, als seien sie einer der Schtetl-Geschichten von Schalom Alejchem entsprungen, so eine Art Menachem-Mendel-Figur, sondern Menschen, die mit ihrer Hände Arbeit etwas anzufangen wussten, die ein durchgegangenes Pferd zügeln, ein widerspenstiges Maultiergespann vor einem zweischneidigen Pflug dirigieren und mit einer schwungvollen Bewegung der Heugabel einen schweren Strohballen demjenigen zuwuchten konnten, der hoch oben auf dem Wagen stand.

Schon das Schulgebäude an sich kündete von Veränderung:

Es war großzügig in seinen Ausmaßen und ließ den Gedanken freien Lauf. Das war kein Vergleich zu jenem in eine Schule umgewandelten, baufälligen Wohnhaus am Stadtrand, dessen ehemalige Badezimmer nun Sekretariat und Direktorium beherbergten. Die Zeiten, als die Nachbarn von gegenüber ins Klassenzimmer lugten und es zuweilen mit ihrem Geschrei und den ausgetragenen Familienstreitigkeiten unmöglich machten, den Lehrer zu verstehen, waren vorbei. Nun saß ich hier im Klassenraum und ließ meine Blicke durch die weit offen stehenden Fenster zur Reihe der Zypressen hinüber wandern, auf denen noch Tautropfen in den Strahlen der aufgehenden Sonne funkelten und mich an die fast schon vergessene Welt der Vorweihnachtszeit in meiner polnischen Vaterstadt erinnerten.

Das Geräusch der nach hinten geschobenen Stühle meiner neuen Klassenkameraden riss mich aus meinen Träumereien. Die gesamte Klasse war aufgestanden, um unseren Klassenlehrer Dr. Weiler, der zugleich Hebräisch und Bibelkunde unterrichtete und jetzt mit dem Klassenbuch unter dem Arm den Raum betrat, zu begrüßen. Da es der erste Schultag war, waren alle noch diszipliniert. In den folgenden Tagen, Wochen und Monaten jedoch würde immer wieder der eine oder andere Schüler versuchen, sich dem pflichtgemäßen Aufstehen zu Ehren des Lehrers zu entziehen, sei es, um der Herausforderung willen, sei es, um noch ein paar Augenblicke länger ungestört in dem Taschenroman zu lesen, den er unter dem Tisch versteckt hielt. In solchen Fällen wiegte Weiler seinen Körper von rechts nach links, wobei ihm die Brille auf die Nasenspitze rutschte, und rief: »Roth (oder Gafni oder Regev), ich kann dich nicht sehen!«, worauf der namentlich angesprochene Schüler wohl oder übel gezwungen war, sich den anderen anzuschließen und aufzustehen. Allein Yoram, der den Schundromanen hoffnungslos verfallen war, legte deutlichen Missmut an den Tag, wenn man ihn nötigte, sich zu erheben. Quälend langsam kam er von seinem Stuhl hoch, dehnte erst das eine, dann das andere Bein, womit er gleichzeitig auch die Nerven unseres Lehrers über Gebühr strapazierte. Da Yoram jedoch zur Elite der Klasse, ja der gesamten Schule zählte, behandelten ihn alle Lehrer mit Samthandschuhen, Dr. Wachtingel, eingeschlossen.

Yoram bot uns zu Beginn jeden neuen Schuljahres das Schauspiel eines skurrilen, verbissenen Zweikampfs mit Dr. Weiler. Dieser las aus dem Klassenbuch den Namen jeden Schülers vor und wollte dann sein Geburtsjahr wissen. Von den Schülern, die außer Landes geboren waren, verlangte er außerdem das Jahr ihrer Einwanderung. War er bei Yorams Namen angelangt, wiederholte sich Jahr für Jahr folgender Disput: »Yoram« – einmal abgesehen von Wachtingel machten alle Lehrer bei ihm eine Ausnahme und nannten ihn bei seinem Vornamen.

»Ja, Herr Lehrer.«

»Geburtsjahr?«

»1927«

»Geburtsort?«

»Ein Gedi« – der Name einer teuren Privatklinik in Tel Aviv. Alles Nachfragen von Seiten Weilers half nichts: Yoram blieb bei seiner Version, so dass im Klassenbuch als Geburtsort »Ein Gedi« verzeichnet wurde, viele Jahre, bevor am westlichen Ufer des Toten Meeres der gleichnamige Kibbuz gegründet wurde.

»Roth«, hörte ich Weiler meinen Namen rufen. Ich nannte gehorsam Geburtsjahr und -ort und auch das Jahr meiner Einwanderung. Dennoch ging er nicht zum nächsten Namen im Klassenbuch über, sondern hielt seine Augen auf mich gerichtet. Dann stellte er mehr fest, als dass er fragte: »Du hast in Tel Aviv eine religiöse Schule besucht, richtig? Ich nehme an, dass du daher keine Schwierigkeiten haben dürftest, im Hebräischunterricht, vor allem jedoch im Fach Bibelkunde den Anschluss zu finden. Ich erwarte vielmehr von dir, dass du uns hilfst, in diesen Fächern schneller voranzukommen.«

Mit diesen Worten sorgte Weiler dafür, dass mir in den von ihm unterrichteten Fächern ein Platz weit oben in der Klassenhierarchie zuteil wurde, auf einer Stufe, über der sich nur noch Zwi Hasafri, der Klassenprimus, befand. Künftig war ich nicht mehr gezwungen, besondere Anstrengungen auf die genannten Fächer zu verwenden, da Weiler niemals die Aufsätze und Arbeiten seiner Schüler las, sondern vielmehr jedem von uns eine Note – und zwar immer die gleiche – verpasste, entsprechend der Einstufung, die er zu Beginn des Schuljahres vorgenommen hatte.

Doch Weiler war mitnichten ein schlechter Lehrer, und auch das »ausreichend plus«, mit dem er Schöpsale stets bedachte, spiegelte im Grunde genommen den Wissensstand meines Kameraden wieder. Obgleich das Fach Bibelkunde an unserer Schule ohne alles frömmelnde Beiwerk gelehrt wurde und wir nicht einmal verpflichtet waren, während des Bibelunterrichts eine Kipa zu tragen, verstand es Weiler, uns die tiefere historische Bedeutung der Bibel zu eröffnen, uns die Ethik der zürnenden hebräischen Propheten verständlich zu machen und uns mit ihren Trost spendenden Weissagungen zu den Gipfeln von Hoffnung und Glauben zu führen. Er säte in unseren Köpfen intellektuellen Zweifel an der Einheit der zionistischen Lehre, machte uns mit ihren verschiedenen Facetten vertraut, wie den kritischen Ansätzen, die etwa in den Aufsätzen von Echad ha-Am zum Ausdruck kommen. Und intellektueller Zweifel wurde dringend benötigt, nicht nur angesichts der schwelenden Diskussion zwischen dem

»organisierten *Jischuw*« und den »separatistischen Organisationen«, sondern auch hinsichtlich der internen Kontroversen des *Jischuw*s: Zwischen den bürgerlichen Kreisen und den Arbeiterparteien, zwischen der religiösen und religiös-orthodoxen Minderheit und der säkularen Mehrheit und nicht zuletzt auch zwischen unserem unerschütterlichen Glauben, wir seien in das Land unserer Vorväter zurückgekehrt, und den Klagen der Araber, wir seien Handlanger des britischen Imperialismus und versuchten, sie von ihrem Land zu vertreiben.

Unwillkürlich wanderten meine Gedanken einige Jahre zurück, zu jenem Mann, der wie kein anderer meine Persönlichkeit geprägt hatte. Wie Dr. Weiler war auch er der Typ des jüdischen Intellektuellen, stammte aus der Diaspora und war nach Erez Israel eingewandert, Schüler einer der angesehenen Jeschiwot, Absolvent eines der »Tarbut«-Gymnasien oder einer der führenden europäischen Universitäten, der die Erziehung der jungen Generation in Erez Israel als nationale Aufgabe und persönliche Pflicht betrachtete, weshalb er ins Land gekommen war und sein Leben dem Unterricht gewidmet hatte. Dieser Mann war Mordechai Rasi'el, der Vater des *Etzel*-Kommandanten David Rasi'el, bei dem ich die gesamte Grundschulzeit in Tel Aviv absolviert hatte.
Damals, 1936 bis 1939, kam es zu blutigen Unruhen, die die Atmosphäre beherrschten. In diese Zeit fiel auch die schmerzliche Spaltung innerhalb des jüdischen Untergrunds. Unser Lehrer Rasi'el stand selbstverständlich auf Seiten der Revisionisten, die unter den sich abspaltenden Organisationen eine Minderheit bildeten. Doch er respektierte die Meinung der Mehrheit. Obgleich wir damals noch kleine Pimpfe von gerade mal zehn, elf Jahren waren, hielt er es für richtig, uns das Wesen der Kontroverse, die die jüdische Gemeinschaft in

Palästina in Aufruhr versetzte, zu verdeutlichen, was uns, trotz unseres kindlichen Alters, ein Gefühl dafür gab, welche Sorgen und zu bewältigenden Herausforderungen des jüdischen Volkes schon bald auf unseren Schultern lasten sollten.

Eines Tages kam der Lehrer Rasi'el mit einer blauen Sammelbüchse des *Keren Kayyemet leIsrael*, des Jüdischen Nationalfonds, in der Hand in die Klasse, zog eine Hundertmilmünze aus der Tasche und ließ diese in die Büchse fallen. Angesichts unserer erstaunten Blicke, wir wussten ja, dass die Revisionisten den Nationalfond gemeinhin boykottierten, gab er uns folgende Erklärung für sein Tun: »Viele Jahre lang war ich Vorsitzender in der ›Lehrervereinigung zu Gunsten des Jüdischen Nationalfonds‹, habe mich jedoch nach der Spaltung der zionistischen Bewegung aus dieser Tätigkeit zurückgezogen. Offenbar steht mein Name aber immer noch auf ihrer Verteilerliste, denn ich bekomme die Vierteljahresschrift des Nationalfonds – »Moldati – meine Heimat« – weiterhin mit der Post ins Haus geschickt. Da ich jedoch meine Tätigkeit beendet habe, steht mir diese wichtige Publikation eigentlich nicht zu, weshalb ich, um nicht als jemand zu gelten, der in Anspruch nimmt, was er nicht verdient hat, den Preis für eine Ausgabe am Kiosk in die Sammelbüchse getan habe – zwei Mil, und ihr könnt es bezeugen.«

Den kompromisslosen politischen Ansichten unseres Lehrers zum Trotz sollte die blaue Sammelbüchse des Jüdischen Nationalfonds auch künftig in der Klasse die Runde machen, denn Rasi'el legte großen Wert darauf, dass jeder Schüler, mit Ausnahme derjenigen unter uns, die Mitglieder in der revisionistischen Jugendbewegung *Bejtar* waren, seine wöchentliche Spende leistete.

Die politische Kontroverse im Land hatte sich damals, 1936, nach vorrübergehender Beruhigung erneut entzündet: Gerade erst waren die bitteren Diskussionen, die gegenseitigen Anschuldigungen und der verbale Schlagabtausch nach dem Mord an Chaim Arlosorow ein wenig abgeklungen, als die blutigen Unruhen ausbrachen, die bis zum Jahr 1939 andauern sollten. So wurde eines Tages die Tür unseres Klassenzimmers aufgerissen und drei Mütter mit zerzausten Haaren erklärten dem Lehrer stammelnd, Araber hätten das jüdische Viertel HaTikwa sowie die angrenzenden Viertel Esra und Shapira eingekesselt, weshalb sie nun gekommen seien, um ihre Kinder an einen sicheren Ort zu bringen, da diese kein Zuhause mehr hätten, zu dem sie nach der Schule zurückkehren könnten.

Zu unserem Glück lag die Straße, in der wir wohnten, fünf Straßen von der Grenze zum arabischen Jaffa entfernt, so dass unser Haus nicht von den Übergriffen betroffen war. Doch von dem zur Straße gehenden Balkon unserer Wohnung aus konnte ich Scharen von Flüchtlingen sehen, ganze Familien, die mit dem Nötigsten beladene Handwagen schoben und ihre Kinder hinter sich herzogen. Sie kamen an unserem Haus vorüber und schleppten sich zu den Notunterkünften, die die Tel Aviver Stadtverwaltung für sie eingerichtet hatte. Der Anblick der jüdischen Flüchtlinge aus Jaffa und vor allen Dingen die zahllosen Opfer, die durch die Hand der arabischen Nachbarn und Bekannten in den Gassen der Altstadt von Jaffa umgekommen waren, fachte die politische Kontroverse erneut an.

Nach dem Begräbnis zweier jüdischer Krankenschwestern, spitzte sich die Lage dramatisch zu. Die Schwestern, die im arabischen Krankenhaus Dadjani in Jaffa gearbeitet hatten, waren kaltblütig ermordet worden, obgleich gerade ihr Tun ein Segen für die Araber bedeutete. Hunderte junger Männer hatten die Särge begleitet und zogen anschließend lautstark nach Rache rufend durch die Straßen. Diese Forderung wurde schnell zu einem politischen Slogan, der die verschiedenen revisionistischen Strömungen gegen die »Zurückhaltungspolitik« der Führung des organisierten jüdischen *Jischuw*s vereinte. Von Parolen ging man schon bald zu Taten über: Es häuften sich willkürliche Morde an Arabern und Sprengstoffanschläge an viel besuchten Plätzen, was zahlreiche unschuldige arabische Bürger, darunter auch Frauen und Kinder, das Leben kostete.

Als ich eines Tages von der Schule nach Hause kam, traf ich auf zwei Maler, Vater und Sohn, die im Treppenhaus zugange waren. Der Vater war ein alter Bekannter meines Großvaters, und Großvater beauftragte ihn, sobald etwas gestrichen werden musste. Mit dem Sohn des Malers, einem gutherzigen, fröhlichen Burschen von fünfundzwanzig Jahren, war ich locker befreundet. Hin und wieder ließ er mich beim Streichen mithelfen, drückte mir einen Pinsel in die Hand und unterwies mich in die Kunst seines Handwerks: Den Pinsel nicht zu tief in den Farbtopf zu tauchen, den Boden nicht mit Farbspritzern zu übersäen, die Farbe aufzutragen, ohne dass sich Farbläufer bildeten, indem man den Pinsel in gleichmäßigen Bewegung von rechts nach links und von oben nach unten führte, bis die ganze zu bemalende Fläche unter einer einheitlichen Farbschicht verschwunden war.

Während ich noch damit beschäftigt war, die Farbe an die Wand zu bringen, holte der junge Mann eine *Shabriya* – einen Krummdolch – aus der Tasche, zog ihn mit schneller Bewegung aus der Scheide und richtete ihn gegen meine Brust, den Knauf fest umklammernd.

»Siehst du«, flüsterte er, wobei er sich hastig umblickte, »diese *Shabriya* wird schon bald viele, viele Araber töten.« Bei diesen Worten drehte er die Klinge hin und her, so dass sie ganz nah vor meiner Brust aufblitzte und mich erzittern ließ. Diese Szenarien, Ereignisse, Debatten und gewalttätigen

Zusammenstöße, bei denen Blut vergossen wurde, brachen als mächtiger Strom in unsere Klasse ein. Einige meiner Klassenkameraden, Emigrantenkinder, die ihren Kenntnissen nach in die Schule integriert wurden, waren zwei, drei Jahre älter als ich. Sie nahmen besonders regen Anteil an den von unserem Lehrer Rasi'el initiierten Gesprächen und Diskussionen. Bei solchen Gelegenheiten richtete Rasi'el seine Worte in aller erster Linie an Akiva Kempler, der – obwohl Schüler auf unserer Schule, einer religiösen Schule der »Misrachi«-Bewegung – Mitglied der nichtreligiösen, stramm sozialistisch ausgerichteten Jugendbewegung *HaShomer HaTza'ir* war. Uns wurde stets ein fesselndes Schauspiel geboten, wenn Rasi'el seine ganze Entrüstung auf seinen Schüler richtete, dabei jedoch die Ansichten und Argumente Akivas, uneingeschränkt respektierte.

»Das bist ja nicht du, sondern deine Volksverführer, die irren und in die Irre leiten!«, wandte er sich mit erhobener Stimme an Akiva, der in der letzten Reihe saß. »Ben-Gurion ist jüngst bei einer Versammlung im Jesreel-Tal gewesen. Als einer der Anwesenden es tatsächlich wagte, seine Politik zu kritisieren, ist er aufgesprungen und hat den Mantel zurückgeschlagen, damit alle den Revolver sehen konnten, den er um die Hüften trug.« Worauf Akiva ihm mit einer Gelassenheit und Souveränität antwortete, die man einem Jungen seines Alters – er hatte gerade seine Bar-Mizwa gefeiert – kaum zutraute.

An jenem Tag, als das Todesurteil an dem *Etzel*-Mann Shlomo Ben-Joseph vollstreckt werden sollte, las die ganze Klasse seit dem Morgen Psalmen. Einer der Schüler trug mit lauter Stimme aus dem Psalter vor und wir anderen sprachen ihm nach. Um exakt 10.30 Uhr, dem Zeitpunkt der Hinrichtung, stand Benjamin Boyer, dem die Ordnung in der Klasse oblag, von seinem Platz auf, holte eine kleine, weiß-blaue

Flagge mit Trauerflor aus dem Bücherschrank und hängte diese an die Seitenwand des Schranks. Rasi'el, der sich Tränen aus den Augen wischte, trat auf Benjamin zu und küsste ihn auf die Stirn, als die ganze Klasse aufstand und den Kaddisch sprach.

Doch die patriotische Begeisterung übertrug sich nicht, nicht einmal in einer Klasse mit so jungen Schülern, wie wir es damals waren. Abgesehen von zwei Schülern, die ohnedies bekennende Mitglieder der revisionistischen Jugendbewegung *Bejtar* waren, ließ sich keiner meiner Klassenkameraden durch die politischen Glaubensbekenntnisse und Predigten unseres Lehrers Rasi'el bekehren. Das hinderte uns jedoch nicht, ihn zu verehren und durch ihn das Wesen der jüdische Tradition aufzunehmen: aus der hebräischen Bibel, der Mischna, dem Talmud, der hebräischen Sprachwissenschaft und der neueren hebräischen Literatur. Seine ganze Frustration als Anhänger einer Minderheitsbewegung innerhalb des jüdischen *Jischuw*s verwandelte Rasi'el in grenzenlose Hingabe an seine Schüler. Für jeden Freitag mussten wir einen kompletten Abschnitt aus der hebräischen Bibel auswendig lernen, um ihn dann mit entsprechender Betonung in der Klasse vorzutragen. Dadurch kenne ich den größten Teil des Buchs der Bücher auswendig und habe es verinnerlicht. Ähnlich verfuhr unser Lehrer im Literaturunterricht. Als wir Gedichte von Bialik auswendig lernten, sollte ich die Verse »Meiner Mutter, seligen Angedenkens« rezitieren. Beim Vortragen musste ich unwillkürlich an meine eigene Mutter denken und an den Druck, der von Seiten der Familie meines verstorbenen Vaters auf sie ausgeübt worden war, die unmittelbar nach seinem Tod zusammengekommen war und versucht hatte, uns dort, in Polen, um unseren Anteil am Familienbesitz zu bringen. Bei diesen Gedanken wären mir fast die Tränen gekommen. Rasi'el und meine Klassenkameraden blickten mich erstaunt an und dachten bestimmt, es sei der Schmerz, den Bialiks Mutter ob der verlöschenden Schabbatkerze verspürte, der mich in derartigen Aufruhr versetzt hatte.

Rasi'el lehrte uns auch die Liebe am talmudischen Streiten, erklärte uns die Diskussionen zwischen den Amoräern Abbaje und Raba, die Polemiken zwischen den Anhängern des Hillel und denen des Schammai, die Erzählungen des Talmuds und die in ihrer wunderbar schlichten Klarheit Rätsel aufgebenden Abschnitte der Mischna. Jeder Schüler sollte einmal wöchentlich eine talmudische Erörterung in der Klasse vortragen. Dazu musste er zunächst den betreffenden Abschnitt aus der Mischna zitieren, der durch die talmudische Disputation ausgelegt und erhellt werden sollte, und danach in wohlgesetztem Hebräisch die ursprünglich auf Aramäisch gehaltene Diskussion wiedergeben, erklären, welcher Art die Argumente der daran Beteiligten waren und schließlich die Schlussfolgerungen erläutern, zu denen sie gelangt waren. Doch als Bindemittel, als Klammer hallten die Gedichte Ya'akov Cohens, des revisionistischen Dichters, durch die Klasse.

Als wir in die achte Klasse versetzt wurden und die Schulleitung beschloss, unsere Klasse mit altem, brüchigem Mobiliar auszustatten, während die Parallelklasse nagelneue glänzende Stühle und Bänke erhielt – probten wir den Aufstand. Wir trugen Rasi'el unsere Beschwerden vor, der, nachdem er uns aufmerksam zugehört hatte, bestimmte: »Beweist, dass die Möbel nicht mehr zu gebrauchen sind!«

Der Fingerzeig war unmissverständlich, so dass wir gemächlich begannen, durch Kippeln und Wippen die Kombination aus Tisch und Bank in ihre Einzelteile zu zerlegen und diese ordentlich vor der Tafel zu stapeln. Als Rasi'el zur nächsten Stunde in die Klasse kam und die gestapelten Möbelteile sah, beließ er es bei den Worten: »Das reicht, ihr habt eure Behauptung bewiesen«, machte kehrt und verließ den Klassenraum. Nach einigen Minuten kam er in Begleitung des Schulleiters, den er untergefasst hielt, zurück und deutete auf »die Beweisstücke«. Damit ließ sich die Schulleitung überzeugen, und auch wir bekamen neues Inventar.

Unser Lehrer Rasi'el wurde immer auch als Vater des *Etzel*-Kommandanten David Rasi'el, der unter mysteriösen Umständen im Irak den Tod gefunden hatte, wahrgenommen. Ihn umgab eine Aura der Trauer, eine auch im Unglück noch erhabene Ausstrahlung und eine aristokratische Ruhe ging von ihm aus, während wir Schüler in der Trauerwoche vor ihm saßen. Er, Mordechai Rasi'el, schien sich mit vollem Bewusstsein in das Brandopfer, das er auf dem Altar des nationalen Kampfes dargebracht hatte, zu fügen, eine Art Rückkehr zum Berg Moriah, nur war dieses Mal der rettende Engel nicht erschienen, um dem Opferdolch Einhalt zu gebieten.

Abgesehen von dem üblichen Dialog, in dem er sich als Lehrer mit seiner Klasse befand, indem wir auf seine Fragen antworteten, unsere Hausaufgaben präsentierten oder, wenn wir an die Tafel gerufen wurden, unter Beweis stellten, dass wir den Stoff beherrschten, führten viele von uns eine Art sehr persönliches, fast intimes Zwiegespräch mit Rasi'el, das sich dem Zugriff der übrigen Klassenkameraden entzog. Dieses Gespräch fand in den Aufsatzheften und Tagebucheinträgen statt, die wir führen mussten, wenn wir Ferien hatten. Im Aufsatz konnte ich meinen Gedanken und verborgenen Betrachtungen freien Lauf lassen und sie einer bewertenden und moralischen Prüfung durch meinen Lehrer unterziehen. Ich konnte ihn an meinen Bedenken Teil haben lassen und ihn sogar um Antwort oder die Lösung eines Problems bitten. Seine Antwort ließ nie lange auf sich warten: Mit seiner winzigen, runden Handschrift pflegte Rasi'el seine Eindrücke vom Gelesenen zusammenzufassen, ergänzte seine Kommentare, die durch Frage- und Ausrufezeichen betont wurden, und vergab schließlich eine Zensur. Klassenarbeiten und korrigierte Hausaufgaben gab er gewöhnlich am Freitag zurück. Einmal verlas er bei der Rückgabe einer Arbeit meinen Namen, richtete seine Augen auf mich und ließ mir keine Gelegenheit, mich von meinem Platz zu erheben und nach vorn zu kommen. Er eilte auf mich zu, reichte mir, während ich noch dabei war aufzuspringen, das Heft – und küsste mich auf die Stirn! Die Klasse hielt den Atem an und ich wusste nicht, wie ich mich vor den bohrenden Blicken meiner Kameraden verstecken sollte, aus denen allem Anschein nach auch eine gehörige Portion Neid sprach. »Und wer wissen möchte, warum ich Avraham auf die Stirn geküsst habe, der lese seinen Aufsatz«, sagte Rasi'el und ließ es dabei bewenden. Es war dies ein Aufsatz über Joseph ben Mathitjahu, bekannter als Josephus Flavius. Ich hatte die wichtigsten Fakten für den Umschwung in der Geisteshaltung Josephs, der einer der Anführer des jüdischen Aufstands gegen die Römer gewesen war, ehe er nach dem Fall der Feste Jodapat den Entschluss fasste, ins Lager des Feindes überzulaufen, zusammengetragen und wohl gut lesbar beschrieben. Als »Verräter« bezeichnete ich ihn in meinem Aufsatz, »Verräter«, obgleich es ihm zu verdanken ist, dass eines der entscheidenden Kapitel in der Geschichte des jüdischen Volkes überliefert und so im nationalen Gedächtnis bewahrt wurde. In meinem Ausführungen schlug ich mich bedenkenlos auf die Seite derjenigen, die verlangten, in Krisenzeiten der Führung zu folgen und ihr uneingeschränkt zu gehorchen, auch wenn diese Führung alle ins Verderben führte, so wie es die Kanaanäer mit unserem Volk getan hatten. Der Grundsatz des Nichtausscherens, des sich Nichtlosagens von der Allgemeinheit war in meinen Augen damals wichtiger und bedeutsamer – zumal in Zeiten des Krieges – als jede noch so weit reichende historische Perspektive.

Mein neuer Lehrer Weiler war da ganz anderer Meinung. Er sympathisierte im Gegenteil mit der Tat eines Jochanan Ben Sakai, jenes Rabbiners, der auf dem Höhepunkt des Aufstands zu den Römern übergelaufen war. Dabei verwies er auf dessen entscheidenden Beitrag bei der Schaffung tragender Säulen in der jüdischen Gesellschaft – der Synagoge, des *Minjans*, der Einführung von Gebeten anstelle von Tieropfern –, Einrichtungen, die den Fortbestand des jüdischen Volkes in der Diaspora sichergestellt und ihm ermöglicht hatten, auch angesichts schwerster Repressalien seine Lebensweise als Volk zu bewahren.

»Der Zionismus«, behauptete Weiler, »ist mitnichten aus dem Nichts entstanden. Er wandte sich vielmehr an ein gefestigtes und in seiner Gemeindestruktur wohl organisiertes jüdisches Volk, das eine spezifisch jüdische Lebensweise pflegte, auf wechselseitige Beziehungen der Gemeinderepräsentanten untereinander bedacht war – etwa in Form des Vierländerrates in Polen – ebenso wie auf einen kontinuierlichen Austausch mit Autoritäten in Fragen der *Halacha*, des jüdischen Rechts, in Form der Responsenliteratur. Die jüdische Diaspora unterstützte die sporadischen Einwanderungen Einzelner oder kleiner Gruppen nach Erez Israel mit regelmäßigen Geldzuwendungen, um den kleinen jüdischen *Jischuw* dort zu stärken und den Aufbau von Sozial- und Hilfseinrichtungen voranzutreiben, etwa zur Heiratsanbahnung, Bestattung der Toten, Krankenversorgung oder gegenseitigen Unterstützung in Notzeiten.«

»Der Ursprung all dessen«, schloss Weiler seine bestechende geschichtliche Analyse, »ist bei Jochanan Ben Sakai zu suchen, der hellsichtig genug war, vor der vollständigen Zerstörung die institutionellen und geistigen Fundamente für eine nationale jüdische Renaissance zu legen, also nichts anderes als den Zionismus – zweitausend Jahre vor Herzl.«

Meinem Volksschullehrer Rasi'el verdanke ich die Liebe zu meinem Volk und meinem Land, das Bewusstsein für ein jüdisches Erbe, eine jüdische Kultur und die hebräische Sprache, vor allem aber das Gefühl von Stolz, Jude zu sein. Unser Lehrer Weiler hingegen gab mir die Instrumentarien an die Hand, die es mir ermöglichen sollten, diesen gewaltigen Fundus mit Verstand und Einsicht zu benutzen.

Auch unser Englischlehrer Blumenthal – oder »der Engländer«, wie er von uns genannt wurde – begnügte sich nicht damit, uns die Sprache und die aus ihr hervorgegangene Literatur nahe zu bringen. Mit ihrer Hilfe verschaffte er uns vielmehr die Eintrittskarte zu einer neuen, andersartigen Kultur, die sich grundlegend von jener unterschied, wie wir sie in britischen Polizisten und Soldaten kennen gelernt hatten, denen wir tagtäglich begegneten. So diente uns das Buch ›How the English are governed‹ nicht nur als Englischbuch, sondern war auch die erste Abhandlung über Staatsbürgerschaftskunde, die wir zu lesen bekamen. Da es eine unabhängige jüdische Regierungsinstanz, Justiz oder Verwaltung noch nicht gab, mit deren Aufbau und Funktionieren wir uns hätten auseinandersetzen können, vermittelte uns Blumenthal eine Vorstellung davon, indem wir durch diese Lektüre die Charakteristika einer der ältesten Demokratien der westlichen Welt kennen lernten. Auch die Aufsätze, die wir auf Englisch zu lesen bekamen, wie etwa jener der Doktoren Johnson und Hamilton, konfrontierten uns mit moderner westlicher Denkweise, wie wir sie nicht gewohnt waren. Sie befreiten uns von unserer zwanghaften Beschäftigung nur mit uns selbst, ließen unseren Blick die Welt erfassen, die jenseits der »jüdischen Frage« existierte, jenseits aller Probleme mit den Arabern und des sich zuspitzenden Konflikts zwischen den nationalistisch-revisionistischen Separatisten und dem »organisierten *Jischuw*«.

Das Erlernen der englischen Sprache war auch aus fachlicher Sicht von existenzieller Bedeutung für uns Schüler: Die überwiegende Mehrzahl aller Bücher zu Flora und Fauna war, ebenso wie die meisten Standardwerke zu den einzelnen landwirtschaftlichen Produktionszweigen, auf Englisch verfasst. Erst während meines letzten Jahres auf der Schule erschien mit Margolins Buch das erste namhafte Werk auf Hebräisch. Um uns im Umgang mit den entsprechenden englischen Fachtermini zu schulen, verpflichtete die Schulleitung einen zusätzlichen Englischlehrer, der ausschließlich Aufsätze aus Fachzeitschriften mit uns las und uns so an das Fachvokabular heranführte.

Der drohende Schulverweis

Bereits wenige Tage nach meiner Ankunft in Pardess-Chana, war mein Leben vom frühen Morgen an bis zur Nachtruhe um 22.00 Uhr durch ständige Unternehmungen bestimmt. Es fiel mir sehr schwer, mich an diesen vorgegebenen Rhythmus zu gewöhnen, und ich hinkte bald im Unterricht hinter den anderen her. Der Tagesablauf stand: Unterrichtsstunden, Arbeit auf dem Ausbildungsgehöft, gemeinsames Erledigen der Hausaufgaben, Bereitschaftsdienste, vorgeschriebene Teilnahme an Arbeitskreisen und schließlich Streifzüge durch die Natur, um Pflanzen für das Herbarium oder Insekten für die Käfersammlung zu finden. Ließ ich einen der Tagesordnungspunkte aus oder nutzte die für eine bestimmte Aufgabe vorgesehene Zeit nicht entsprechend, gab es später keine Möglichkeit mehr, das Versäumte aufzuholen.

Auch die Notlösung, an die ich mich zu Hause gewöhnt hatte – versäumten Stoff für eine Prüfung in einer Nachtsitzung nachzuholen – kam nicht mehr in Betracht: Das Licht wurde in den Klassenräumen pünktlich um 21.30 Uhr und in den Schlafsälen um Punkt 22.00 Uhr gelöscht – und dies galt ausnahmslos immer. Erst als wir in die Abschlussklasse kamen und in kleineren Räumen wohnten, wurde uns gestattet, das Licht entsprechend der eigenen Bedürfnisse und nach eigenem Gutdünken auszumachen.

Meine bisherigen Gewohnheiten waren auf einen Schlag nutzlos geworden: Bisher hatte ich alle Aufsätze am letzten

Abend gefasst oder die Vorbereitung auf Prüfungen bis dahin verschoben, mir dann in einer langen Nachtsitzung den gesamten Stoff verabreicht, die Füße in eine Schüssel mit kaltem Wasser gestellt und um den Kopf ein feuchtes Handtuch. Erst jetzt verstand ich die volle Bedeutung des Sprichwortes »Wer am Vorabend des Schabbat sich nicht regt, wird am Schabbat nicht essen«.

Auch auf die Hilfe meines großen Bruders, vor allem in Mathematik, konnte ich nicht länger zählen. Nach verzweifeltem Flehen angesichts des Debakels, das mir am nächsten Morgen drohte, und dem wiederholten Versprechen, künftig meine Hausaufgaben rechtzeitig zu erledigen, hatte sich mein Bruder in der Regel erweichen lassen und nicht selten sogar an meiner Stelle die Fragen gelöst oder mit geübter Hand die geforderten geometrischen Zeichnungen angefertigt.

Unzählige Stunden, die ich eigentlich auf das Anfertigen der Hausaufgaben und vor allem auf das Aufholen des Stoffes in den Fächern Biologie, Chemie und Landwirtschaftskunde hätte verwenden sollen, vergeudete ich mit Blödeleien in lustiger Runde, mit Fußballspielen, mit Streichen oder mit all den Möglichkeiten, die sich mir hier in Fülle boten. Ich nahm an, durch die regelmäßige Teilnahme an solchen Aktivitäten in die neue Gemeinschaft schnell aufgenommen zu werden. Dabei entging mir aber, dass sich die meisten meiner Klassenkameraden von solchen Zusammenkünften fernhielten. Ich nahm nicht wahr, dass sich mein Integrationsprozess im Wesentlichen im Kreis von Schülern der beiden unteren Klassen vollzog, die sich durch die offenkundige Bereitschaft eines Schülers aus der dritten, der zweitobersten Klasse, ihre Gesellschaft zu suchen, geschmeichelt fühlen mussten.

Und so erhielt ich schließlich die Note »ausreichend« oder »kaum ausreichend« auch in jenen Fächern, in denen ich aufgrund meiner bisherigen Ausbildung in religiösen Schulen eigentlich ohne weiteres hätte mitkommen, ja mich hätte auszeichnen müssen. Auch die ständigen Strafarbeiten, die ich von Dr. Wachtingel wegen meiner häufigen Verspätungen auferlegt bekam, und die wiederholten Verweise aus der Klasse wegen ungebührlichen Betragens während des Unterrichts trugen mir weder bei den Lehrern noch bei meinen Mitschülern einen guten Ruf ein. Meine Klassenkameraden führten mein unreifes Verhalten schnell auf meine Religiosität zurück: »Dieser ›Lockenträger‹ hat die Manieren eines Jeschiwa-Schülers mitgebracht«, hörte ich es mehr als einmal hinter meinem Rücken raunen. »Was denkt er sich denn? Dass er uns alle mit seinen ›fäule Stick‹ hinters Licht führen kann?«

Solche abfälligen Bemerkungen verfolgten mich, da ich den Umstand, gläubig zu sein, ausnutzte, um Verspätungen, nicht gemachte Hausaufgaben oder die Nichterfüllung anderer Pflichten mit Ausreden wie »ich habe noch gebetet« oder »ich bin in die Synagoge in die *Moschawa* gegangen« zu begründen. Doch erst die Sitzung des pädagogischen Ausschusses zum Abschluss des ersten Trimesters sollte mich zur Besinnung bringen.

Unglücklicherweise – oder vielleicht gerade zu meinem Glück – war ich an der Reihe, vom Flachdach des Schulgebäudes aus die Ausschussdebatte zu belauschen. Ich löste einen Schüler der zweiten Klasse auf dem Lauschposten ab, als unten die Besprechung der Leistungen seiner Klassenkameraden gerade zu Ende gegangen war. Bäuchlings ließ ich mich auf dem geteerten Dach nieder, den Kopf über die niedrige Brüstung gereckt, um besser hören zu können. Es war dies jene Ausschusssitzung, in deren Verlauf Blumenthal, der »Engländer«, von Schöpsales Missetaten auf dessen vorheriger Schule berichtete und verlangte, diesen unverzüglich der Schule zu verweisen. Dann hob unser Klassenlehrer Weiler in verhaltenen, aber unmissverständlichen Worten an, von meinen schulischen Misserfolgen während des ersten Trimesters zu sprechen:

»Was nun Avraham Roth anbelangt«, begann er, »so muss ich feststellen, dass er für mich eine herbe Enttäuschung darstellt. Ich bin mir der Schwierigkeiten sehr wohl bewusst, die er mit dem Aufholen des Unterrichtsstoffs in den Fächern Biologie, Chemie und Landwirtschaftskunde hat, denen an unserer Schule ein besonderer Stellenwert zukommt. Dennoch hatte ich gehofft und erwartet, in ihm einen ausgezeichneten Schüler in den humanistischen Fächern zu finden, in den Fächern mit Bezug zum Judentum, in Linguistik und Literatur, Geschichte und Englisch. Doch sein Zensurenspiegel, der mir hier vorliegt, bietet ein äußerst betrübliches Bild. Es ist nicht nur so, dass wir uns nicht erlauben können, einen Schüler mit derart schwachen Leistungen als Stipendiat an unserer Schule zu behalten, sondern ich habe erhebliche Zweifel, ob wir ihn überhaupt halten könnten, selbst wenn er als regulärer Schüler bei uns lernen würde und nicht einen anderen, der es mehr verdiente, um die finanzielle Förderung brächte. Ich sage dies mit Bedauern«, fügte Weiler hinzu, »da ich den Jungen wirklich mag und Großes von ihm erwarte.«

Ich lauschte – und bekam am ganzen Körper eine Gänsehaut, war mit einem Mal unfähig, mich von der Stelle zu rühren. Was würde jetzt werden, fragte ich mich. Wohin mit meiner Schande und was sollte ich meiner Mutter sagen? Tränen schnürten mir den Hals zu und ein Gefühl der Verzweiflung überkam mich. Da hörte ich die Stimme des Schulleiters Dr. Wachtingels: »Auch mir ist das eigenartige Verhalten Roths aufgefallen, doch ich neige dazu, es auf seine Eingewöhnungsschwierigkeiten zurückzuführen. Bei allem müssen wir in Betracht ziehen, dass er aus einem religiösen Elternhaus und einem Milieu kommt, das sich grundsätzlich von dem unseren unterscheidet. Ich entsinne mich, dass ich mich bereits in der ersten Woche seiner Anwesenheit in unserer Anstalt genötigt sah, einige grundsätzliche Worte an seine Klassenkameraden zu richten, was Toleranz betrifft und bezüglich der ihnen obliegenden Pflicht, jeden Mitschüler zu respektieren, ungeachtet seiner Andersartigkeit. Ich schlage deshalb vor, dass wir seinen Werdegang bis zum Ende des zweiten Trimesters verfolgen und dann erst über die weiteren Schritte in seiner Sache entscheiden. Ich beabsichtige auch, ihn zu einem Gespräch zu mir zu bestellen.«

Mein Herz ging über vor Dankbarkeit für Wachtingel. In jenen Augenblicken verehrte ich ihn förmlich und schwor, ihn mein Lebtag in Ehren zu halten. Zu meiner Überraschung und Freude pflichtete auch der »Engländer« den Worten des »Doktors« bei und riet, während meines Eingewöhnungsprozesses an der Schule Nachsicht mit mir zu üben.

Niedergeschlagen und gesenkten Hauptes kletterte ich vom Dach. Ich hatte es nicht eilig, Schöpsale zu berichten, was ich aus dem Mund des »Engländers« über ihn gehört hatte. Ich tat dies erst einige Tage später, nach meinem Gespräch mit Dr. Wachtingel und nachdem sich die lähmende Angst, von der Schule verwiesen zu werden, ein wenig gelegt hatte.

Ziellos wanderte ich über die Pfade und Alleen des Schulgeländes, getrieben von den Schreckensbildern des nahenden Unglücks. Vor meinem geistigen Auge sah ich mich bereits aus der wunderbaren Gemeinschaft von Jungen und Mädchen ausgestoßen, in die ich gerade erst Aufnahme gefunden hatte, sah mich mit roten Ohren und eingezogenem Schwanz zu den trostlosen Straßen Tel Avivs zurückkehren. In meiner Phantasie konnte ich den selbstzufriedenen »Hab ich's nicht gesagt«-Blick meiner Tante, der Frau des Bruders meiner Mutter, sehen, die Blicke meines Bruders, die Schmach und Enttäuschung ausdrückten. Vor allem aber hatte ich vor Augen, wie meine Mutter bemüht sein würde, die aufsteigenden Tränen zurückzuhalten, wie es ihr den Atem nähme und erste Anzeichen eines Asthmaanfalls sich ankündigten, eines Anfalls, den sie meinetwegen bekommen und der nicht enden würde, ehe nicht die Krankenschwester alarmiert wäre und ihr eine Beruhigungsspritze gegeben hätte.

Wieder würden sie mit dem Finger auf mich zeigen, dachte ich, wieder mir zunicken, mit den Schultern zucken und fassungslos die Hände zum Himmel heben – genau wie damals, als man mich auf eine erhöhte Bank in der Synagoge stellte und ich den Kaddisch für meinen Vater sprach …

»Vater, hilf mir!«, entfuhr es mir unwillkürlich. Ein unterdrückter Schrei, der mich erstarren ließ, denn Jahre waren vergangen, seit ich meinen Vater zum letzten Mal um Hilfe angefleht hatte. Noch in Polen, vor unserer Auswanderung nach Palästina, hatte ich mich eine Zeit lang in den engen Spalt zwischen der Außenmauer unseres Hauses und der des Nachbarhauses geflüchtet, hatte mich zu Boden geworfen und ihn laut um Hilfe gerufen. Dort, in den Tiefen der Fuge, in die sich nur ein Kind von sechs oder sieben Jahren zwängen konnte, war es mir unbenommen, aus vollem Hals zu schreien, denn niemand konnte mich hören. Wenn mich nach der Schule die polnischen Gojim verfolgten, mir meine Mitschüler aus dem *Cheder*, in dem ich nachmittags lernte, zusetzten, weil ich mir nicht wie sie Schläfenlocken stehen ließ, wenn mein Bruder mich unter dieser oder jener Begründung verprügelte oder ich in Folge eines Missgeschicks, an dem ich beteiligt war, Bestrafung zu erwarten hatte – stets schlüpfte ich mit meinem kleinen Körper in jenen Spalt und berichtete meinem Vater von meinen Sorgen.

Die Umstände, die zum Tod meines Vaters geführt hatten, verfolgten mich über viele Jahre und hinterließen in meinen Gefühlen eine tiefe Narbe, die aufbrach, sooft ich in Bedrängnis geriet. Auch jetzt wieder stiegen in mir die Bilder und Erinnerungen hoch. Ich war schweißgebadet und in meinem Kopf dröhnte es.

Vaters Tod

Es geschah an einem Sonntag, dem Tag der Woche, der uns jüdischen Kindern der liebste war, denn wir konnten – anders als am Schabbat – den ganzen Tag lang nach Herzenslust faulenzen und mussten nicht befürchten, den Ruhetag zu entweihen oder stundenlang in der Synagoge zu sitzen. Am Sonntag konnten die jüdischen Schulkinder ihre Hausaufgaben machen und sich auf die anstehende Unterrichtswoche vorbereiten. Für uns Jüngere, die wir noch nicht zur Schule gingen, war es der Tag, an dem wir erst ins Bett der Eltern schlüpfen durften, um später mit ihnen einen Ausflug in den Stadtpark zu unternehmen.

Der Sonntag war auch der Tag, an dem sich die jüdischen Kaufleute in ihre Geschäftsräume zurückzuziehen pflegten, um die Bücher durchzugehen, die Warenbestände zu sichten, Schreiben aufzusetzen und sich für die kommende Handelswoche zu rüsten.

Eine frühe Septembersonne beschien das Schlafzimmer meiner Eltern, einen großzügig geschnittenen Raum, der zum größten Teil von einem Bett aus Nussbaumholz eingenommen wurde. An der Wand gegenüber dem Fußende des Bettes stand Mutters Schminktisch und links davon ein großer weißer Kachelofen. Zwischen Bett und Schminktisch war noch Platz für ein schmales Ledersofa, ein Kanapee, auf dem Vater nach dem Mittagessen gerne ein Schläfchen hielt. Links vom Kachelofen prunkte eine ausladende Holzkommode mit Marmorplatte, auf der eine Emailleschüssel mit Wasser stand, um sich vor dem allmorgendlichen Dankgebet die Hände zu waschen.

Das Bett meiner Eltern stand fast an der Außenwand des Zimmers, deren obere Hälfte aus Fenstern bestand, die auf den sich über die gesamte Länge des Raumes erstreckenden Balkon gingen. Zwischen Wand und Bett befand sich lediglich Vaters Nachttischchen, das einen schmalen Durchgang schaffte, durch den mein Vater Zugang zu seiner Betthälfte hatte. Meine Mutter hingegen schlief auf der Bettseite, die auf das Kinderzimmer wies, unser Zimmer, dessen Tür stets offen stand. Zwischen dem Bett und der Wand unseres Zimmers stand ein großer, ebenfalls aus Nussbaumholz gefertigter Schrank, in dem Handtücher, Bettwäsche und Tischdecken aufbewahrt wurden. Öffnete sich eine der Schranktüren, roch man den Duft von Mutters Schätzen und konnte die akkurat gestapelten schneeweißen Laken und Bezüge, Handtücher und Decken bewundern.

Zwischen der Seitenwand des Schranks und der Zimmerecke hatte mein Vater eine Nische gelassen und dort einen Durchbruch zum Laden geschaffen. Die Tür öffnete sich zu einem beleuchteten Lagerraum, und von dort führte eine Holztreppe nach unten zu einem rückwärtigen, innen liegenden Ausgang des Verkaufraums.

Ich lag neben meiner Mutter in dem breiten Ehebett. Mein Vater kleidete sich gerade an, nahm seinen großen Schlüsselbund, lächelte, als er sich zur Verbindungstür zum Lagerraum wandte, und sagte auf Polnisch: »Ich will nur schnell einige Papiere durchsehen – ruf mich, wenn das Frühstück fertig ist.«

Mit diesen Worten verschwand er durch die offen stehende Tür. Mutter und ich blieben im Bett, bis Selma, unsere Wirtschafterin, hereinkam und verkündete, das Frühstück werde gleich aufgetragen. Mutter ging meinen noch schlafenden Bruder wecken und ich begab mich ins Esszimmer. Bald darauf saßen wir drei um den Tisch versammelt, bereit zu frühstücken.

»Gershon«, wandte sich meine Mutter an meinen Bruder. »Lauf eben in den Laden und sag Vater, das Frühstück ist fertig und wir warten auf ihn.« Mit unverhohlenem Unmut machte sich mein Bruder auf den Weg. Diesmal jedoch leistete er Mutters Anweisung Folge.

Einen Moment später hörten wir Gershon laut schreien, um sich treten und mit den Fäusten gegen die Tür hämmern. Mutter sprang auf und stürzte ihm nach, während Selma meine Hand ergriff und mich zwang, mit ihr in der Küche zu bleiben.

»Er ist tot! Er ist tot! Er hat sich aufgehängt!«, hörte ich durch die aufgerissenen Türen Gershon noch mit verstörter Stimme schreien, ehe Selma mich mit ihren kräftigen Armen hochhob und mit mir durch das Haupttreppenhaus zur Wohnung der Familie Welzer stürmte, die unter der unseren lag. Sie bat Frau Welzer, auf mich aufzupassen, zog Herrn Welzer hinter sich her und drängte ihn, rasch zur Wohnung meines Onkels Avraham auf der anderen Straßenseite zu laufen und auch ihn herbeizurufen.

Doch alle Hilfe kam zu spät: Vater war schon nicht mehr unter den Lebenden, hatte sich an einem Haken in der Ladendecke erhängt. Jahre später erst sollte ich in allen Einzelheiten erfahren, welches entsetzliche Erlebnis mein Bruder Gershon damals, im Alter von zehn Jahren, hatte machen müssen. Er fand die Tür zum Laden von innen verschlossen und war daher äußerst erstaunt, dass Vater nicht auf sein Klopfen und Rufen antwortete und die Tür nicht öffnete. Während er noch an die Tür pochte, hob er den Kopf und sah durch das Fenster über der Tür zu seinem

Entsetzen den Kopf unseres Vaters und um seinen Hals eine Krawatte, die am Haken in der Zimmerdecke aufgeknüpft war.

Bei diesem Anblick brach mein Bruder in markerschütternde Schreie aus, die meine Mutter hochfahren ließen. Doch Gershon wartete ihr Eintreffen nicht ab, sondern schaute sich panisch um, griff sich eine in der Ecke abgestellte Säge und begann wie toll ein Loch in die Tür zu sägen, bis er sie endlich von innen aufschließen und Vater bei den Beinen packen konnte, um mit aller Kraft zu versuchen, ihn hochzuheben und so dessen Kehle vom Druck der Krawatte zu entlasten. Doch seine Kraft, die Kraft eines zehnjährigen Jungen, reichte nicht aus, um Vater zu retten. Erst als unser Nachbar, Herr Welzer, und mein Onkel Avraham eintrafen, gelang es ihnen, Vater von der Decke loszumachen und auf den Boden zu legen, aber da hatte er sein Leben bereits ausgehaucht.

All diese entsetzlichen Anblicke blieben mir erspart, ja mir wurde nicht einmal erlaubt, an der Beerdigung teilzunehmen. Aber es gelang mir, durch das Fenster der Wohnung meiner Tante die mehrere hundert Köpfe zählende Trauergemeinde, die sich im Hof unseres Hauses drängte, und den an ein einzelnes Pferd geschirrten Leichenwagen, der einen länglichen, sonderbaren Sarg trug, zu sehen.

Die gesamte siebentägige Trauerzeit über wohnte ich bei einer meiner Tanten, deren älteste Tochter auf mich aufpasste und sich um mich kümmerte. Lediglich am Ende der Trauerwoche brachte man mich in die Synagoge, stellte mich – ein Kind von vier Jahren – auf eine erhöhte Bank und wies mich an, dem Rabbiner die Worte des *Kaddisch* nachzusprechen. Zum Friedhof wurde ich zum ersten Mal nach Ablauf des Trauerjahres mitgenommen und sprach dort zusammen mit meinem Bruder an Vaters Grab das Totengebet.

Wochenlang versuchten alle, Vaters Tod vor mir zu verbergen. Jeder aus der Familie, einschließlich der Nachbarn und des Kindermädchens, das extra für mich eingestellt worden war, hatte seine eigene Geschichte, aus welchem Grund Vater abwesend war: »Dein Vater musste dringend ins Ausland reisen und wird bald zurücksein.«

»Dein Vater ist im Himmel und blickt von dort den ganzen Tag auf dich herab.«

»Dein Vater ist nach Palästina gefahren und wird, so bald er kann, Schiffstickets für deine Mutter, für Gershon und für dich schicken, damit ihr zu ihm könnt.«

Ich aber wusste, dass Vater tot war, verstand nur nicht genau, was es bedeutete, tot zu sein. Aber um all die Menschen, die sich so sehr um mich sorgten, nicht zu enttäuschen, stimmte ich jedem von ihnen zu und verschaffte ihnen so das erhebende Gefühl, eine gute Tat an einem kleinen Halbwaisen getan zu haben.

Das Verschwinden meines Vaters auf derart schreckliche Art und Weise ließ mir unauslöschlich die wenigen, mit ihm gemeinsam erlebten Augenblicke in Erinnerung bleiben.

Damals, als wir an einem klaren Wintertag einen Ausflug in den Wald machten, in Felljacken gekleidet, mit Pelzmützen auf dem Kopf und um den Hals ein warmes Wolltuch geschlungen. Vater lässt uns anhalten und macht Atemübungen mit uns, weist uns an, durch die Nase einzuatmen und durch den Mund wieder auszuatmen. »Eins-zwei, mit geschlossenem Mund einatmen und mit offenem Mund ausatmen! Eins-zwei! Eins-zwei!«, gibt er auf Polnisch den Takt vor: »Ras-dwa! Ras-dwa!«

Ein anderes Mal bin ich im Schlafanzug, ruhe in eine Wolldecke gewickelt in Vaters starken, sicheren Armen. Wir rasen in einem Taxi durch die Nacht zum Krankenhaus der nahen Stadt Torun. Ich atme schwer, weil mich ein plötzlicher Diphtherieanfall zu ersticken droht. Vater stürmt mit letzter Kraft in den Operationssaal und legt mich eigenhändig auf den Operationstisch. Jahre danach hat man mir erzählt, dass ich damals tatsächlich kurz vor dem Erstickungstod stand und nur dank meines starken Herzens überlebt habe. Als der Arzt mit einem scharfen Skalpell meine Kehle öffnete, spritzte eine derartige Menge eiteriger Ausfluss heraus, dass die mich umstehenden Schwestern und Ärzte ihre Kittel wechseln mussten.

Oder am Freitag, wenn Vater Gershon und mich nebeneinander Aufstellung nehmen lässt, nachdem wir gebadet haben. Wir stehen im Schlafzimmer der Eltern unter dem Arzneischränkchen an der Wand. Vater umwickelt zwei Streichhölzer mit Watte, taucht sie in einen Vaselinetiegel und streicht uns dann gründlich die Nasenlöcher ein – um uns davon abzuhalten, mit dem Finger in der Nase zu bohren. »Die Schornsteine aufgesperrt! Die Schornsteine aufgesperrt!«, spornt Vater uns an, während er unsere Stirn nach hinten drückt, um die Vaseline sorgfältig in unsere kleinen Nasenlöcher zu streichen.

Dann wiederum steht Vater in jenem Lagerraum, der zwischen unserer Wohnung und dem Laden liegt, und versucht mich zu versöhnen. Gerade hat er meinem Bruder Gershon einen Satz Werkzeuge geschenkt: Eine Laub- und eine Fuchsschwanzsäge, einen Hammer, eine Handbohrmaschine und eine Zange. Ich jedoch war leer ausgegangen und in Tränen ausgebrochen. »Du bist noch zu klein«, erklärt Vater mir. »Du bist erst drei Jahre alt und kannst mit den Werkzeugen, die ich deinem Bruder gegeben habe, noch nichts anfangen. Wenn du neun Jahre alt bist, bekommst du von mir genau so einen Werkzeugsatz.«

Ich aber bin nicht zu beruhigen und um mich versöhnlich zu stimmen, händigt Vater mir einen kleinen Hammer und

Nägel aus, baut mich neben einem entzwei gegangenen, nur noch auf drei Beinen stehenden Schemel auf und sagt: »Du kannst die Nägel in den Schemel hauen, soviel du willst – nur gib Acht, dass du den Hammer nicht zerbrichst, sonst ziehe ich dir die Öhrchen lang!« Bei diesen Worten macht er eine Bewegung, als wolle er mich am Ohr fassen, vollführt mit der Hand aber nur eine Drehung, um mir seine Drohung unmissverständlich klarzumachen.

Und jetzt sehe ich Vater, der zu den Honoratioren der jüdischen Gemeinde unserer Stadt zählte und immer der Erste war, wenn es um wohltätige Zwecke ging, wie er unvermittelt gerufen wird, um zwischen zwei Eheleuten zu schlichten, die gerade einen lautstarken Streit austrugen. Ich stand damals vor dem verschlossen Laden des Ehepaares, einer Fahrradreparaturwerkstatt. Von drinnen erklangen die Schreie der Frau, die von ihrem Mann verprügelt wurde. Vater kam im Laufschritt herbeigeeilt und zwängte sich durch einen schmalen Spalt zwischen den beiden Flügeln der Schwingtür. Einige Augenblicke später verstummte der Streit und kurz darauf erschien Vater mit den Eheleuten im Arm, beide gequält und peinlich berührt lächelnd, aber versöhnt. Dann wieder spiele ich mit dem Sohn der Welzers. Ein Nachbarsmädchen, das meine Mutter angestellt hat, um während der Nachmittagsstunden auf mich aufzupassen, kommt ins Zimmer, um mich nach Hause zu bringen. Sie setzt mich auf einen Stuhl und will mir eine der kleinen Gamaschen über meinen Schuh ziehen. Als diese sich verhakt, versucht sie, die Gamasche gewaltsam über den Schuh zu befördern und drückt dabei meinen Körper ganz nach hinten. Durch das auf mir lastende Gewicht gerät mein Kopf zwischen die geschwungenen Stäbe der Rückenlehne des Stuhls und ist nicht mehr frei zu bekommen. Allgemeine Schreierei erhebt sich, die ich in meiner Angst mit meinem

Wimmern noch übertöne. Herr Welzer kommt herbeigestürzt, kann aber nichts ausrichten. Man beschließt, Vater zu rufen. Wenige Augenblicke später ist er da, bringt zunächst alle Anwesenden zum Schweigen, um sich dann mit sanfter Stimme an mich zu wenden und sacht über meinen eingeklemmten Lockenkopf zu streichen: »Genug, Avremale. Du musst nicht mehr weinen, Vater wird dich eins-zwei befreien.«

Damit verschwand er, um im nächsten Augenblick mit einer Säge in der Hand zurückzukehren. Innerhalb weniger Sekunden hatte er die Stuhllehne zersägt und mich auf den Arm genommen, ehe er mich die Stufen zu unserer Wohnung hochtrug.

Und noch ein Familienbild ist mir klar in Erinnerung geblieben: Meine Eltern sitzen an einem strahlenden Sommertag auf dem Balkon und nehmen ein spätes Frühstück zu sich. Unsere Wirtschafterin Selma serviert Vater sein Lieblingsgericht: Zwei weichgekochte Eier im Glas aufgeschlagen. An jenem bitteren Septembermorgen, an dem Vater sich das Leben nahm, blieb das Glas mit den aufgeschlagenen Eiern unangetastet und wurde kalt …

So ist mein Vater mir als ein Mensch von Autorität, als einer, der im Stande ist, Probleme zu lösen, und als Ansprechpartner in Zeiten persönlicher Not oder öffentlicher Probleme in Erinnerung geblieben. Und er war ein Mann von Prinzipien, einer, dessen Wort als Ehrenwort galt. Niemals unterschrieb er Schuldscheine, war doch seine persönliche Zusage mindestens ebenso viel wert, wie alle vorschriftsmäßig unterzeichneten Schuldscheine und Verträge zusammen. Aus diesem Grund und da er Vater gut kannte, zögerte Herr Welzer, unser Nachbar auch nicht, ihm eine größere Summe Geldes zu leihen, um damit deutsche Reichsmark und russische Rubel zu kaufen, von denen man annahm, ihr Kurswert werde steigen. Doch dann, gegen Ende des Jahres 1930, war diese Investition von einem Tag auf den anderen nur noch ein Haufen wertloser Papiere, und Vater verlor nicht nur sein gesamtes Vermögen, sondern auch noch den Betrag, den er sich von Herrn Welzer geliehen hatte. Vater wusste vor lauter Schmach nicht ein noch aus, da es ihm nicht möglich war, seine Schulden zum festgesetzten Termin zurückzuzahlen – weshalb er schließlich Hand an sich legte. Über viele Monate nach dem schrecklichen Ereignis konnten wir Herrn Welzer zu jedem, der bereit war, ihn anzuhören, sagen hören: »Aber warum hat sich Chaim-Maier nicht an mich gewendet? Warum hat er mir nichts gesagt? Nur zu gern hätte ich den Rückzahlungstermin verschoben!«

Vater war nicht erschienen und hatte um nichts gebeten. Das war unter seiner Würde und er floh lieber, als dass er die Schande hätte erleben wollen, die mit der Herabwürdigung seiner gesellschaftlichen Stellung und – so dachte er zumindest – der Schädigung seines guten Namens verbunden war. Die Aufgabe, die Schulden zu begleichen, hinterließ er mit seinem Tod seiner jungen, kranken Witwe, die im Alter von dreißig Jahren unvorbereitet in den Strudel des zuletzt vernachlässigten Familiengeschäfts gestoßen wurde. Nur wir Kinder sollten noch monatelang mit den Packen deutscher und russischer Banknoten spielen, die sortiert und wohlgeordnet in einer leeren Teekiste zurückgeblieben waren.

Und wer weiß? Vielleicht hat es das Schicksal ja gut mit uns gemeint? Denn ausgerechnet durch seinen schrecklichen Tod hat Vater uns womöglich das Leben geschenkt, hätte uns Großvater, der Vater meiner Mutter, sonst zu sich nach Erez Israel geholt? Wenn nicht, wären wir aller Wahrscheinlichkeit nach zu Asche verbrannt und im Rauch der Krematorien von Auschwitz gen Himmel gestiegen.

Das Fehlen meines Vaters machte mir so sehr zu schaffen,

dass Mutter sich ernsthaft Sorgen um mich zu machte. Ich hörte auf zu essen und verlor auf der Suche nach ihm bei meinem pausenlosen Umherwandern von Zimmer zu Zimmer immer mehr an Gewicht. Besonders gern blieb ich allein mit seinen schwarzen Möbeln im Salon. Dort stand Vaters Schreibtisch, über den Mutter ein großes Bild von ihm gehängt hatte. Ich pflegte auf seinen gepolsterten Ledersessel zu klettern und mit ihm, seinem Porträt, zu sprechen, ihm meine Anliegen vorzutragen, die Forderungen eines kleinen Jungen von vier, später fünf und sechs Jahren. Ich fragte ihn dauernd, wann er zurückkomme, wann er wieder mit uns am Frühstückstisch säße und seine im Glas aufgeschlagenen Eier äße – Fragen, die allesamt unbeantwortet blieben, so dass die Zwiesprache mit ihm stets mit Tränen endete.

Eines Tages überraschte mich Mutter, die mein Weinen gehört hatte. Sie kam ins Zimmer, nahm mich in den Arm und brach selbst in stille Tränen aus.

»Wein' nur, Avremale, weine«, flüsterte sie mir ins Ohr. »Er fehlt dir, dein Vater, nicht wahr? Auch mir fehlt er, ach, wie sehr er mir fehlt …« So standen wir, ich die Arme um ihren Hals geschlungen und sie mich fest an sich gedrückt, und weinten ausgiebig.

Von da ab untersagte mir meine Mutter den Zutritt zum Salon. Sie verschloss den Raum und nur, wenn Gäste kamen oder sie meinem Bruder und mir nach dem Mittagessen unsere tägliche Ration Plätzchen holte – süße Butterkekse nach französischem Rezept, die sie selbst backte und in einer bunten Blechbüchse in der großen Anrichte im Salon aufbewahrte –, war uns gestattet, ihr zur folgen und das Zimmer zu betreten.

Als mir der Zugang zum Salon und damit zu Vaters Porträt versperrt war, fand ich Zuflucht in jener Spalte zwischen unserem Haus und dem Nachbargebäude. Dort vergrub ich das Gesicht und haderte mit meinem Vater ohne Angst zu haben, jemand würde mein Weinen hörten.

Auch jetzt, da ich ziellos die Grevilleenalleen der Schule entlang trottete, wandte ich mich an meinen Vater und beklagte mich bei ihm über mein bitteres Los. Doch schon bald gebot ich mir Einhalt: Du Schwachkopf, dachte ich, ein junger Mann von sechzehn Jahren – und redet noch immer mit den Toten? Und selbst wenn Vater noch am Leben wäre, was hätte er wohl getan? Er hätte dir eine schallende Ohrfeige verpasst, weil du deine Studien vernachlässigst und deine Zeit mit Nichtigkeiten vergeudest! Und mit einem Mal wurde mir leichter – vielleicht durch die Wucht von Vaters imaginärer Ohrfeige, wahrscheinlicher aber dank des Entschlusses, den ich insgeheim fasste: Mich zusammenzureißen und mein Schicksal selbst in die Hände zu nehmen. Und so machte ich kehrt, ging in die Klasse und versenkte mich unverzüglich in den Stoff, den ich aufzuholen hatte.

Eine letzte Chance

Am nächsten Morgen wurde ich zu Dr. Wachtingel gerufen. Er empfing mich im Direktorenzimmer und forderte mich auf, ihm gegenüber Platz zu nehmen. Geraume Zeit blickte er mich an, ohne ein Wort zu sagen, wobei sein strenger Blick zusehends weicher wurde. Zu guter Letzt trat ein leichtes Lächeln auf seine Lippen.

»Na Roth, du hast uns enttäuscht, nicht wahr?«, flüsterte er, als wollte er mir ein Geheimnis anvertrauen. »Du bist als ausgezeichneter Schüler an unsere Schule gekommen, als Schüler eines religiösen Gymnasiums mit entsprechenden Vorkenntnissen. Und was hat sich herausgestellt? Sogar im Fach Bibelkunde sind deine Zensuren unterdurchschnittlich. Beabsichtigst du, uns weiter erhalten zu bleiben, oder sollte die Vernachlässigung deiner schulischen Pflichten bedeuten, dass du vorhast, uns in Kürze zu verlassen?« Keine noch so lautstarke Abkanzlung oder Zurechtweisung hätte mich empfindlicher getroffen als Wachtingels scheinbar gelassen, wie beiläufig ausgesprochenen Worte. Nach allem, was ich am Vortag auf meinem Lauschposten von ihm gehört hatte, war ich zwar auf eine Standpauke gefasst gewesen. Dennoch schrak ich zusammen, als ich die Dinge noch einmal und diesmal direkt an mich gerichtet vernahm. Ich raffte all meinen mir noch verbliebenen Mut zusammen und breitete in einem, für das damalige Verhältnis zwischen Lehrer und Schüler unüblichen Schritt die Umwälzungen vor ihm aus, die sich in meinem Erleben vollzogen, die Schwierigkeiten, die ich hatte, mich an die neugewonnene Freiheit und die Freiräume, die die Anstalt ihren Schülern gewährte zu gewöhnen. Ich sprach auch von der neuartigen Lehrmethode, an die ich nicht gewöhnt war – eine Lehrauffassung, die im Schüler einen Partner und Teilhaber an der Lernanstrengung sieht und nicht länger den Gegner, mit dem man in ständigem Konflikt leben muss, dem man ohne Unterlass nachschnüffelt, um sicherzugehen, dass er nicht versucht, den Lehrer hinters Licht zu führen.

»Ich habe ganz einfach die neue Situation, in die ich geriet, nicht richtig deuten können«, sagte ich mit gesenkter Stimme. »Ich habe die Lehrer und den Unterrichtsstoff weiterhin so aufgefasst, wie ich es in der Stadt noch getan habe. Und erst jetzt ist mir – leider reichlich spät – aufgegangen, dass Freizügigkeit und gegenseitiges Vertrauen kein Ersatz für schulische Leistungen darstellen, dass sie vielmehr lediglich bestimmt sind, ein andersgeartetes Lernklima zu schaffen, nicht jedoch anstelle des eigentliche Lernen treten können.« Als ich das sagte, konnte ich sehen, wie Wachtingels Gesicht einen weicheren Ausdruck annahm, ja, wie sich ein Funke Selbstzufriedenheit in seine Augenwinkel stahl. Denn die Pflege dieses besagten »besonderen Lernklimas« an der Schule schrieb er sich selbst zu.

»Ich verspreche Ihnen, Herr Direktor«, fuhr ich mit jetzt fester Stimme fort, »ich verspreche Ihnen, dass mit Beginn des neuen Trimesters alle Missstände in Bezug auf meine schulischen Leistungen behoben sein werden. Und ich verpflichte mich schon jetzt zu einem weiteren Gespräch mit Ihnen zum Ende des kommenden Trimesters, damit Sie sich dann selbst von der Verbesserung meiner schulischen Leistungen überzeugen können.« Bei diesen Worten blickte ich ihn unverwandt an, um durch meinen Blick das eben Gesagte zu bestätigen. Langes Schweigen trat ein, in dessen Verlauf wir einander musterten, wobei ich bemüht war, Wachtingels prüfendem und durchdringendem Blick nicht auszuweichen. Nach einer Weile, die mir wie eine Ewigkeit vorkam, meinte er schließlich: »Ich bin bereit, dir den Kredit einzuräumen, um den du bittest. Doch du wirst hart arbeiten müssen, um dein Versprechen zu halten, da der Rückstand, den du dir eingehandelt hast, es dir im Verlauf des kommenden Trimesters nicht leichter machen wird.«

Er dachte einen weiteren Moment lang nach und fuhr dann fort: »Ich rate dir, von einigen deiner Klassenkameraden zu lernen, wie sie ihren Tagesablauf organisieren. Ich bin sicher, bei entsprechender Planung deines Tagespensums und getreu dem festen Entschluss, nicht länger kostbare Stunden im Kreis von Tunichtguten zu vergeuden, wirst du es in die Gruppe führender Schüler in deiner Klasse schaffen. Ich gedenke, mit Zwi Hasafri zu sprechen und ihn zu bitten, dass du dich ihm zwei, drei Wochen lang anschließen kannst. Ich bin sicher, du wirst daraus viel Nutzen ziehen.«

Kaum hatte er dies gesagt, erhob er sich von seinem Sessel und signalisierte damit, dass das Gespräch beendet sei. Ich wandte mich zum Gehen und als ich schon fast die Tür erreicht hatte, hörte ich ihn mir nachrufen: »Und dass mir ein neuer Roth aus den Ferien zurückkommt!«

In der Tat hatte ich beschlossen, als »neuer Roth« aus den Ferien zurückzukehren, und mich darauf eingestellt, mein Versprechen zu halten. Und wirklich gelang es mir einigermaßen erfolgreich, bis mich nach Jahresfrist der Tod meiner Mutter aus dem seelischen Gleichgewicht zu bringen drohte. Das Zeugnis zum Abschluss des ersten Trimesters unterschlug ich zu Hause. Ich führte aus, als neuer Schüler, der noch jede Menge Unterrichtsstoff aufzuholen habe, hätte ich diesmal noch keine Zensuren bekommen. Doch abgesehen von dieser kleinen Notlüge schloss ich mich die gesamten Ferien über in unserer Wohnung ein und widmete mich, anstatt Freunde und Bekannte zu besuchen, ganz dem Aufholen des Unterrichtsstoffes – immer begleitet von den fassungslos-erfreuten Blicken meiner Mutter und meines Bruders.

Die Entdeckung einer geheimnisvollen Welt

Zwi Hasafri, Sohn eines bekannten Schriftstellers und der mit Abstand beste Schüler unserer Schule, war ein Junge von mittlerer Größe, zuvorkommend und bescheiden im Auftreten, bestens organisiert und mit einem ungewöhnlich hohen Maß an Selbstbeherrschung gesegnet. Er schien einfach für alles Zeit zu haben: Zum Fußball- oder Basketballspielen, für einen heimlichen Besuch im Kinosaal der nahen *Moschawa*, für einen Ausflug in die Berge von Menasche am Schabbat oder auch, um stundenlang geduldig einem Klassenkameraden zu helfen, der Probleme mit den Hausaufgaben oder dem Verständnis einer komplizierten Formel hatte.

Jedoch konnte er plötzlich auf seine Uhr blicken, und dann ohne Ankündigung das Basketballtraining abbrechen oder sich unauffällig aus einer fröhlichen Runde zurückziehen. Er setzte sich allein in das leere Klassenzimmer, um noch einmal die Bibelstellen für die Prüfung am nächsten Tag durchzuarbeiten oder ging ins Biologielabor, um den Zustand einer Bakterienkultur oder eines Präparats von Pilzsporen zu überprüfen, mit denen er irgendein Experiment anstellte. Oder er verschwand zu einem Streifzug durch die Botanik, Hacke, Herbarium und Schmetterlingsnetz geschultert.

Als mein Tutor nahm Zwi mich bereitwillig und herzlich unter seine Fittiche. Wochenlang machten wir gemeinsam Hausaufgaben und fragten einander vor Prüfungen und Klassenarbeiten ab. Von unschätzbarem Nutzen war mir seine Hilfe bei meinem Eintritt in die Welt der Flora und Fauna.

Die anerkannte Kapazität auf diesem Gebiet war unser Lehrer Agassi, der den Biologieunterricht im jüdischen Bildungswesen in Palästina in vielerlei Hinsicht revolutionierte. Agassi und sein Assistent Shalom verfassten ein spezielles Pflanzenerkennungsbuch für wildwachsende Pflanzen, das die Pflanzen nach Blattform, Blütenkelch- und Wurzelausbildung einteilte. Das dem Werk zugrunde liegende Anschauungsmaterial wurde über Jahre von Agassis Schülern zusammengetragen, die Exkursionen in die Natur unternahmen, Pflanzen trockneten und Herbarien anlegten.

Agassi lenkte schließlich auch die Aufmerksamkeit der Forscher auf die Bedeutung des Taus im niederschlagsarmen Palästina und wies nach, von welch fundamentaler Bedeutung der Tau in der Dürreperiode im Wasserkreislauf der Natur ist. Während der Nachtstunden wird der Tau über die Blätter der Pflanze aufgenommen, so dass Agassi ein Verfahren entwickeln konnte, vor Sonnenaufgang und dem Verdunsten der Feuchtigkeit die Menge des aufgenommenen Tauwassers anhand der Größe der Tropfen auf den Blättern zu messen.

Wenn wir zum Unterricht ins Biologielabor kamen, galt unser erster Blick den Vitrinen entlang der linken Wand, um zu sehen, ob uns dort ein Überraschungstest im Bestimmen von Pflanzen erwartete, wovon in der Regel drei bis fünf Bögen weißen Papiers kündeten, welche die darunter liegenden Pflanzen bedeckten.

Jeder Schüler musste der Reihe nach an die Schaukästen treten, die Pflanzen nacheinander aufdecken und auf einem Blatt Papier neben der Nummer der entsprechenden Pflanze ihren Namen angeben. Derweil hatte sich Agassi neben seinem erhöhten Katheder aufgebaut, Shalom am Ende des

Labors postiert und gemeinsam wachten sie mit Argusaugen darüber, dass niemand von uns dem anderen die richtige Lösung zuflüsterte. Besonders genau passten sie auf, wenn einer der Klassenbesten, wie etwa Zwi, an der Reihe war.

»Señiores der dritten Klasse«, pflegte uns Agassi mit seiner leicht schrillen Stimme zu begrüßen. »Der Frühregen hat uns beehrt und nun ist das ganze Land über und über von Sprösslingen bedeckt, die aus dem Boden lugen. Ich bin sicher, ihr seid vielen von ihnen bei eurer Exkursion am letzten Freitag über den Weg gelaufen. Ist es nicht so?« Er hielt inne, schenkte uns einen herausfordernden Blick und fuhr dann fort: »Wer von euch hat den letzten Freitag nicht zu einer Exkursion in die Natur genutzt?« Niemand wagte, die Hand zu heben.

»Sehr schön«, spöttelte Agassi. »Alle Señiores haben eine Exkursion unternommen … dann werden wir gleich sehen, ob ihr auch gebührend lange bei den Keimlingen verweilt habt, ob ihr sie begrüßt und den einen oder anderen auch aus der Erde gezogen habt, um ihn zu bestimmen und zu trocknen. Ja, ihr vermutet richtig!«, fuhr er fort, sein Spielchen mit uns zu treiben. »Euch erwartet heute eine Pflanzenbestimmungstest, und damit ihr, bis ihr an der Reihe seid, nicht untätig herumsitzt, bitte ich euch, den ›James‹ aufzuschlagen und die ersten zwanzig Seiten des dritten Kapitel zu lesen und zu exzerpieren.«

Der *James* war ein englischsprachiges Botaniklehrwerk, mit dessen Hilfe wir alles über die sich in einer Pflanze vollziehenden physikalischen Prozesse lernten: Über die Photosynthese, die Osmose, die Symbiose oder den Turgor.

Aber der *James* war keine leichte Kost. Gespickt mit einer Fülle unbekannter Fachausdrücke, mit Skizzen und Formeln, stellte er unser dürftiges Englisch so manches Mal vor unlösbare Probleme. Immer wieder waren wir gezwungen, im

Wörterbuch nachzuschlagen, Rat bei den guten Schülern unserer Klasse einzuholen und zu guter Letzt den Lehrer um Erklärung zu bitten. Findig wie er war, nahm Agassi daher an, die mühevolle Beschäftigung mit dem *James* werde unsere ganze Aufmerksamkeit in Anspruch nehmen, so dass wir nicht in Versuchung kämen, während der Prüfung einer vom anderen die Namen der zu identifizierenden Pflanzen abzuschreiben. Zudem hatte er eine ausgeklügelte Methode entwickelt, uns dazu zu bewegen, das von ihm aufgegebene Pensum tatsächlich gründlich zu lesen und zu memorieren. Nachdem er uns in der vorigen Stunde ein Quantum von zwanzig, ja manchmal dreißig Seiten Lektüre aus dem ›*James*‹ anempfohlen hatte, kam er mit Beginn der nächsten Unterrichtsstunde ins Labor geschlüpft, nahm auf dem erhöhten Katheterpodest Positur an und wandte sich in seiner Fidelstimme mit hämischem Unterton an uns: »Guten Morgen, Señiores. Habt ihr den Abschnitt aus dem *James*, den ich euch in der vorigen Stunde aufgegeben habe, gelesen und exzerpiert?«

Wer wollte da den Helden spielen und zugeben, dass er es nicht gelesen und gelernt hatte? Unverzüglich nickten alle bejahend mit dem Kopf.

»Und ist alles verstanden, oder habt ihr noch Fragen bezüglich des Inhalts?« Wer die betreffenden Seiten nicht gelesen hatte, der konnte verständlicherweise auch keine Fragen haben, weshalb alle verneinend – sogar mit etwas mehr Nachdruck – mit dem Kopf schüttelten.

»Kann ich der Bewegung eurer Köpfe entnehmen, dass ihr das Gelesene wirklich verstanden habt?«, stichelte Agassi weiter, wobei es den meisten von uns kalt den Rücken herablief. Ja, wir witterten sogar schon den Hinterhalt, doch da war es bereits zu spät, um noch etwas zu retten und den Rückzug anzutreten. Der Lehrer blickte uns noch einen

149

Augenblick lang durchdringend an, ehe ein boshaftes Lächeln auf seine Lippen trat, als er meinte:»Ja, wenn das so ist und ihr alles verstanden habt … – nehmt bitte leere Blätter heraus und lasst uns einen Test schreiben.«

Die guten Schüler wie Zwi Hasafri brachte dies alles nicht aus der Fassung, da sie – womit vor allem die Mädchen in der Klasse gemeint sind – sich die Mühe gemacht hatten, den Stoff gründlich zu lernen. Doch für die meisten von uns folgte ein unvermeidliches Debakel. Agassis Methode mit der bösen Überraschung am Ende spornte alle Schüler der Klasse, ja sogar die größten Faulpelze an, sich gründlich vorzubereiten und die Hausaufgaben in vollem Umfang zu erledigen. Damit er uns künftig nicht mehr mit derartigen Überraschungstests erfreute, wurde ein »Bereitschaftsdienst« eingerichtet: Reihum musste jeder in der Klasse »Verständnisfragen« vorbereiten, die Agassi mit Beginn der Stunde vorgelegt wurden. (Zuweilen verlangte er sogar selbst, dass wir ihm alle ungeklärten Fragen in schriftlicher Form am Tag vor der nächsten Unterrichtsstunde ablieferten.) So häuften wir also Frage um Frage an und hofften, die Stunde möge darüber zu Ende gehen und die drohende Klassenarbeit abgewandt werden.

Doch jetzt während der Pflanzenbestimmungsübung und der von Agassi und seinem getreuen Assistenten Shalom sorgsam überwachten Lektüre im *James* waren wir gezwungen, uns etwas besonderes einfallen zu lassen, um ihre Aufmerksamkeit abzulenken. Das war keine leichte Aufgabe, da wir nicht der Sitzordnung nach, geschweige denn in alphabetischer Reihenfolge an die Vitrinen gerufen wurden. Agassi, der ein alter Fuchs war und alle Tricks des Abschreibens kannte, breitete auf den Vitrinen drei Reihen von Pflanzen zur Identifikation aus, begann dann, jeweils einen Schüler aus den gegenüberliegenden Ecken der Klasse aufzurufen, und erst, als dieser schon auf dem Weg zu den Vitrinen war, teilte ihm unser Biologielehrer mit, welchen der drei Pflanzensätze er zu benennen habe … Auf diese Art und Weise schloss Agassi aus, dass der zu seinem Platz zurückkehrende Schüler dem nach ihm Kommenden die Namen der Pflanzen zuflüsterte.

Unser im Voraus geplantes Ablenkungsmanöver sah nun vor, dass unverzüglich einige meiner Klassenkameraden mit dem ›James‹ in der Hand vor Agassis Katheder treten, ihn umringen und darum bitten sollten, er möge ihnen »Unklarheiten« im englischen Text erklären … Gleichzeitig erhielten wir anderen von den ersten drei Opfern, die an die Vitrinen beordert worden waren, die notwendigen Informationen zur Zusammensetzung der drei Pflanzensätze. Und während Agassi nicht umhin konnte, sich mit »unverständlichen Passagen« im *James* abzumühen, und Shalom von einem der Schüler, die die Bestimmung bereits hinter sich gebracht hatten, in eine belanglose botanische Fachsimpelei verstrickt wurde, machten die Namen der zu bestimmenden Pflanzen in der gesamten Klasse die Runde.

Natürlich ging unser Plan so manches Mal schief oder es konnten nicht alle Schüler davon profitieren – ganz sicher nicht jene drei, die als Erste zum Opferaltar mussten. Schließlich und endlich gelangten wir alle zu der Einsicht, dass gründliches Lernen und regelmäßige Ausflüge in die Natur weniger Aufwand bedeuteten, als die Mühe und der Erfindungsreichtum, den wir auf das Abschreiben verwandten. Hatte uns der Schummelbazillus jedoch erst einmal befallen, waren wir nicht mehr von ihm zu heilen.

Die Gerüchte, die uns über den angeblichen Ehrenkodex, der von den Schülern der Landwirtschaftsschule »Kaduri« hochgehalten wurde, zu Ohren kamen, vermochten bei uns kein Minderwertigkeitsgefühl oder Selbstzweifel auszulösen. Dort pflegten die Lehrer angeblich die Fragebögen einer Klassenarbeit auf den Tisch zu legen und dann die Klasse zu verlassen. Einer der Schüler verteilte daraufhin die Fragen an seine Kameraden – und wehe dem, der es wagte zu schummeln oder abzuschreiben. Seine Strafe ereilte ihn durch den Schülerrat, ohne dass sich die Schulleitung hätte einmischen müssen.

Wir sahen in einem solch lauteren Verhalten eine fahrlässige Missachtung all der ungeschriebenen Gesetze, die für den »Stellungskrieg« zwischen Lehrern und Schülern galten, einen Verzicht auf das verbürgte Recht jedes Schülers, den Versuch zu unternehmen, seine Lehrer hinters Licht zu führen, selbst wenn er es eigentlich wusste und auf derartige Kunstgriffe nicht angewiesen war, um Erfolg zu haben. Denn die Süße des heimlich genossenen Betrugs verlieh unserem Alltag zusätzliche Würze, umgab das Lernen mit der Aura der Gefahr und machte es so ganz nebenbei zu etwas Interessantem und Spannendem.

Mein Eintritt in die Welt der Flora und Fauna war mühsam und steinig.

»Wie soll ich denn eine Pflanze anhand ihres Keimlings, der zumeist nur aus zwei Blättern besteht, bestimmen können?«, fragte ich zweifelnd bei meinem ersten Erkundungsgang, den ich mit Zwi unternahm. Er bedachte mich mit dem nachsichtigen Lächeln eines weisen Rabbiners und begann geduldig und sachkundig zu erklären:

»Erstens musst du wissen, dass diese beiden ersten Blätter – manchmal ist es auch nur ein einziges –, Keimblätter genannt werden und schon im Samen, aus dem der Keimling entsteht, angelegt sind, weshalb sie besondere Eigenschaften haben.«

»Besondere Eigenschaften?!« Ich blieb skeptisch.

»Du wirst staunen«, erklärte Zwi, »aber obwohl der Keimling

nach nichts ausschaut, hat er uns viel mitzuteilen. Nimm zum Beispiel die Keimblätter: Vor allem musst du überprüfen, ob der Keimling ein einzelnes Keimblatt hat, wie es bei den Getreidepflanzen – bei Weizen, Gerste, Hafer und Mais – der Fall ist, oder ob er zwei Keimblätter trägt, wie bei den Bohnen, den Platterbsen oder dem Rizinus. Und vielleicht findest du sogar jede Menge Keimblätter, wie bei den Sprösslingen der verschiedenen Kiefernsorten.« Er ging in die Hocke, zog vorsichtig den Sprössling einer Lupine aus dem Boden und wies auf die zwei zarten Blättchen am Grund des Keimlings.»Die Keimblätter sind in der Regel fleischig und von besonderer Form. Oft dienen sie dem Keimling in seiner ersten Wachstumsperiode als Nahrungsspeicher. Allein ihre Form und ihr Aufbau verraten dir viele Geheimnisse über die Identität der Pflanze.«

Er hob den Keimling auf Augenhöhe, hielt ihn sacht zwischen Daumen und Zeigefinger und bedachte ihn mit einem zärtlichen Blick, der einem alten, engen Freund hätte gelten können. Welch eine Liebe zu den Pflanzen, dachte ich im Stillen, wie sehr er sich mit ihnen identifiziert ... als habe er selbst seinen Ursprung in einer Pflanze, sei mit ihr geboren, lebe mit ihr. Man merkte Zwi wirklich nicht an, dass er noch vor zwei Jahren ein der Natur entfremdetes Stadtkind gewesen war – genau wie ich.

»Manchmal sind die Keimblätter von außen noch mit den Überresten des Samens, aus dem sie entstanden sind, umgeben«, fuhr Zwi fort. »Und das ist schon mal eine Hilfe, die Pflanze zu erkennen. Doch es gibt noch weitere Anhaltspunkte: Schau dir mal genau die beiden ersten Blätter an, die hinter den Keimblättern gesprossen sind.« Er strich mit den Fingern der linken Hand über die Blätter, glättete und streckte sie. »Sind sie länglich oder rund, nackt oder mit feinen Härchen besetzt? Ist ihr Rand gezähnt oder glatt, ist

ihre Form einheitlich oder in zwei Lappen geteilt?« Großer
Gott, dachte ich bei mir, wie sollte ich das jemals unterscheiden? Wie lang sollte es dauern, bis auch ich wenigstens etwas
von der Fülle der Kenntnisse erworben hatte, über die Zwi
verfügte?

Zwi war noch lange nicht fertig mit seinen Ausführungen:
»Auch der Stängel kann uns viele Geheimnisse offenbaren.
Wir müssen auch ihn überprüfen – ist er rund oder eckig und
wenn ja, wie viele Kanten hat er? Drei, vier oder sogar noch
mehr?« Er begann, den Stängel zwischen den Fingern hin
und her zu rollen, und wies mich an, es ihm nachzutun.
Tatsächlich, man konnte sogleich fühlen, ob der Stängel
rund oder eckig war, dreikantig oder vierkantig. Da es mit
dieser Demonstration an Ort und Stelle aber nicht getan war,
barg Zwi vorsichtig einige Sprösslinge in seinem Herbarium.
Kaum ins Klassenzimmer zurückgekehrt, zerteilte er die
Stängel mit einem Skalpell in dünne Scheibchen und hielt
diese unter ein Vergrößerungsglas.

»Jetzt kannst du den Aufbau der Stängel mit eigenen Augen
sehen und nicht nur erfühlen.« Und wahrhaftig, ich nahm
das Vergrößerungsglas in die Hand und sah, führte es ein
wenig zu mir hin und staunte, machte mir Notizen und
spürte, wie sich die Welt der Pflanzen langsam vor mir auftat.
Wohl hatte ich reichlich Strapazen auf mich zu nehmen und
viel Arbeit zu investieren, doch Schritt für Schritt gewann ich
an Sicherheit und bekam die Dinge besser in den Griff.

»Die Welt der Pflanzen« – welch grobschlächtige Verallgemeinerung! Denn dem Auge des Laien sollten sich nach und
nach Hunderte Arten und Gattungen offenbaren – Moose
und Pilze, Farne und Wasserpflanzen, Bäume, Sträucher,
Schling- und Kletterpflanzen, Pflanzen mit oder ohne Blü-
tenstand, Wurzel-, Zwiebel- oder Knollengewächse. Eine
Verallgemeinerung also, eine angeborene Blindheit wie die

des Maulwurfs, dessen Spezies seit Ewigkeiten auf den Gebrauch der Sehorgane verzichtet. Unwillkürlich musste ich an Raschis Auslegung der Fülle von Pflanzen- und Tiernamen, die in der jüdischen Bibel Erwähnung finden, denken, an den Reichtum landwirtschaftlicher Termini, die die Propheten des alten Israel im Munde führten und von denen ich viele noch im Gedächtnis hatte. Jetzt ging mir mit einem Mal auf, dass etliche dieser Bezeichnungen bei Raschi, dem größten Exegeten, den die jüdische Geschichte kennt, zu allgemeinen, nichtssagenden Beschreibungen reduziert wurden, zu unbeholfenen Versuchen eines entwurzelten Diasporajuden. Dort, im fernen Frankreich, hatte er ohne unmittelbaren, physischen Bezug zum Boden, zur Tier- und Pflanzenwelt in Erez Israel gelebt: »Eine Art Baum«, »eine Gattung Tier«, so lauteten die Umschreibungen in den exegetischen Schriften Raschis, an die ich mich aus meiner Schulzeit in den religiösen Schulen erinnerte.

Doch hier nun breitete sich vor meinen Augen – und nicht bloß vor meinem geistigen – ein Meer von Pflanzen aus, wildblühende und von Menschenhand kultivierte Pflanzen gleichermaßen. Langsam begriff ich die Unterschiede zwischen den Arten, wie ein Ohnmächtiger, der allmählich wieder zu Bewusstsein kommt, der erst noch alles verschwommen sieht, ehe sich sein Blick aufklart, und er imstande ist, Einzelheiten wahrzunehmen und die Dinge seiner Umgebung in ihren Umrissen zu erfassen. Ich fühlte mich wie ein des Lesens und Schreibens unkundiger Mensch, der ein Buch mit einem Gewirr aus Strichen, Punkten und Gewürm in der Hand hält, ehe sich all diese unverständlichen Zeichen mit einem Mal zu Erklärungen verbinden, zu sinnvollen Wörtern, lebendigen Beschreibungen, Schilderungen von Gefühlen und von Ereignissen …

Innerhalb weniger Monate begann ich, die Natur, in deren

Schoß ich mich jetzt befand, wie ein fesselndes Buch zu lesen. Die Fähigkeit, Pflanzen bei ihrem Namen zu nennen, ihre Eigenschaften aufzählen und den Gang ihrer Fortpflanzung beschreiben zu können, mir den Duft ihrer Blüten, den Geschmack und die Form ihrer Früchte in Erinnerung zu rufen, verschaffte mir ein Gefühl der Selbstsicherheit. Bei meinen Streifzügen durch die Natur, die ich zumeist allein unternahm, kam ich mir nicht mehr verloren und orientierungslos vor, befiel mich nicht mehr jene lähmende Angst, die mich als kleiner Junge in den Wäldern meiner polnischen Heimatstadt hatte erzittern lassen. Die Natur um mich herum wurde mir zum Freund, ja zum beredten Führer.

Da war die Meerzwiebel, die vom Kommen des Herbstes kündete, die Herbstzeitlosen, die ihr nacheiferten, der Wiesensafran in den Weiten der Negevwüste – Pflanzen, die für eine bestimmte Region typisch waren und einem halfen, sich Klarheit über seinen Standort zu verschaffen.

Da war die kleinblütige Nelkenlilie der Berge und das blaublühende Männertreu der Küstenregion, die Winde der Sanddünen und der Wüstenginster in der Arava-Senke. Und dann gab es Pflanzen, die es einem ermöglichten, in der Wildnis zu überleben. Ich fand heraus, dass man in der Natur nicht verloren ging. Die wildblühende Pflanzenwelt konnte den Hunger eines Menschen sehr wohl stillen, wusste man sich ihrer nur zu bedienen. So gab es essbare Wurzeln wie die des Süßholzes, des Storchenschnabels oder des rosa Sauerampfers, Beeren von Himbeer- oder Brustbeersträuchern, Blätter und Früchte von Malve und Strauchpappel, Stängel von Korbblütlern wie der Mariendistel und der Eselsdistel, deren Stacheln sich abbrechen und aussaugen ließen, und schließlich ganze Pflanzen wie der Pferdekopfsauerampfer oder Säuerling – sie allesamt waren wildwachsende Pflanzen, von denen man sich ernähren konnte. Dann gab es noch jene

Pflanzen, die entlang ausgetrockneter Bachläufe gediehen – das gemeine Schilfrohr, das Sumpfrohr oder die Binse. Grub man nach ihren Wurzeln, stieß man schon bald auf ein kleines, aber den Durst stillendes Rinnsal. Aus anderen Pflanzen, wie dem dornigen Poterium, ließ sich ein weiches, luftiges Lager bereiten. Man musste nur ein paar Äste sammeln und eine Decke darüber breiten, schon hatte man ein wundervolles Bett und konnte es sich in einem Hotel mit Tausenden von Sternen bequem machen.

»Nimm zum Beispiel den Moriah-Salbei«, sagte Zwi zu mir. »Leg ihn zum Trocknen ins Herbarium und schau ihn dir nach ein paar Tagen wieder an.«

Ich tat wie befohlen. Als ich das Pflänzchen mit äußerster Vorsicht zwischen den Zeitungsblättern des Herbariums herauszog, bot sich mir ein phantastischer Anblick: Der siebenarmige Leuchter, den der Künstler Bezalel Ben-Or für den Tempel schuf, als das Volk Israel noch in der Wüste weilte; genau dieser Leuchter mit seinen Verdickungen und Verzierungen, seinen Armen und dem Fuß, auf dem er ruhte.

Wohin man sich auch wandte, der Betriebsamkeit und dem vielfältigen Treiben der Pflanzenwelt, die doch scheinbar gänzlich bewegungslos, taub und stumm war, konnte man sich nicht entziehen. Mal war das Gespräch der Baumwipfel zu belauschen, wenn der Wind hindurch strich, dann das Seufzen der Stämme, die im Sturm hin und her wogten. Oder es war die Eselsgurke zu bestaunen, jene Pflanze, die ihre Samen in alle Richtungen verschießt, berührt man sie nur mit der Schuhspitze; oder die Kugeldistel, die wie ausgetrocknet wirkt und schon vom leichtesten Windhauch umhergekugelt wird, wobei sie ihre Samenkapseln verstreut. Im Frühling dagegen war die Luft geschwängert von den Dolden des Kreuzkrautes, vom betörenden Duft und dem verwirrenden Farbenspiel Dutzender Blumenarten, die einzig den

Zweck verfolgten, die Aufmerksamkeit der Insekten bei ihrer Suche nach Nektar und Blütenstaub zu erregen.

Zwi beobachtete mich mit verschmitzten, klugen Augen, nahm mein grenzenloses Erstaunen angesichts der sich mir offenbarenden Wunder der Natur wahr. Und mit einem Mal richtete er eine Frage an mich.

»Avi, sag', kennst du die Geschichte von dem chinesischen Arbeiter, der als Lohn nach einem harten Arbeitstag zwei Piaster bekommt?« Ich schüttelte verneinend mit dem Kopf.

»Der Mann überlegt nicht lange und kauft von dem einen Piaster einen Laib Brot und von dem anderen eine Blume. Und als sie ihn fragen, warum er die Hälfte seines Lohns ausgerechnet auf eine Blume verschwendet hat, antwortet er: ›Das Brot habe ich gekauft, um zu leben, und die Blume, um Geschmack in mein Leben zu bringen ...‹«

Ich befand mich nun mitten in diesem Pflanzenreich, brachte Ordnung hinein, verschaffte mir ein Bild von seinem Aufbau, seiner Hierarchie, entdeckte seine Geheimnisse und tauchte in seine Untiefen ab. Wie ein Mensch, der eine fremde Sprache erlernt und so die Perlen der Überlieferung, die Schätze der Literatur und Kultur entdeckt, die in ihr geschaffen wurden, so entdeckte auch ich nun eine mir neue, faszinierende Welt.

»Das eine muss dir klar sein«, holte mich Zwi jedoch bald von meiner Euphorie auf den harten Boden der Realität zurück. »Eine ›Serie‹ zu jeder Pflanze bedeutet bei Agassi: Wurzel, mitsamt Knolle oder Zwiebel, Sprössling, Pflanze, Blüte sowie Frucht oder Samen. Und alles, was zu groß ist, um zwischen den Blättern des Herbariums gepresst zu werden, muss gezeichnet werden – unter Angabe von Ort und Datum, an dem du die Pflanze gefunden hast.« Er dachte einen Moment lang nach und fügte dann hinzu: »Außerdem empfiehlt es sich, Längs- und Querschnitte von Knollen, Zwiebeln, Blütenständen und Früchten anzufertigen. Denn Agassi hat eine besondere Schwäche für solche Zeichnungen, die nicht selten den Ausschlag geben, ob du ein ›Gut‹ oder ein ›Sehr gut‹ bekommst.«

Wer hätte dies besser wissen müssen als Zwi, dessen Zeugnis voller »Sehr gut« war, das nicht nur Agassi, sondern auch alle anderen Lehrer ihm gaben.

Ganz nebenbei dienten uns die Pflanzennamen auch als unerschöpfliches Reservoir für – nicht immer schmeichelhafte – Spitznamen, mit denen wir viele unserer Mitschüler bedachten. So bekam der sommersprossige Gideon den Spitznamen »Lackmuskraut« verpasst, die flachbrüstige Re'uma den Titel »Felsenblümchen« und Hillel, der dunkelhäutige Neueinwanderer aus dem Irak die Ehrenbezeichnung »Arabis caucasica«. Eines der Mädchen, das dafür bekannt war, »kleine Gefälligkeiten« zu erweisen, nannten wir »Pimpernuss«, andere Mädchen, mit denen sich anbandeln ließ, »gemeines Glöcklein«. Alikim, der hoffnungslos der Onanie verfallen war, bekam den Spitznamen »Nachtkerze« und Shira, die schöne deutschstämmige »Nonne« der Klasse, der niemand – und sei es auch nur »zufällig« – nahe zu kommen wagte, erhielt den Kosenamen, den sie verdiente – »Rühr-mich-nicht-an« …

Während ich noch dabei war, nach neuen Pflanzen für meine Sammlung zu suchen, holte Zwi schon sein Giftfläschchen zur Käferjagd hervor, musterte mit kundigem Kennerblick den Boden und meinte: »Hier lassen sich leicht Skorpione fangen.«

Wir liefen gerade durch eine Pflanzung junger Eukalyptusbäume. Der poröse, sandige Boden war mit Laub bedeckt, doch schon bald eröffnete sich mir das pralle Leben, das sich darunter abspielte. Mit Hilfe einer leichten, speziellen Botanikerhacke legte Zwi das Erdreich frei und zeigte mir das geschäftige Treiben, das dort im Gange war, die fleißigen Ameisenkolonnen, die auf vorgegebenen Routen hin und her liefen, die Spinnen, die Schnecken, die glänzende Schleimspuren hinter sich herzogen. Jetzt waren im Boden auch die Eingänge zu winzigen Höhlen zu erkennen, mal rund und mal eckig, von größerem und kleinerem Durchmesser. Zwi deutete auf einen rechteckigen Eingang und stellte fest: »Das ist die Höhle eines Sandskorpions.«

Er nahm einen trockenen Zweig in die linke Hand und begann mit der Hacke in der rechten, den Boden aufzuwerfen und sich vom Eingang der Höhle weiter vorzuarbeiten. »Mit der Hacke muss du vorsichtig sein«, bemerkte er. »Denn der Skorpion kann so plötzlich aus seinem Bau auftauchen, dass man ihn leicht mit der Hacke in Stücke haut.«

Zwi legte nach jedem Schlag eine Pause ein und wartete, ob der Skorpion sich zeigte. Einige Schläge später sahen wir ein Paar Zangen aus der Höhle lugen. Zwi hielt inne und ließ den Skorpion ganz zum Vorschein kommen, den knolligen Stachel drohend in die Höhe erhoben. Als der Skorpion die Höhle ganz verlassen hatte, drückte Zwi ihn mit dem Stöckchen an den Boden und bat mich, das Giftfläschchen zu öffnen. Während der Skorpion noch vergeblich bemüht war, seinen Stachel in den Zweig zu bohren, hatte Zwi die Öffnung schon in Position gebracht und drängte das Tier nun mit Hilfe des Stocks in die Flasche. Dann richtete er sie auf und verschloss sie eiligst. Wir hatten tatsächlich einen gelben Sandskorpion gefangen. Monate später, als wir dabei waren, den Weinberg der Moschawa Giv'at-Eda von Steinen und Geröll zu säubern, stießen wir auf ein prachtvolles Exemplar der schwarzen Gattung, das wir ebenfalls in unsere Sammlung aufnahmen.

Die Konservierung der wirbellosen Gliederfüßler, der Skorpione, Spinnen und verschiedenen Sorten von Tausendfüßlern erforderte, die einzelnen Exponate in Reagenzgläsern in Formalin oder reinem Alkohol aufzubewahren. Die Käfer hingegen konnten wir – da sie einen starren äußeren Panzer hatten – in besonderen Kästen mit einem Boden aus Kork und einer herausziehbaren gläsernen Abdeckung anordnen. Jedes Insekt wurde auf eine lange Nadel gespießt und erhielt entsprechend der Zugehörigkeit zu einer Gruppe oder Untergruppierung seinen Platz. Alle Kästen wurden mit Naphtalinkugeln versehen, um sicherzustellen, dass die Exponate, vor allem die verschiedenen Schmetterlingsarten, nicht durch Motten oder winzige Käfer zerfressen wurden.

Zur Insektensammlung gehörte außerdem eine Anzahl von formalingefüllten Reagenzgläsern, in denen die Eier, Raupen und Puppen verschiedener Insekten aufbewahrt wurden. Denn auch diese mussten wir Schüler in unsere Sammlung, die die gesamte Metamorphose von mindestens zwanzig verschiedenen Insekten umfassen musste, aufnehmen und präsentieren, angefangen vom Ei über die Raupe, die Puppe oder den Kokon bis hin zum fertigen Insekt.

Die Jagd nach Insekten – und besonders nach den seltenen Exemplaren – wurde sehr bald zum Mittelpunkt im Leben jedes Zweitklässlers. Wer am Ende kein Augenspinnenmännchen oder Saturniid vorweisen konnte, den größten in Israel vorkommenden Schmetterling, litt unter dem Gefühl, dass seine Sammlung nur die Hälfte wert war. Gleiches galt für die Kupferglucke, von uns Schülern schlicht Kupferkäfer genannt, und für den Strahlenbaldachin, die beide in jeder Sammlung, die etwas auf sich hielt, um keinen Preis fehlen durften. Um diese seltenen Prachtexemplare zu fangen, flehte so mancher Schüler seine Eltern an, mit ihm einen Ausflug in den Norden des Landes, zu den Nebenarmen des Jordans und den Seen am Fuße des Bergs Hermon zu unternehmen.

Der größte pädagogische Erfolg, den Agassi durch die Sammelfron, die er seinen Schülern auferlegte, erzielte, waren die »wissenschaftlichen« Entdeckungen, die wir in Bezug auf Verhaltensweise, Lebensräume und Metamorphosen der einzelnen Insekten machten. So konnte man im Frühling Schüler sich nachts in ein Klassenzimmer einschließen sehen, die Fenster weit geöffnet, die Lichter gelöscht und auf dem Tisch, abgedeckt mit einem feinen Netz, einen Pappkarton oder eine Holzkiste mit einem Augenspinnenweibchen darin. Denn das Weibchen dieser Schmetterlingsart ist zwar weniger attraktiv und auch deutlich kleiner, vermag jedoch das prachtvoll gezeichnete Männchen anzulocken, dessen Flügelspannweite bis zu 15 Zentimetern betragen kann. Wir lernten, dass das Weibchen aus Drüsen, die sich an seiner Bauchunterseite befinden, chemische Duftstoffe namens »Ferromon« versprüht. Das Männchen nimmt noch in einer Entfernung von mehreren Kilometern diese Substanz mit Hilfe eigener Sinneszellen wahr und fliegt wie von Radar gelenkt dem Weibchen zu. Am Ende dann, wenn der begehrte Falter in die dunkle Höhle des Klassenzimmers flattert, werden eiligst die Fenster geschlossen und alle Lichter angemacht, ehe mit den bereitgehaltenen Käschern die große Jagd beginnt. Wegen seiner Größe mussten wir beim Einfangen äußerst behutsam vorgehen. Mit der einen Hand den Körper, mit der anderen die Unterseiten seiner Flügel festhaltend, bugsierten wir das Augenspinnenmännchen vorsichtig schräg in den großen, weithalsigen Giftkolben, immer darauf achtend, dass die Staubfärbung der Flügelinnenseiten keinen Schaden nahm – da der kostbare Schatz sonst mit einem Mal wertlos geworden wäre.

Schon bald begann ein regelrechter Handel mit Schmetterlingen, Käfern und Spinnen. Man konnte für ein seltenes Exemplar eine ganze Hand voll »Allerweltsinsekten« erstehen, nur um die eigene Sammlung aufzufüllen und eine bessere Note einzuheimsen.

So wurde auch ich ein passionierter Insektenjäger, musste ich doch neben der Sammlung getrockneter Pflanzen zum Jahresende auch eine vollständige Insektenkollektion vorlegen, um endlich im Fach Biologie eine Zensur zu erhalten und am normalen Unterrichtsverlauf der Klasse teilnehmen zu können. Auf meinen Jagdexpeditionen eröffneten sich mir weitere phantastische Welten, die mir bis jetzt verschlossen geblieben waren. Ich entwickelte dadurch einen Blick für die Zusammenarbeit zwischen Tier- und Pflanzenwelt, angefangen bei den Insekten, die Blumen bestäuben und dafür ein üppiges Salär in Form von Nektar oder nahrhaften Blütenpollen einfordern, bis hin zu jenen dornigen Samenkapseln, die sich im Fell von Tieren festhaken und im Einklang mit deren Bewegung ihre Samen verstreuen.

Gleichzeitig schärfte sich jedoch mein Bewusstsein für die Unzahl von Insekten, die in der Pflanzenwelt wilderten, die Blätter, Mark und Rinde zerfraßen, Wurzeln und Früchte vernichteten. Hier nun war es am Menschen, in die Schöpfung einzugreifen, durch Bestäuben und Spritzen Läuse, Raupen und Milben zu bekämpfen, Pflanzenarten zu züchten, die gegen Schädlinge resistent waren, natürliche Schädlingsfeinde wie etwa Wespen zu fördern, die Vermehrung von Schädlingen durch Unfruchtbarmachung der Männchen zu unterbinden oder gar auf schlichte Handarbeit zu verfallen, und Schnecken von Blumenkohlblättern zu sammeln.

So verlagerte sich der Schwerpunkt unserer Studien allmählich vom bloßen Kennenlernen von Flora und Fauna hin zur Anwendung der erworbenen Kenntnisse, um Ernteerträge zu steigern, Schädlingsbefall zu minimieren und allem möglichen sonstigen Übel vorzubeugen. Unser neugieriges Interesse an Schmetterlingen galt nicht länger nur der atemberau-

163

benden Schönheit, sondern auch ihren Raupen, die Blätter vertilgten und sich in die Rinde der Obstbäume bohrten. Bei der Beschäftigung mit den in der Natur zu beobachtenden Nahrungsketten gingen wir dazu über, Sympathien für all jene Lebewesen zu entwickeln, die dem Menschen nützlich waren: für solche, die schädliche Insekten vertilgten, für jene, die Raupen und Maden aus der Rinde der Baumstämme pickten, und für die, die Schädlingslarven aus Tümpeln und Wasserlöchern fraßen. Bei unseren Betrachtungen standen wir ein ums andere Mal bewundernd vor dem Wirken der Natur: vor dem Überfluss, mit dem sie jedes Insekt, jeden Fisch oder jedes Kriechtier bedachte, vor den ungeheuren Mengen schlüpfender Maden oder Larven, die das Fortbestehen der Art trotz einer Unzahl natürlicher Feinde sicherstellte.

So wanderten also Zwi und ich, ausgerüstet mit Käschern, Schmetterlingsfallen, kurzgriffigen Botanikhacken, Herbarien und Kladden durch die Felder und Wäldchen, die Obstplantagen und das die Schule umgebende Brachland. Zuweilen drangen wir bis in den Dünengürtel westlich von Pardess-Chana vor, dehnten unsere Streifzüge aus, erklommen die dem Höhenzug des Carmels vorgelagerte Hügelkette und die Erhebung der Efraim-Berge, überquerten von dornigem Poterium bewachsenes Ödland, folgten Ziegenpfaden und passierten von Sennesblättern und üppig wuchernden Mastix-Terebinthen bedeckte Hänge.

Schon nach zwei Stunden strammen Marschierens hatten wir mehrere, gänzlich verschiedene Lebensräume durchquert. Sooft wir auf unseren Märschen von einem Biotop zum nächsten wechselten, veränderten sich nicht nur die Vegetation oder der Insekten- und Reptilienbestand, sondern auch die Vogelpopulation. Unsere wichtigste Informationsquelle in diesem Punkt war unser Klassenkamerad

Amnon Kaspi, der aus Pardess-Chana kam und als externer Schüler die Landwirtschaftsschule besuchte. Er entpuppte sich schon bald als wahrer Vogelexperte. Amnon pflegte wie aus dem Nichts zwischen den Bäumen hervorzutreten oder hinter einem Hügel zum Vorschein zu kommen, die langen, schlaksigen Beine sommers wie winters in kurzen Khakihosen. Selbst für seine Beinlänge machte er immer ungewöhnlich große, Schritte, bei denen sich sein ganzer Körper nach vorn neigte. Aus einiger Entfernung erinnerten seine Schritte an den wiegenden Gang eines Kamels.

Erst nach einiger Zeit ging mir auf, dass Amnon sich diese Art zu gehen zugelegt hatte, damit seine Schritte nicht zu hören waren. So konnte er sich den Vogelkolonien unbemerkt nähern und die Vögel beim Brüten oder Nestbauen beobachten. Amnon war ein umgänglicher Zeitgenosse, der stets gutmütig lächelte. Trotz der Hagerkeit seines Körpers verfügte er über außergewöhnliche Ausdauer und Zähigkeit. Er war in der Lage, stundenlang ohne Rast stramm zu marschieren und dabei noch mehr Ausrüstung als gewöhnlich zu schleppen. Denn zusätzlich zu all den botanischen Gerätschaften, die jeder von uns bei sich trug, war Amnon mit einem starken, schweren Fernglas bewaffnet. Amnon konnte, wenn er einen Vogel im Flug verfolgte oder gebannt auf dessen Gesang oder Gezwitscher lauschte, diesen beim Namen nennen und die dazugehörige Familie angeben, konnte genau die Eigenschaften einer Unzahl von Vögeln, ihre Nistgebiete, Ernährungsgewohnheiten und Paarungsrituale aufzählen. So lernte ich von ihm, dass der Blutspecht gern in den Kiefernwäldchen nistete, wohingegen der Fischreiher die Sumpfgebiete bei Kabbara im Westen des Carmels bevorzugte.

Nach und nach erschloss sich mir ein umfassendes Bild. Ich nahm nicht mehr bloß die Symbiose oder den gnadenlosen Kampf zwischen einzelnen Pflanzen- oder Tierarten wahr, sondern erkannte mit einem Mal den Zusammenhang zwischen Bodenbeschaffenheit und klimatischen Voraussetzungen, alles, was Pflanzen und unterschiedlichen Tierarten die Existenz in einem begrenzten Territorium ermöglichte und zu einem »Biotop« oder »Habitat« werden ließ.

Die große, weite, unbekannte Welt, die ich bisher im Geographieunterricht nur in groben Zügen zu beschreiben gelernt hatte – Meer, Küste, Hügel und Berge, Täler und Flüsse –, trug plötzlich ein sehr viel farbenprächtigeres, persönlicheres Gewand, war gesprenkelt von verschiedenartigen, komplexen Lebensräumen, in denen es Pflanzen, Insekten und Reptilien gab, die manchmal nur in einem einzigen speziellen Gebiet vorkamen.

Gegen Ende meines ersten Schuljahres, zum Abschluss der dritten Klasse, war endlich Licht am Ende des Tunnels zu sehen: In den Fächern Biologie, Chemie und Landwirtschaftskunde, in der praktischen Arbeit des Gemüseanbaus, der Geflügel- und Viehzucht, war ich zu einem Schüler unter allen anderen geworden. Meine Zensuren wurden besser, und in einigen Fächern zählte ich sogar zur Gruppe der führenden Schüler der Klasse. Ich war außer mir vor Freude, als ich meiner Mutter und meinem Bruder schließlich das Abschlusszeugnis jenes Jahres, das reichlich »Gut« und »Sehr gut« aufwies, präsentieren konnte. Zu meinem zweiten Jahr auf der Landwirtschaftsschule kehrte ich entsprechend selbstsicher und in Erwartung weiterer Erfolge aus den Sommerferien zurück. Doch das Schicksal sollte eine weitere furchtbare Prüfung für mich bereithalten, ein Unglück, das mein Leben für etliche Monate aus der Bahn werfen würde.

Plötzlich schulfrei

Es geschah an einem Sonntagmorgen zwischen *Rosch ha-Schana* und *Yom Kippur*, zu Beginn meines zweiten Schuljahres auf der Landwirtschaftsschule. Wir – das heißt Schöpsale, Uri'el und ich – hatten unser Frühstück im Speisesaal des Internats beendet und waren auf dem Weg zum Schulgebäude. Wir hatten das Fußballfeld etwa zur Hälfte überquert, als ich Dr. Wachtingel aus seinem Büro eilen, die Stufen hinabsteigen und sich zum Internatstrakt wenden sah.
Plötzlich bemerkte er uns, blieb stehen und wartete, dass wir herankamen. Wir spürten das nahende Unheil. Im Schnelldurchlauf liefen vor meinem geistigen Auge die Ereignisse und Unternehmungen ab, an denen ich während der letzten vierundzwanzig Stunden beteiligt gewesen war, und ich überlegte, ob ich irgendetwas Verbotenes getan hatte, für das mich Wachtingel jetzt zur Rechenschaft ziehen würde. Offenbar gingen meinen beiden Kameraden ganz ähnliche Gedanken durch den Kopf, da auch sie einen ernsten Gesichtsausdruck bekamen, während wir weitergingen und so taten, als sei alles in Ordnung.
Wir waren noch ungefähr zehn Schritte von ihm entfernt, als Wachtingel den Kopf hob und sich in – für ihn ungewöhnlich – leiser Art ausgerechnet an mich wandte: »Roth, komm doch mal her.«
Ich spürte förmlich, wie es meinen Kumpanen leicht ums Herz wurde, wie sogar ihr Atem zu normaler Geschwindigkeit

zurückfand. Sie setzten ihren Weg in Richtung Schulgebäude fort, wohingegen ich, angespannter denn je, mit halb gesenktem Kopf und bereit, das Unvermeidliche über mich ergehen zu lassen, auf Wachtingel zutrottete. Er musterte mich mit einem langen Blick, ehe ich endlich wagte, ihm direkt in die Augen zu schauen und den Tadel oder Verweis zu erwarten, der gleich kommen musste. Doch stattdessen hörte ich ihn beinahe flüstern: »Begib dich zu Herrn Zadik. Er wird dir eine halbe Lira geben, damit du unverzüglich nach Hause fahren kannst. Man hat uns soeben mitgeteilt, dass deine Mutter sehr schwer erkrankt ist.«

Bei diesen Worten wurde ich wie teilnahmslos, fast als träte ich aus mir selbst heraus, so dass jemand anderes die Dinge, die ich in den folgenden Minuten, Stunden und Tagen tun würde, tat, während ich ihn nur begleitete und aus einiger Entfernung beobachtete. So wandte ich mich, ohne eine weitere Frage zu stellen oder Einzelheiten zu erbitten, schweigend in Richtung Schulsekretariat.

»Du solltest ein paar Kleidungsstücke und Waschzeug zusammenpacken. Vielleicht wirst du einige Tage zu Hause verbringen«, rief mir Dr. Wachtingel noch nach. Worauf ich, wiederum ohne zu fragen oder über das Gesagte nachzudenken, kehrt machte und zu meinem Spind im Internatsgebäude lief. Ohne dass ich überhaupt ein Wort sagen musste, reichte mir Herr Zadik den Halbliraschein, der schon auf seinem Schreibtisch bereitgelegen hatte, und ließ seiner ausgestreckten Hand einen ernsten Blick der Anteilnahme folgen. Aus dem Augenwinkel konnte ich noch sehen, wie Shifra eine Träne fortwischte. Doch ich blieb weiter in meiner mechanischen Geschäftigkeit gefangen, beobachtete mich selbst von außen und weigerte mich, wieder in meine Haut zu schlüpfen, weigerte mich, einer veränderten Realität zu begegnen und mich dieser zu stellen.

Erst als ich im Autobus saß – wie gewöhnlich in der letzten Reihe und am Fenster –, legte ich den Arm auf die Lehne des Sitzes vor mir, begrub meinen Kopf in der Armbeuge und brach in leises, unterdrücktes Schluchzen aus, um nicht die Aufmerksamkeit der Umsitzenden auf mich zu ziehen. Mutter ist tot, dachte ich bei mir. Ich bin sicher, dass sie tot ist – anderenfalls hätte man mich nicht derart überstürzt alarmiert. Denn die Mitteilung, dass meine Mutter ernsthaft erkrankt sei, bedeutete nichts Neues für mich. Immer schon war sie krank gewesen, sehr krank sogar, litt – hauptsächlich nachts – unter schwerem Asthma und tagsüber an einem bösartigen Magengeschwür.

»Ich leide auch unter Asthma«, meinte unsere polnische Nachbarin, die Eigentümerin der neben unserem Geschäft gelegenen Metzgerei, einmal zu meiner Mutter. »Doch ich esse vernünftig und haushalte mit meinen Kräften!« (In der Tat, sie war nicht gerade als zierlich zu bezeichnen.) »Morgens bestreiche ich zwei Brötchen dick mit Butter, belege sie ordentlich mit ein paar Scheiben Schinken und Käse und sehe zu, dass ich auch mittags und abends reichlich vom Besten aus meiner Metzgerei in den Bauch bekomme. Und wenn sich dann ein Asthmaanfall ankündigt, lasse ich mich davon nicht unterkriegen und bin hinterher nicht völlig entkräftet.«

»Was kann man machen?«, seufzte Mutter. »Aber all diese Köstlichkeiten sind nichts für mich, denn ich leide auch noch an einem Magengeschwür.« Hätte sie der *Goja* etwa sagen sollen, dass Schweinefleisch *trejfe* war?

Doch solange wir in unserem Haus in Polen lebten, und Selma, unsere treue Wirtschafterin, es verstand, Mutter Speisen zu kochen, gegen die ihr Ulkus nicht rebellierte, überstand sie die schweren Asthmaanfälle leidlich und war sogar in der Lage, ein annehmbares Gewicht zu halten und sich ein gesundes Aussehen zu bewahren. Doch mit unserer Ankunft in Palästina und insbesondere nach Ausbruch des Zweiten Weltkriegs, der uns von unseren monatlichen Einkünften aus Polen abschnitt, brachen schwere Zeiten für unsere Familie an. Wir hatten unter Armut und unzureichender Ernährung zu leiden, die zuallererst bei meiner Mutter Spuren hinterließen. Die strikte Lebensmittelrationierung, die die britische Mandatsregierung infolge des Krieges einführte, schränkte die Auswahl nahrhafter Speisen, die man Mutters empfindlichem Magen zumuten konnte, noch weiter ein. An Einkäufe auf dem Schwarzmarkt war gar nicht zu denken, da uns die dazu notwendigen Mittel fehlten. Mutter magerte zusehends ab, ihre Augen verloren an Glanz und versprühten keine Lebenskraft mehr, und die nächtlichen Asthmaanfälle kamen immer häufiger. Dies wurde mir besonders während des letzten Jahres deutlich, meinem ersten Schuljahr in Pardess-Chana: In dieser gesamten Zeit sah ich sie nur bei drei Gelegenheiten, zweimal, als ich in den Ferien nach Hause fuhr, und ein weiteres Mal, als Mutter mich in der Landwirtschaftsschule besuchen kam. Die langen Zeiträume, die jeweils zwischen unseren Begegnungen lagen, führten mir ihren Gewichtsverlust, ihre allmählich faltig werdende Haut und ihre zunehmende Blässe überdeutlich vor Augen. All dies verhieß nichts Gutes.

Mutter war im Alter von sechzehn Jahren an Asthma erkrankt – so jedenfalls hatte es uns ihre eigene Mutter, Großmutter Lea erzählt. Nach einem rauschenden Ballabend sei sie schweißnass in die eisige polnische Winternacht getreten. Sie bekam eine schwere Bronchienentzündung, die sich – da nur unzureichend behandelt – zu einer spastischen Bronchitis auswuchs. Das krampfhafte Zusammenziehen der Bronchien als chronisches Leiden, ihre Verengung und die damit verminderte Luftaufnahme durch die Lungen war nur eine Frage der Zeit, und diese verbleibende Zeit verstrich ungenutzt, ohne dass Heilung erzielt wurde. Somit war der Weg frei für das Asthma, das sich in dem jungen Körper einnistete und ihn schrittweise zerstören sollte.

Der Aufenthalt an Orten mit trockener, von Reizstoffen freien Luft ist eines der probaten Heilmittel zur Behandlung von Asthmakranken. Doch auch in diesem Punkt sollte es das Schicksal nicht gut mit Mutter meinen. Zwar war Großmutter Lea mit ihr vor ihrer Heirat zu den berühmten Kurorten in Deutschland, Österreich und Tschechien gereist, und die Aufenthalte dort hatten ihr in ihrem Kampf gegen die Krankheit tatsächlich sehr geholfen. Nach ihrer Heirat jedoch musste sie ihrem Mann folgen und sich in meiner Geburtsstadt niederlassen, die in einem tiefen, von der Weichsel in Jahrmillionen geschaffenen Talkessel liegt. Vor dreihunderttausend Jahren änderte der Fluss seinen Lauf und schuf sich einen neuen Zugang zur Ostsee. Der Kessel, den er hinterließ, war reich gesegnet mit heißen Quellen, schwefelhaltigem Schlamm, Salzfontänen und Heildämpfen, die aus der Erde brachen.

Meine Geburtsstadt wurde einst in diesem Talkessel gegründet und lebte von ihrer Eigenschaft als Heilbad und als Zentrum der industriellen Salzgewinnung. Doch wegen ihrer niedrigen Lage (wenn die Weichsel über ihre Ufer trat, war die Stadt stets von Überflutung bedroht, wozu es hin und wieder tatsächlich kam) und der hohen Konzentration von Dämpfen und Schwaden, die aus dem Erdreich traten und nicht mehr wie in Vorzeiten von den Fluten der Weichsel hinweggespült wurden, war die Luft in der Stadt geradezu tödlich für all jene, die an Erkrankung der Atemwege litten. Auch die Stadt Tel Aviv, in der wir uns schon bald nach der Ankunft im Lande niederließen, war nicht gerade der geeignete Wohnort für eine Asthmakranke. Die Luft in der *Moschawa* Gadera hingegen, wo Mutter sich einige Male im Sanatorium aufhielt, bewirkte Wunder bei ihr. Doch es stand außerhalb ihrer Möglichkeiten, Wochen und Monate in Gadera zu verbringen oder aber den Wohnsitz der Familie von Tel Aviv dorthin zu verlegen. Der Ausbruch des Weltkriegs schließlich, der uns um unsere Besitzungen in Polen brachte, machte auch die vorübergehenden Kuraufenthalte unmöglich.

Ich hatte meine Mutter also immer als kränkliche Frau gekannt. Ihre Krankheit warf einen schweren Schatten auf meine Kindheit und Jugend und war wie ein Feuer, das an mir fraß. Noch in Polen, als damals Fünfjähriger, war ich gezwungen, schweigend und hilflos Zeuge ihrer nächtlichen Kämpfe gegen das Asthma zu werden. Sie lag im breiten Ehebett, das nach Vaters Tod nur noch zur Hälfte bezogen wurde, und las, was sie schon immer gern getan hatte. Meist verliefen die Nächte – zumindest bis mich der Schlaf überkam – ruhig und friedsam. Die Tür zwischen ihrem Zimmer und dem unseren stand weit offen, wenn wir – mein Bruder und ich – nach dem Zähneputzen in unseren Betten lagen und mit Mutter ein immer gleich bleibendes Ritual durchspielten: »Habt ihr schon das Nachtgebet gesprochen?«

»Ja, Mutter«, antworteten wir als zweistimmiger Chor.

»Liegen beide Hände auch auf der Bettdecke?«, wollte sie weiter wissen, um sicherzustellen, dass wir um Gottes Willen nicht zwischen unseren Beinen zugange waren.

»Ja, Mutter.«

»Dann also gute Nacht, ihr beiden.«

»Gute Nacht, Mutter.«

Doch es gab auch andere Nächte, Nächte, in denen meine Mutter nicht einmal bis zu unserem zeremoniellen Frage-Antwort-Spiel kam. Sie lag dann entkräftet und ausgelaugt auf ihrem Bett, röchelte und kämpfte um jeden Atemzug, wobei sich furchterregende Ächz- und Pfeiflaute ihrer Kehle entrangen. In solchen Nächten gewöhnte ich mir an, zusammengekauert in meinem Bett zu liegen und mir die Bettdecke über den Kopf zu ziehen, damit ich nichts hörte. Offenbar regten sich schon damals erste zaghafte Zweifel an Gottes Existenz und Wirken in mir. Immer wieder wandte ich mich flehend an ihn und bat, er möge meiner Mutter Genesung gewähren.

»GOTT, GOTT«, schluchzte ich. »Ich habe mein Nachtgebet noch nicht gesprochen, denn ich bin noch wach und kann nicht einschlafen, solange Mutter mit ihrer schrecklichen Krankheit ringt. Bitte, lass sie gesund werden, und ich verspreche DIR, mein Leben lang ein guter Junge zu sein. Ich werde Mutter gehorchen, essen, was man mir auf den Teller tut, und nichts mehr anstellen. Jeden, jeden Tag werde ich alle Gebete zu DIR sprechen ...« Doch wie es aussieht, hat GOTT schon damals nichts gehört.

Später dann, als wir in der Schule in Tel Aviv mit den Gedichten Bialiks vertraut wurden, und ich die Verse »Quelle seines Seufzen« zum ersten Mal las, konnte ich nicht anders als mit ihm fühlen. Besser als all meine Klassenkameraden verstand ich, was der Dichter meinte. Gleichzeitig jedoch war ich neidisch auf ihn, denn ungeachtet der beschriebenen Armut und des Verlustes des Vaters verfügte er noch über eine gesunde Mutter ...

Wenn die Asthmaanfälle heftiger wurden, setzte sich Mutter im Bett auf, holte aus einer Holzschatulle etwas gestoßene Kräutermischung, häufte sie auf einem eigens zu diesem Zweck bereitstehenden Metallteller auf und entzündete die Kräuter mit einem Streichholz. Dann sog sie den aufsteigenden bläulichen Rauch tief in ihre geschundenen Lungen ein. Ganz allmählich, je weiter das Häufchen niederbrannte, wurden die Ächz- und Pfeiflaute schwächer, bis Mutter wieder normal atmen konnte. Nun war es an Selma, ihr zu helfen das Nachthemd zu wechseln, das nach jedem Anfall vollkommen durchgeschwitzt war. Mutter saß dann immer erschöpft mit dem Rücken gegen das mit Kissen gepolsterte Kopfteil des Bettes, nippte an einem Glas Tee und zögerte, sich wieder auf den Rücken zu legen, aus Angst, der Anfall könnte sich wiederholen.

Doch manchmal kam es noch schlimmer. Der bläuliche Rauch wollte nicht helfen, so tief und verzweifelt Mutter auch einatmete. Kurz vor dem Ersticken alarmierte sie schließlich mit Hilfe der Bettglocke Selma und machte ihr mit dem Finger ein Zeichen, nach der Krankenschwester zu laufen, damit diese ihr eine Spritze gab. Die arme Selma, vor Sorge und Anteilnahme an Mutters Leiden ganz außer sich, eilte daraufhin, manchmal in stürmischer oder verschneiter Nacht und nur notdürftig bekleidet, um Hilfe zu holen.

Erst die starke Dosis, die ihr von der Krankenschwester injiziert wurde, vermochte den Asthmaanfall zu beenden. Die Schwester blieb stets noch eine Weile an Mutters Bett sitzen, schlürfte gemeinsam mit ihr Tee mit Zitrone, den Selma den beiden Frauen brachte, und verfolgte, wie die Atemzüge der Kranken zusehends gleichmäßiger wurden.

Der beißende Geruch des bläulichen Rauchs begleitete mich über viele Jahre und hüllte mich ein, wenn ich angstvoll auf Mutters Keuchen und Röcheln lauschte. Manchmal wachte ich morgens, wenn schon alles vorüber war, mit dem vertrauten Geruch der verbrannten Kräuter auf, der noch in den beiden aneinander grenzenden Räumen hing und von dem verzweifelten Kampf zeugte, den Mutter die ganze Nacht lang gekämpft hatte, während ich schlief.

Vor unserer Abreise nach Palästina versah sich Mutter mit Dutzenden Büchsen jener Kräutermischung, die ursprünglich aus Äthiopien stammte und über Frankreich importiert wurde, da sie befürchtete, diese im Orient womöglich nicht kaufen zu können. Ihre Sorge sollte sich zwar eine Zeit lang als unberechtigt erweisen, doch als mit Ausbruch des Zweiten Weltkriegs zunehmend Handelswege und Schiffsrouten unterbrochen wurden, waren die erlösenden Kräuter bald nirgends mehr zu bekommen. Mein Bruder und ich suchten jede Apotheke in Tel Aviv und Umgebung auf und erwarben jede Dose, die wir fanden. Über ein Jahr lang ließ sich das Unvermeidliche hinauszögern, doch dann, als andere Medikamente keine Besserung brachten, war Mutter den Asthmaanfällen schutzlos ausgeliefert, da nicht einmal mehr die immer öfter herbeigerufene Krankenschwester mit ihren Spritzen etwas ausrichten konnte. Hier, in unserer neuen Heimat, war es mein Bruder, der die Stelle der getreuen Selma, die in Polen zurückgeblieben war, einnahm und die Krankenschwester regelmäßig mitten in der Nacht rufen musste. Mutter wurde schwächer und verfiel körperlich immer weiter, bis sie allem Anschein nach der Krankheit nicht länger die Stirn bieten konnte und sich ihrem Schicksal ergab ...

»Chadera«, hörte ich den Fahrer rufen, als der Bus an der Station hielt. Ich stieg aus und reihte mich in die Schlange der Fahrgäste ein, die auf den Schnellbus von Haifa nach Tel Aviv warteten. In einer Stunde würde ich zu Hause sein, dachte ich, als ich mich wenig später auf einen Sitz im Autobus fallen ließ. Mir kam in den Sinn, wie sehr sich diese Fahrt doch von all meinen bisherigen Fahrten auf der Strecke Tel Aviv Pardess-Chana unterschied. Entweder waren es Reisen in neue, sich öffnende Weiten, begleitet von grenzenlosen Erwartungen, die sich mit dem Geruch der Felder und dem Duft der Zitrusbäume vermischten, mit der gespannten Erregung der Jugend, die es nach neuen Erlebnissen und überbordenden Gefühlen verlangte. Oder, in Gegenrichtung, waren es Fahrten von der Schule nach Hause, mit der hoffnungsfrohen Erwartung, meine Mutter wiederzusehen. Die bis dahin verbleibenden Stunden machten mir deutlich, wie sehr sie in meinem Leben fehlte und wie begierig ich darauf war, sie wieder in die Arme zu schließen. Mich begleiteten die Gefühle, die Vorstellung von der baldigen Wiedervereinigung mit meiner Familie, wie überrascht sie sein würden, wenn sie sahen, dass ich ihnen in der Schule eine ganze Kiste voll köstlicher Pflaumen und Birnen von meinem wenigen Geld gekauft hatte; oder was mein Bruder angesichts des hervorragenden Zeugnisses sagen würde, das ich endlich präsentieren konnte; und nicht zuletzt meine gespannte Erwartung, meine Kameraden aus unserem Viertel wiederzusehen, von denen ich mich inzwischen sehr unterschied und weit weg wähnte.

Jetzt jedoch fuhr ich einer neuen Situation entgegen, bereitete mich innerlich darauf vor, das Urteil zu vernehmen, vor dem es kein Ausweichen und kein Zurück gab, rüstete mich für die Begegnung mit dem Schlimmstmöglichen – dem Tod. Unwillkürlich ging mir durch den Kopf, was wohl ein zum Tode Verurteilter in jenen furchtbaren Momenten, da er zum Ort der Hinrichtung geführt wurde, dachte und fühlte?

Immer noch mit einem Funken Hoffnung im Herzen, meine Mutter auf ihrem Krankenlager anzutreffen, schwer erkrankt zwar – doch noch am Leben, kam ich in unsere Wohnung gestürmt. Aber schon im nächsten Augenblick verlosch mein Hoffnungsschimmer. Ich fand Mutters Bett gemacht und die Verwandten niedergeschlagen um den Tisch im Salon versammelt. Ohne auch nur ein Wort zu sagen und mit aller Kraft bemüht, des Zitterns Herr zu werden, das mich überkam und meine Hände und Beine jeder Kontrolle entzog, schleppte ich mich in das Zimmer, das mein Bruder und ich in der Nachbarwohnung teilten, ließ mich dort bäuchlings aufs Bett fallen und brach in lautes, hemmungsloses Weinen aus.

Mein Bruder kam mir nachgeeilt, sank neben mich, legte seinen Arm um meine Schulter und brach ebenfalls in herzzerreißendes Weinen aus. Von nun ab waren wir allein auf der Welt, nur er und ich, lagen eng umschlungen und übermittelten so einander unsere Zuneigung, etwas, das meinem Bruder – bei all seiner Sensibilität – bisher schwer gefallen war. Es bedurfte eines weiteren Schicksalsschlags, einer Tragödie, um den harten Panzer aufzubrechen, den er sich nach dem traumatisierenden Erlebnis, im Alter von gerade mal zehn Jahren den eigenen Vater erhängt zu finden, angelegt hatte.

Anders als ich, der ich eine professionelle Heulsuse war und bei jeder sich bietenden Gelegenheit laut lamentierend Tränen vergoss, zumal wenn ich bei Mutter, bei Selma, unserer Wirtschafterin, oder bei meinem Bruder etwas erreichen wollte, weinte mein Bruder nie. Bis zu jenem Augenblick erinnerte ich mich nur an ein einziges Mal, bei dem ich ihn hatte weinen sehen, damals, als wir noch in Polen waren und er etwa dreizehn Jahre alt gewesen sein muss.

Es war zu der Zeit, als mein Bruder, zusammen mit einem unserer Cousins, in schöner Regelmäßigkeit neue »Karrieren« einschlug: Einmal winkte ihnen eine glänzende Karriere als Reiseschriftsteller. Einige Monate später wechselten sie das Metier und gingen zum Verfassen und Inszenieren von Dramen über. Und nun waren sie bei der Malerei angelangt. Wobei sie ihre Umwelt – also uns – nötigten, ihren Geschichten und Dramen zu lauschen und ihre Gemälde zu bewundern.

Als wir – Mutter, Selma, Minçi, Mutters Aushilfe im Laden, und ich – eines Tages zum Mittagessen um den Tisch versammelt saßen, kam mein Bruder mit einem Bild, das er soeben von einem der im Salon hängenden Gemälde abgemalt hatte, ins Zimmer. Er ging zu Minçi und präsentierte ihr voller Stolz sein Werk:»Gefällt's dir?«, fragte er einschmeichelnd, auf Komplimente erpicht. Minçi warf einen flüchtigen Bild auf die Kopie, schüttelte, während sie eine Gabel mit Fleisch zum Mund führte, mit dem Kopf und bedeutete:»Nein.«

Mein Bruder war zutiefst getroffen. Auf einmal kreidebleich geworden, schleuderte er ihr entgegen:»Hoffentlich verreckst du!«

Bei diesen Worten sprang meine Mutter wie von einer Schlange gebissen auf. Mit einem Satz, wie wir ihn von ihr nicht für möglich gehalten hätten, war sie bei unserem Kleiderschrank und zog die gefürchtete Peitsche hervor, ihr berüchtigtes Züchtigungsinstrument, das aus einem fellbesetzten Rehbein mit drei herabhängenden Lederriemen bestand. In der Regel musste sie damit nur wedeln, um meinem Bruder und mir kalte Schauder den Rücken hinunterzujagen und jedwede Aufsässigkeit oder Undiszipliniertheit im Keim zu ersticken. Jetzt aber schlug Mutter damit wahllos auf meinen Bruder ein und brüllte ihn mit schriller Stimme an, wie ich sie noch nie gehört hatte:»Und noch einen! Und noch einen! Bis du lernst, dich zu benehmen und anständig mit Leuten zu reden!«

Mein Bruder hatte sich auf den Boden geworfen, hielt die Hände schützend vors Gesicht, während sein Rücken und seine Beine die Peitsche zu spüren bekamen, und schrie sich die Seele aus dem Leib. Ich stürzte zu meiner Mutter, umfing sie mit den Armen und brüllte:»Genug, Mutter! Genug! Hör auf!« Doch sie war wie von Sinnen, hörte nicht und ließ nicht von ihm ab. Da warf ich mich, ohne groß nachzudenken, über meinen Bruder und schützte seinen Kopf mit meinen Händen. Mutter hörte mit einem Mal auf zu schlagen, verwundert über die plötzliche Wendung. Selma nutzte die Gelegenheit, eilte in die Küche und kam mit einer Schale Wasser und einem Lappen wieder, befeuchtet diesen und betupfte damit die Schwellungen und Striemen an den Armen und Beinen meines Bruders.

Und nun lag mein Bruder, ein kräftiger junger Mann von dreiundzwanzig Jahren, neben mir, drückte mich an sich und weinte hemmungslos.

»Wein' nur, Avremale«, flüsterte er mir immer wieder mit tränenerstickter Stimme ins Ohr. »Wein' um deine Mutter, unsere gute, wundervolle Mutter, die nicht mehr bei uns ist.«

Etwas später, als wir uns ein wenig beruhigt hatten, meinte er mit niedergedrückter, zitternder Stimme: »Jetzt sind wir beide allein, Avremale, jetzt haben wir niemanden mehr außer uns, du mich und ich dich.«

Dann versank er in tiefes Schweigen. Ich spürte, dass er mir noch etwas sagen wollte, aber mit sich haderte und es ihm schwer fiel, die passenden Worte zu finden. Endlich sagte er kaum hörbar: »Über all die Jahre nach Vaters Tod habe ich versucht, wie ein Vater für dich zu sein. Verzeih mir, wenn ich dabei manchmal zu streng gewesen bin und dich vielleicht unnötig oft geschlagen habe.« Er stockte, ein schwaches Lächeln trat auf seine Lippen, dann fuhr er fort: »Du warst so wild und ungestüm, dass ich dachte, nur ein paar Ohrfeigen könnten dich wieder zur Vernunft bringen.« Er schenkte mir einen liebevollen, besorgten Blick. »Von jetzt an werde ich auch an Mutters Stelle für dich da sein. Mach dir keine Sorgen, du wirst die Schule beenden. Ich habe hundertsiebzig Lire gespart, die ich zur Seite lege, und wenn nötig zahlen wir davon dein Schulgeld – für dieses und für das kommende Schuljahr.«

Eine kleine Schar von Menschen, vielleicht fünfzehn Verwandte und befreundete Nachbarn, begleitete Mutter auf ihrem letzten Weg. Einige Augenblicke, bevor sich der Trauerzug in Bewegung setzte, wurden mein Bruder und ich aufgefordert, sie zu identifizieren. Dies war das letzte Mal, dass ich sie sah. Ihr kleiner, ein wenig verkniffener Mund war leicht geöffnet, so dass man ihre weißen, wohlgeformten Zähne sehen konnte. Ihr Kinn und ihre Nase wirkten sehr spitz, ihre hohe Stirn war blass. Die Blässe ihres leidvollen Lebens und die Blässe des Todes überlagerten einander. Sie war nur vierundvierzig Jahre alt geworden …

Die Bahre, auf der Mutter lag, wurde von vier Männern getragen, und ich war einer von ihnen. Obwohl wir ein gutes Stück Weg bis zum Grab zurücklegen mussten, war ich nicht zu bewegen, meinen Platz einem der anderen Trauergäste, die mich ablösen wollten, zu überlassen. Ich bestand darauf, sie ihren ganzen letzten Weg zu tragen.

»Das ist das letzte Mal, dass ich dich umarme, Mutter«, flüsterte ich unhörbar. »Künftig wirst du die Streiche und das Toben deines ungezogenen Avrahams nicht mehr ertragen müssen. Du wirst dich nicht mehr vor irgendwelchen Beamten oder anderen einflussreichen Personen erniedrigen müssen, damit sie mich ihre Schule besuchen lassen oder mir ein Stipendium gewähren. Und du bist endlich von der quälenden Verpflichtung befreit, der Tante gegenüber Freundlichkeit zu heucheln und – um deinen Söhnen nicht zu schaden – ihre Schreiereien und Belästigungen auszuhalten. Da geht sie, begleitet dich auf deinem Weg zur letzten Ruhestätte und vergießt Krokodilstränen. Die Odyssee hat endlich ein Ende, Mutter, vorbei die Mühsal des Zigeunerlebens in Großvaters Wohnung, die leidvollen Jahre, die du klaglos durchgemacht hast, in denen du verletzt und beleidigt wurdest, nur weil du arm und mittellos warst.«

Der Mann von der *Chewra Kaddischa* nahm mir und dem

Träger neben mir die Griffe der Bahre aus der Hand und ließ sie zu seinem Gefährten hinunter, der in der frisch aufgeworfenen Grube stand.

»Friede sei mit dir, Mutter«, flüsterte ich, als der Leichnam geräuschlos von der Bahre in seine letzte Ruhestätte glitt. »Shalom, du stolze, edle Seele. Friede sei mit dir, du starke Frau. Du hast es verstanden, dein bitteres Schicksal und die Pein deiner Krankheit erhobenen Hauptes zu tragen und niemals die Hoffnung zu verlieren – bis zu deinem letzten Atemzug …«

Wie schon vor dreizehn Jahren stand ich und sprach den *Kaddisch*. Und eben jenes Gefühl des Verwaistseins sickerte unmerklich in mich hinein und erfüllte von neuem mein ganzes Wesen.

Die ganze siebentägige Trauerwoche über kam in unserem Haus ein *Minjan* zusammen, meistenteils bezahlte »Anwesende«, die mein Onkel im *Stübl*, in dem er regelmäßig betete, anheuerte, um uns so zu ermöglichen, jeden Tag den *Kaddisch* für Mutter zu sagen. Ich befand mich zu jenem Zeitpunkt schon mitten in einem rasant verlaufenden Prozess der Abkehr vom Glauben. Dennoch beschloss ich, während des gesamten Trauerjahrs das Totengebet für meine Mutter zu beten. Obwohl die Synagoge in Pardess-Chana ein ganzes Stück von der Landwirtschaftsschule entfernt lag, blieb ich – den Trauervorschriften entsprechend – meinem Vorsatz in den elf Monaten nach ihrem Tod getreu. Für gewöhnlich kam ich zum Nachmittags- und Abendgebet in die Synagoge und fing nach kurzer Zeit – ermutigt durch Rabbi Melzer, den Rabbiner der *Moschawa* – sogar an, Aufgaben wie das Herausnehmen der Thorarollen aus dem Schrein zu übernehmen.

Auf meinem Weg geriet ich nicht selten in Stürme und schwere Regengüsse, die mich bis auf die Knochen durchnässten, da ich freie Felder ohne jeden Schutz vor den Unbilden des Wetters durchqueren musste. Doch meine Märsche zur Synagoge und zurück zur Schule verschafften mir die willkommene Gelegenheit, nachzudenken und mich im Gedenken mit meiner Mutter zu vereinigen. Bei völliger Dunkelheit nahm ich den Pfad, den sich die Bewohner der *Moschawa*, die in der Landwirtschaftsschule arbeiteten, durch das frischgesäte Feld gebahnt hatten. Vor allem im Frühling, wenn das Getreide leuchtend grün und raschelnd in voller Höhe stand, als verkünde es flüsternd ein Geheimnis, freute ich mich dieses Weges, wenn sich die Halme schon unter dem leichtesten Windhauch verbeugten.

So lief ich durch die Felder, durchschritt das Ährenmeer, das mir bis zu den Hüften ging, und ließ mich durch das Rauschen der Rispen hinwegtragen, weit, weit fort zu dem kräftigen Grün meiner Vaterstadt, zu dem weitläufigen Stadtpark, den Feldern und Wiesen, auf denen Pferde, Kühe und Gänse weideten, zur endlos langen Pappelallee, die hinunter zur Weichsel geleitete.

Eine jüdische Kindheit in Polen

Trotz ihres Witwenstandes, ihrer Krankheit und der Belastung, von einem Tag auf den nächsten ein großes Geschäft für Eisenteile und Baumaterialien führen zu müssen, ihre Ansprüche am gemeinsamen Familienbesitz zu wahren und vor allen Dingen die Schulden zu tilgen, die Vater ihr mit seinem Tod hinterlassen hatte – trotz all dieser Widrigkeiten war Mutter eine vorbildliche Hausfrau und verstand es, mit viel Geschick Vaters Stelle als Erzieher einzunehmen. Als Kind spürte ich ihre ständige Präsenz, auch wenn sie bis über beide Ohren im Laden zu tun hatte.

»Weißt du, Avremale«, sagte sie eines Tages zu mir. »Der Engel Gabriel kommt Nacht für Nacht aus dem Himmel herab und besucht alle schlafenden Kinder. Er kontrolliert, ob sie sich die Zähne ordentlich geputzt haben, ihre Hände beim Schlafen über der Bettdecke liegen, und natürlich, ob sie ihr Nachtgebet aufrichtig gesprochen haben. Jedem Kind, das brav gewesen ist, macht der Engel ein kleines Geldgeschenk, das er zwischen die Seiten des *Siddurs* neben dem Bett legt.«

»Kommt der Engel Gabriel auch mich besuchen?«, fragte ich mit der Aufgeregtheit eines Fünfjährigen.

»Aber selbstverständlich«, bekräftigte Mutter. »Du kannst es gleich heut' Nacht versuchen. Verhalte dich so, wie er es von dir erwartet – und du wirst auch ein schönes Geschenk bekommen.« Selma, unsere Wirtschafterin, traute ihren Augen kaum: Auf einmal verstummten all die endlosen Diskussionen um die Schlafenszeit und das Zubettgehen. Man musste mir nicht länger durch alle Räume unserer Wohnung nachjagen, um mir den Pyjama anzuziehen, und auch nicht mehr drängen, dass ich mir die Zähne putzte. In Windeseile kam ich allen Verpflichtungen nach, legte meinen dickleibigen *Siddur* auf den Tisch neben meinem Bett, schlüpfte unter die Bettdecke und legte meine Hände darauf. Dann sprach ich mit großer Inbrunst und jedes Wort betonend das Nachtgebet und war gleich darauf in freudiger Erwartung des nächsten Morgens eingeschlafen.

Die Nacht verging wie im Nu. Als ich aufwachte, hatte ich das Gefühl, erst wenige Minuten zuvor meinen Kopf auf das Kissen gelegt zu haben. Doch es war schon taghell, und die Sonne füllte mein Zimmer mit einem Strom tanzender Lichtteilchen. Ich stürzte zu dem Gebetbuch und war außer mir vor Freude, als ich auf der Seite mit dem Gebet »Ich danke« tatsächlich eine glänzende Kupfermünze im Wert von fünf Groschi fand. Mutter war schon im Laden, weshalb ich in die Küche stürmte, wo Selma, eine gläubige Katholikin, mit unserem Frühstück beschäftigt war.

»Selma, sieh nur! Der Engel Gabriel hat mich besucht und mir einen Goldtaler gegeben!«, rief ich und schwenkte die blinkende Münze vor ihren Augen.

»Siehst du«, erwiderte Selma lächelnd. »Deine Mutter weiß, was sie sagt. Jetzt musst du nur noch fein brav sein, damit der Engel Gabriel dir auch weiterhin Münzen schenkt.« Mutter kaufte mir wenig später eine Geldbörse, in der ich meinen sich rasch vermehrenden Schatz hütete. Und so gelang es ihr, trotz ihrer vielen Beschäftigung, mich mit Hilfe des Engels Gabriels für bestimmte Verhaltensmaßregeln zu begeistern. Obgleich noch ein Kind, war ich damals nur mit Mühe im Zaum zu halten. Eines Tages, ich mag wohl sieben Jahre alt gewesen sein, schlug mir Janek, der Schwiegersohn unseres Hausmeisters vor, mit ihm in den Wald zu fahren, um einige Holzblöcke zum Sägewerk des Holzhändlers in unserer Nachbarschaft zu bringen. Ohne lange nachzudenken – und ohne eine Erlaubnis einzuholen –, kletterte ich auf den Wagen, nahm die Zügel in die Hand und schwang die Peitsche über dem Kopf des Pferdes: »Wiiijooo!«, rief ich mit meinem dünnen Stimmchen und das Pferd fiel in leichten Trab.

Der Wald lag etwa eine Fahrstunde entfernt und bis wir die Stümpfe aufgeladen hatten, begann die Sonne bereits, sich gen Westen zu neigen. Trotz der fortgeschrittenen Stunde konnte Janek, als wir an einem Wirtshaus vorüber kamen, dem Drang nicht widerstehen, brachte den Wagen zum stehen und meinte zu mir: »Avremale, ich geh' nur eben hinein und bin gleich wieder da. Bleib du auf dem Wagen und steig nicht ab!«

Seine Stimme hatte etwas Bedrohliches, als er in dem gewölbten Eingang des Gebäudes verschwand. Ich blieb allein zurück, hockte auf den großen Holzstümpfen und bereute heftig, dass ich mich einfach so aus dem Staub gemacht und niemandem Bescheid gesagt hatte. Eine halbe Stunde verging – und Janek tauchte nicht wieder auf. Die Sonne begann zu sinken, und vom Himmel fiel dünner Nieselregen. Zu meinem Glück hatte Janek seine Jacke auf dem Wagen gelassen, und so rollte ich mich nun in diese ein, aus Furcht vor der sich herabsenkenden Finsternis, wegen der empfindlichen Kühle und vor allem angesichts der mich zu Hause erwartenden Strafe am ganzen Leibe zitternd.

Nach etwa einer Stunde näherte sich ein zweites Gespann dem Wirtshaus. Offenbar wurde es von einer Stute gezogen, denn unser Hengst richtete sogleich seine Rute auf, stieg auf die Hinterbeine und ließ ein brünstiges Wiehern hören. Gleich geht er durch, dachte ich, und reißt den ganzen Wagen mit sich. Ich klammerte mich mit beiden Händen an den Aststummeln der Stümpfe fest und war auf das Schlimmste gefasst. Glücklicherweise kam im selben Augenblick Janek, der allem Anschein nach das Wiehern gehört hatte, leicht torkelnd aus der Schenke. Er sah das Tänzeln und Aufbäumen des erhitzten Hengstes, eilte zu dem Tier und fing an, gegen seine steife Rute zu treten, wobei jeder Tritt von einem deftigen Fluch begleitet wurde. Der Hengst ließ sich augenblicklich beruhigen, worauf Janek, dessen trunkene Augen aus ihren Höhlen zu treten schienen, schwerfällig auf den Wagen kletterte, die Zügel in die Hand nahm und dem armen Gaul gehörig die Peitsche gab. Derart angetrieben legten wir die gesamte Strecke bis nach Hause im Galopp zurück.

»Halt dich gut fest!«, hörte ich Janek durch die Wodkadünste schreien, die aus seinem Mund strömten und mich schwindelig machten. Ich hatte panische Angst, vor allem wegen Janeks plötzlichem Wutausbruch, der Wut eines Betrunkenen, der um sein Gelage gebracht worden war. Doch der aufkommende kalte Wind und der strömende Regen hatten ihn bald abgekühlt, so dass er mich lächelnd beruhigte: »Da hast du dich aber gehörig erschrocken, ha?«

Er entblößte eine Reihe gelblicher Zähne und meinte grinsend: »Ein Teufelsbraten dieser Hengst, stimmt's? Aber ich hab' ihm eine Lehre erteilt! Hast du gesehen, wie ich mit ihm umgesprungen bin? Der wird mir kein zweites Mal durchgehen!«

In jener Nacht musste ich auf dem Bauch liegend schlafen, da mein Hinterteil und die Unterseite meiner Beine vor Schmerz brannten, nachdem Mutter sie ausgiebig mit der Peitsche bearbeitet hatte …

Doch alle Strafen dieser Welt vermochten meine Unternehmungslust nicht zu bändigen. Ließ Selma mich nur einen Moment lang aus den Augen – schon war ich verschwunden, zog mit meinen Kameraden um die Hausecken und streunte zuweilen auch ganz allein durch die Straßen unserer Stadt. So traf ich bei einem meiner Streifzüge auf zwei kleine Gojim aus meiner Schule, die mit ihren Steinschleudern in der Hand die Bäume nach Vögeln absuchten. Kaum hatten sie mich gesehen, zwinkerte der eine dem anderen zu und fragte ihn: »Was sollen wir abschießen?«

»Schieß auf den Jidd«, erwiderte sein Freund und wies mit dem Finger auf mich. Worauf der Bengel, prompt und ohne zu zögern, seine Schleuder auf mich richtete und aus einer Entfernung von fünf Schritten einen scharfkantigen Stein auf mich abfeuerte. Der Stein traf mich an der Schläfe, unmittelbar neben dem rechten Auge. Blut schoss mir übers Gesicht, und ich brach in lautes Weinen aus. Die beiden Jungen bekamen es mit der Angst zu tun und nahmen Reiß-aus, als ich zum nahegelegenen Haus von Freunden meiner Eltern lief. Dort stoppten sie die Blutung, verbanden mich und begleiteten mich nach Hause.

»Ich werde sterben! Ich werde sterben!«, schluchzte ich laut, von meiner Wohltäterin, die mich nach Hause brachte, mehr gezogen als selbst laufend. Ich hatte die Gestalt des jungen Juden vor Augen, der sich einige Monate zuvor aus Deutsch-land in unsere Stadt hatte flüchten können. Er, ein adretter Bursche von sechzehn Jahren, war von einer der jüdischen Familien aufgenommen worden, hatte als Lehrling bei einem jüdischen Uhrmacher zu arbeiten begonnen und sich schon bald den Ruf erworben, ein tüchtiger und talentierter Gehilfe zu sein. Doch die jüdischen Halbstarken in der Stadt taten sich schwer, den deutschsprechenden Fremdling in ihrer Mitte zu akzeptieren, der erst mit seinem Eintreffen eine strenggläubige Lebensweise übernahm, wie sie in unserer Gemeinde vorherrschend war.

So kam es, dass ausgerechnet dieser Junge, der gerade noch

vor den Schrecken der Nazis hatte fliehen können, in unserer Stadt durch jüdische Burschen drangsaliert wurde, die schon bald begannen, ihn zu beschimpfen und zu verhöhnen und ihm sogar den Spitznamen »Hitler« verpassten. Einer dieser Wirrköpfe wollte es den anderen beweisen und warf mit einem Stein nach ihm. Dieser traf ihn an der Stirn und riss eine klaffende Wunde, die sich infizierte und schließlich zu einer Blutvergiftung führte, an welcher der junge Flüchtling verstarb. Jetzt hatte ich Angst, mir würde es ebenso ergehen. Mutter eilte mit mir zu einem Arzt, der die Wunde desinfizierte und mit ein paar Stichen nähte.

»Hab keine Angst, du wirst nicht sterben«, beruhigte er mich, als er von meiner Befürchtung hörte. Am nächsten Tag brachte mich Mutter zum Schulleiter und beschwerte sich bei ihm. Da ich die beiden Jungen mit der Steinschleuder persönlich kannte, nannte ich dem Direktor ihre Namen. Sie gaben die Tat auch zu, behaupteten jedoch, nicht auf mich, sondern vielmehr auf einen Vogel gezielt zu haben, der auf dem Baum gesessen habe, vor dem ich stand. Der Schulleiter indes nahm ihnen diese fadenscheinige Ausrede nicht ab. Die beiden Übeltäter wurden hart bestraft – sowohl durch eine Tracht Prügel, die sie gleich im Zimmer des Direktors verabreicht bekamen, als auch durch mehrwöchigen Verweis von der Schule.

Die Tatsache jedoch, das polnische Kinder wegen eines kleinen Judenjungen bestraft wurden, war weiß Gott nichts Alltägliches, über das man hätte einfach zur Tagesordnung übergehen können. Eine regelrechte Hetzkampagne gegen den »verräterischen Jidden« hob an, und da ich das einzige jüdische Kind in der Klasse war, drohten mir jeden Tag aufs Neue kleine Grausamkeiten und Prügel. Meiner Mutter blieb keine andere Wahl, als sich der Dienste Franeks, des Hausmeistersohns, zu bedienen. Dieser begleitete mich fortan wochenlang zur Schule und wartete auf mich, wenn der Unterricht zu Ende war.

Der Hass gegen Juden war im Kreise meiner Klassenkameraden tief verwurzelt. Ihr Unwille war bereits dadurch geweckt, dass ich im Unterschied zu allen anderen Schülern vor dem Kruzifix, das über dem Katheder des Lehrers hing, nicht das Knie beugte und mich nicht bekreuzigte. Meine Andersartigkeit war außerdem unübersehbar, wenn ich zwar barhäuptig wie die anderen aber weder mit meiner Stimme noch mit der Gestik am gemeinsamen Morgengebet teilnahm. Und schließlich ließ mich meine ständige Abwesenheit vom Religionsunterricht, den der katholische Priester erteilte, unweigerlich zu einem Ausgestoßenen werden.

Zu allem Überfluss war ich der beste Schüler der Klasse, und das, obwohl ich ein ganzes Jahr jünger als alle anderen war. Denn da ich fließend Polnisch lesen, schreiben und das große Einmaleins auswendig konnte, noch bevor ich in die Schule kam, wurde ich gleich in die zweite Klasse versetzt. Mein Wissen und meine natürliche kindliche Neigung, dieses vor der gesamten Klasse zur Schau zu stellen, um von der Lehrerin gelobt zu werden, steigerten den Hass und Neid meiner Mitschüler noch. Beleidigungen, Beschmieren meiner Hefte und Zerreißen meiner Bücher waren während des Unterrichts gang und gäbe. Anrempeln, Prügel und Ausschluss von den Spielen der anderen erwarteten mich während der Pausen auf den Gängen oder dem Schulhof.

Doch auch ich konnte einige kleine, jüdische Triumphe feiern und mich rächen. Denn als ich mich bei meiner Großmutter über all das Leid beklagte, das ich wegen meines Jüdischseins auf der Schule zu erdulden hatte, lächelte sie und fragte: »Hast du dir das Kruzifix, das in deiner Klasse hängt, schon mal genauer angesehen?«

»Ja«, gestand ich kleinlaut, denn im *Cheder*, wo ich am

Nachmittag Thora lernte, war mir ausdrücklich untersagt worden, Kruzifixe und Heiligenbilder anzuschauen.

»Na, dann schau es dir morgen noch einmal gründlich an«, riet meine Großmutter.

»Aber wozu denn?« Ich war sehr erstaunt über die Nachlässigkeit in Glaubensfragen, die sie sich offenbar gestattete.

»Wenn du dir die Statue genau ansiehst«, erklärte sie, »wirst du sehen, dass er ein Bein über dem anderen liegen hat und so seine Schamteile verdeckt – und weißt du warum? Damit man nicht sieht, dass er beschnitten ist. Deine christlichen Klassenkameraden wissen sehr wohl, dass Jesus – ihr Gott – Jude war, und das können sie nicht verzeihen, weder dir noch sonst einem Juden. Deshalb machen sie nicht nur dir, sondern uns allen das Leben schwer.« Versehen mit meinem neuen Wissen kam ich am nächsten Tag zur Schule und wandte mich bei der ersten Schmähung gegen mich an meinen Peiniger: »Du solltest wissen, dass Jesus auch ein Jidd war. Wenn du mich also so nennst, beleidigst du zugleich auch deinen Heiland.«

Kaum hatte ich dies ausgesprochen, machten mein Mitschüler und einige seiner Kameraden Anstalten, mich zu verprügeln. Zu meinem Glück fand der Wortwechsel während der Unterrichtsstunde statt, so dass ich mich beeilte, die Hand zu heben, um die Aufmerksamkeit der Lehrerin auf mich zu lenken. Die Meute zog sich auf ihre Plätze zurück, als ich in aller Unschuld meine Frage an die Lehrerin richtete: »Frau Lehrerin, stimmt es, dass der HERR Jesu ein Jude war?«

In der Klasse wurde es totenstill und alle blickten gespannt auf die Lehrerin. Diese wurde feuerrot und war über die unerwartete Frage offensichtlich konsterniert. Ihre Augen funkelten mich mit unverhohlenem Hass an. Ich hingegen wurde kreidebleich und verfluchte mich wegen meiner Unbedachtheit. Doch die Lehrerin schaffte es, die Fassung zu wahren, und erwiderte nach einem Moment des Schweigens: »Das ist zweifelsohne eine religiöse Frage, die nicht in den Rechenunterricht gehört. Aber ich werde den Herrn Pfarrer bitten, seine nächste Stunde der Frage zu widmen, die du gestellt hast.«

Dabei beließ sie es und kanzelte mich so ohne eine Antwort ab, denn allen war klar, dass ich an jener Stunde nicht teilnehmen und die Ausführungen des Priester nicht hören würde. Dennoch wurden in der Folgezeit die »Jidd«-Rufe gegen mich seltener.

Ein Jahr danach und wenige Monate vor unserer Abreise nach Palästina waren wir im Vorführraum der Schule versammelt, um eine Ausgabe der Laterna Magica zu sehen. Die Lehrerin, eine glühende polnische Nationalistin, berichtete zu den Bildern von den Verfolgungen, die das polnische Volk im vergangenen Jahrhundert durch die Russen zu erleiden gehabt hatte. Ihre Ausführungen trieften vor Hass auf die russischen Unterdrücker, die polnische katholische Kirchen geschlossen und versucht hatten, die Polen zu zwingen, zur russisch-orthodoxen Konfession überzutreten. Auch hätten die Despoten Land beschlagnahmt, dem gepeinigten Volk horrende Steuern aufgebürdet, zahllose Polen nach Sibirien verbannt und unzählige standrechtlich erschießen lassen.

»Doch all die Verbote und Verfolgungen haben nichts genützt«, erklärte die Lehrerin voller Inbrunst. »Das polnische Volk hat sich erhoben, hat sich immer wieder unverzagt gegen den russischen Usurpator aufgelehnt, ehe es, nach mehr als hundertfünfzig Jahren Okkupation und Unterdrückung, im Jahre 1919 seine Unabhängigkeit wiedererlangte.«

Die Lehrerin beendete ihren Vortrag, zog die schwarzen Vorhänge auf und ließ das Tageslicht in die Klasse. Die Reaktionen der Schüler waren gemischt – einige Mädchen hatten angesichts der jahrzehntelangen Verfolgung und Unterdrückung Tränen in den Augen, während andere Schüler keinen Hehl aus ihrem Stolz über die polnische Unabhängigkeit machten.

Ich jedoch, der ich mich damals wie eine Art Freidenker fühlte, der schon bald die Klasse verlassen würde, und daher keine Angst mehr vor schlechten Zensuren oder dem Nichtbestehen von Prüfungen haben musste, hob die Hand und meldete mich zu Wort. Die Lehrerin reagierte mit erwartungsfrohem Lächeln, da sie auf eine euphorische Rede voller nationalistischem Eifer hoffte, wie viele jüdische Kinder sie im Munde führten, die ihre Loyalität mit dem unabhängigen Polen unterstreichen wollten.

»Hundertfünfzig Jahre Sklaverei sind doch ein Kinderspiel«, meinte ich indes zu ihrer Bestürzung. »Wir Juden sind schon vor zweitausend Jahren aus unserer Heimat vertrieben worden und haben sie, trotz der Verfolgungen und Pogrome, die alle Welt an uns verübt hat und noch immer verübt, bis heute nicht vergessen. Und nun kehren wir in unsere Heimat zurück und werden schon bald einen neuen jüdischen Staat in Palästina errichten«, schloss ich, indem ich jedes Wort betonte und einen triumphierenden Blick in die Runde warf. Die Lehrerin, der es die Sprache verschlug, wurde abwechselnd rot und blass. Es brauchte einige Zeit, bis sie sich gefasst hatte.

»Wie kannst du es wagen!«, schrie sie schließlich. »Wie kannst du es wagen, das edle polnische Volk mit euch, den Juden, zu vergleichen? Ihr könnt euch glücklich schätzen, dass wir bereit waren, euch derart lange bei uns als Gäste zu dulden. Du bist ganz einfach undankbar und beißt in die Hand, aus der du frisst!« Da mir eine mögliche Bestrafung schon einerlei war, lächelte ich weiter und meinte dann voller Selbstbewusstsein: »Sie werden noch sehen. Auch ich fahre bald dorthin, um bei der Errichtung einer neuen Heimstatt für die Juden zu helfen.« Endlich, dachte ich bei mir, hatte ich es ihnen heimgezahlt. Auch wir Juden hatten unsere Ehre und in gar nicht ferner Zukunft würden auch wir unseren eigenen Staat haben.

Die Reise ins Land Israel

Tatsächlich nahmen die Vorbereitungen für unsere Abreise schon bald Form an. Mein Onkel, der Bruder meiner Mutter, traf aus Palästina ein, um auf Geheiß meines Großvaters Mutter beim Verkauf des Ladens und der meisten Sachen aus unserer Wohnung zu helfen. Der Tag der Abreise kam. Die ganze jüdische Gemeinde der Stadt versammelte sich, um uns Geleit zu geben. Viele standen an der Straße, die zur Bahnstation führte, und noch mehr hatten sich auf dem Bahnsteig eingefunden, um die Abschiedsreden zu hören, die der Gemeindevorsteher und der Rabbiner unserer Stadt hielten. In Begleitung unserer Verwandten verließen meine Mutter und mein Bruder zum letzten Mal unser Haus und gingen in Richtung Bahnstation. Plötzlich bemerkten sie mein Fehlen und machten sich daran, mich zu suchen. Mein Bruder wandte sich in die eine Richtung, Selma in die andere, doch ich blieb wie vom Erdboden verschluckt. Nur Mutter ließ sich nicht aus der Ruhe bringen und beschwichtigte die anderen: »Macht euch keine Sorgen. Avremale wird schon noch kommen. Wir fahren nicht ohne ihn.«

Sie mussten noch ein paar Augenblicke in gespannter Erwartung überstehen, ehe ich aus einer der Seitenstraßen auftauchte und zu Mutter und ihren Begleitern lief. Mein Bruder stürzte sich auf mich und wollte mir eine schallende Ohrfeige verpassen, doch Mutter hinderte ihn daran und wollte nur wissen, wo ich gewesen sei.

»Ich wollte mich noch von meinen Freunden verabschieden«, antwortete ich, und linste aus den Augenwinkeln nach der noch drohend erhobenen Hand meines Bruders.

»Na klar, er wollte sich von seinen Freunden verabschieden«, äffte mein Bruder mich nach. »Hast du überhaupt Freunde? Ich sehe nicht einen, der gekommen wäre, um dir Lebewohl zu sagen!« Doch Mutter gebot ihm Einhalt.

»Wenn Avremale sagt, dass er sich von seinen Freunden verabschieden gegangen ist, dann wird das wohl stimmen«, sagte sie und nahm sanft meine Hand. »Die Hauptsache ist doch, dass er jetzt hier ist und wir alle zusammen zum Bahnhof gehen und den Zug nicht verpassen.« Ich aber hielt an mich, um mein Geheimnis nicht preiszugeben, und trottete mit den anderen mit. Auf dem Bahnsteig herrschte großes Gedränge. Ergriffene Abschiedsreden wurden gehalten, und Hunderte sehnsüchtiger Augen, die uns alles Gute wünschten und gleichzeitig unser Glück beneideten, begleiteten uns, als wir den Zug bestiegen.

»Nu, wo sind denn jetzt deine sauberen Freunde, von denen du dich unbedingt verabschieden musstest?«, stichelte mein Bruder. Ich aber sagte kein Wort, stand nur am Fenster, und spielte in den Hosentaschen mit der Hand voll Münzen – jenen Kupfermünzen des Engels Gabriel, die ich über Jahre wie meinen Augapfel gehütet hatte. Der Zug rollte langsam aus dem Bahnhof und nahm allmählich Fahrt auf. Doch kaum hatte er das Stationsgelände verlassen und befand sich auf freiem Feld, kam ein ganzer Haufen Kinder in Sicht – meine Kameraden aus dem »Cheder«, die neben den Gleisen standen und aus vollem Hals schrien:

»Avremale! Avremale! Mach's gut, Avremale!« Im Nu hatte ich die Münzen aus der Hosentasche geholt und meinen Freunden durchs Fenster zugeworfen.

»Siehst du«, erwiderte ich meinem Bruder, als der Zug

vorüberzog. »Da sind meine Freunde. Sie hatten ganz einfach kein Geld, sich eine Bahnsteigkarte zu kaufen. Deshalb haben wir vereinbart, dass sie mir außerhalb des Bahnhofs Lebewohl sagen.« Mutter lächelte verständnisvoll und zufrieden, während mein Bruder diesmal darauf verzichten musste, mich seine »erzieherische« Hand spüren zu lassen.

In Warschau angekommen, mussten wir einige Tage auf die Abfahrt des Sonderzuges warten, der alle Auswanderer nach Palästina zur rumänischen Hafenstadt Constanza am Schwarzen Meer bringen sollte. Wir wohnten im Haus von Mutters ältestem Bruder. Jene Tage in Warschau waren ein ununterbrochenes Fest. Mein Onkel war ein manisches Zuckermaul und liebte vor allem Chalva. Zumeist kaufte er ganze Blöcke zu je zwei oder drei Kilo von der süßen Sesammasse und schnitt sich bei jeder Gelegenheit – vor allem zum Fünf-Uhr-Tee – eine Scheibe nach der anderen davon ab. Er forderte mich auf, an seinem Chalva-Gelage teilzuhaben, soviel ich wollte, was Mutter, die um die Gesundheit meiner Zähne fürchtete, gar nicht behagte.

Eines Tages lud mich mein Onkel ein, ihn auf eine Tasse Kakao und ein Stück Torte in eines der mondänen Cafés von Warschau zu begleiten, ein weiteres Zeichen seiner besonderen Zuneigung zu mir, die bei meinem Bruder verhaltenen, aber bitteren Neid hervorrief. Es wurde ein besonders aufregendes Erlebnis. Wir fuhren mit der Kutsche, und dann saß ich zum ersten Mal in meinem Leben in einem Kaffeehaus. Mutter hatte mich dem Anlass entsprechend vorbereitet und mich gelehrt, die Torte mit Kuchengabel und Kaffeelöffel zu essen – und sie auf keinen Fall mit der bloßen Hand in den Mund zu schieben.

Bereits im Alter von sechs, zwei Jahre vor unserer Ausreise nach Palästina, hatte ich mir – unter Mutters Anleitung – perfekte Tischmanieren zugelegt: Wie das Besteck vorschriftsmäßig um den Teller angeordnet zu liegen hatte, wie man formvollendet mit Messer und Gabel aß, sich eine Serviette um den Hals legte und anderes mehr. Meine kultivierten Essmanieren fielen während unserer Überfahrt nach Palästina auch dem Kapitän auf, der vor lauter Begeisterung darüber meine Mutter, meinen Bruder und mich zum Abendessen an seinen Tisch einlud. Ich platzte beinahe vor Stolz, da es mir zu verdanken war, dass meiner Familie diese Ehre zuteil wurde.

Unsere Familie in Warschau war weit verzweigt, und sie alle – Onkel und Cousins – gaben uns zu Ehren Abschiedsessen und überhäuften uns mit Geschenken. Mutter machte letzte Einkäufe für unterwegs. Am Tag der Abfahrt des Sonderzugs nach Constanza drängten sich Zehntausende Juden auf dem Bahnsteig, riefen wild durcheinander, tanzten *Hora* und nahmen zu guter Letzt Haltung an, um die *HaTikwa* zu singen. Ich hatte noch nie zuvor eine derartige Anzahl schwarzer Hüte – Hietelech, wie die Juden sie nannten – gesehen, dir mir wie ein Meer weitaufgerissener Froschmäuler erschienen. Eine meiner Tanten umarmte mich, bevor ich den Zug bestieg, und flüsterte mir ins Ohr: »Siehst du, Avremale, ich bin eine alte Frau, der es nicht vergönnt gewesen ist, ins Land Israel zu fahren. Du bist noch ein Kind – und fährst dennoch schon hin. Das ist ein großes Privileg, vergiss das nie! Denn jeder Jude, dem es beschieden ist, ins Heilige Land zu kommen, fährt stellvertretend für alle Juden, die im Exil zurückbleiben. Du wirst dort für uns alle verantwortlich sein«, sagte sie und umarmte mich liebevoll.

Zwei Nächte und einen Tag benötigte der Zug für die Strecke von Warschau nach Constanza. Da es keine Schlafwagen oder Liegesessel wie in der Ersten Klasse gab, schliefen die Fahrgäste im Sitzen auf den harten Holzbänken. Lediglich für mich breitete Mutter eine Wolldecke auf einem Teil der

Bank aus und legte mich so, dass mein Kopf auf ihren Knien ruhte, während die anderen Fahrgäste im Waggon ein wenig zusammenrückten, um mir Platz zu machen. Am Tag lief ich zwischen den einzelnen Waggons hin und her und lernte viele Leute kennen, mit denen wir gemeinsam an Bord gehen würden. In einem der Abteile traf ich ein junges Pärchen, das fortwährend Pillen gegen Seekrankheit schluckte, denn sie wussten mit Sicherheit, dass sie daran erkranken würden. Ich lehnte ihr Angebot ab, selbst eine oder zwei Pillen zu schlucken, doch zwei Tage später, als ich meinen Mageninhalt der See überantwortete, bereute ich aufrichtig, ihre Offerte ausgeschlagen zu haben.

Der Zug fuhr in den Hafenbereich ein und hielt unweit des Schiffes an. Sogleich belagerten uns fliegende Händler und priesen ihre Waren an. Da wir jedoch bereits vor den rumänischen Händlern und ihren Tricks gewarnt worden waren, hielten wir uns so gut es ging von ihnen fern. Nur einer Versuchung konnten wir nicht widerstehen: Saftigen Weintrauben, die eine Bäuerin uns feilbot.

Mutter kaufte eine riesige Traube und verstaute sie in unserer Proviranttasche, um sie mit aufs Schiff zu nehmen. Wir waren noch nicht bei der Gangway angelangt, da wies uns einer der »Macher« aus der örtlichen jüdischen Gemeinde nachdrücklich darauf hin, es sei verboten, Nahrungsmittel mit aufs Schiff zu nehmen. Sollte man jedoch solche bei uns finden, werde uns untersagt, an Bord zu gehen. Wir bekamen einen mächtigen Schreck. Mutter holte die Trauben aus der Proviranttasche, und während wir uns langsam dem Zollbeamten näherten, der am Ende der Gangway Pässe und Tickets kontrollierte, füllten wir uns den Bauch mit Weintrauben, bis uns schlecht wurde. Bei dem Beamten angelangt, konnte Mutter nicht an sich halten und fragte ihn, ob es tatsächlich verboten sei, Nahrungsmittel mit an Bord zu nehmen.

»So ein Verbot hat es nie gegeben«, erwiderte der Zöllner und zog erstaunt die Augenbrauen hoch.

Man brachte uns zu unserer Kabine. Sie hatte vier Betten, und Mutter fürchtete, ein ungebetener vierter Passagier werde sich zu uns gesellen. Sie bat daher unseren Chefdecksteward zu sich, drückte ihm einen knisternden Fünfzigpfundschein in die Hand und flüsterte ihm etwas ins Ohr. Der Mann nickte bestätigend, und tatsächlich blieben wir während der gesamten Überfahrt allein in unserer Kabine.

Ähnlich war es im Speisesaal: Wir drei bekamen unseren eigenen Tisch, so dass wir bei den Mahlzeiten von allem mehr als genug hatten. Für mich wurde die Überfahrt zu einem einzigen Festschmaus aus Eis, Pudding und Kuchen.

Der letzte Abschied

Als ich an Mutters Grab stand – ich war ganz allein und niemand außer mir war mehr da –, kam mir unser letzter Abschied wieder in den Sinn, dort an der Bushaltestelle, in dem grüngestrichenen Wartehäuschen. Mutter hatte gerade einen ausgiebigen Besuch in der Landwirtschaftsschule hinter sich gebracht. Hager, ja sogar ein wenig eingefallen, aber immer noch sehr auf ihr Äußeres bedacht, hatte sie lächelnd Bekanntschaft mit den Lehrern und Ausbildern gemacht, hatte meine Freunde begrüßt, die ich ihr vorstellte. Ich war stolz auf meine Mutter, und meine Freunde, die dies spürten, gaben sich alle Mühe, ihr bereitwillig lächelnd Aufmerksamkeit zu zollen.

Während Mutter sich mit Dr. Wachtingel, dem Direktor, und mit unserem Klassenlehrer Weiler unterhielt, hatte ich draußen gewartet. Als sie schließlich herauskam, strahlte ihr Gesicht vor Zufriedenheit über meine schulischen Leistungen und mein Betragen. Denn das war letztendlich alles, was sie wollte: Dass ihr kleiner Sohn etwas lernte und ein »Mensch« wurde. Auf meine Bitte wechselte Schöpsale im Speisesaal an einen anderen Tisch, so dass ich meine Mutter einladen konnte, zum Mittagessen neben mir zu sitzen. Als ich ihr die einzelnen Gänge auch noch eigenhändig vorlegte, konnte ich sehen, wie ihre leidgeprüfte Brust vor Stolz schwoll. Später dann unterzog sie meinen Spind im Internat einer gründlichen Prüfung, um zu sehen, was fehlte und was ausgebessert werden musste. Zuletzt legte sie zwei Tüten, in denen sich jenes französische Gebäck befand, das ich so sehr liebte und das sie extra für mich gebacken hatte, ins oberste Spindfach.

Arm in Arm gingen wir die Grevilleenallee zur Bushaltestelle hinunter. Ihr war anzumerken, dass ihr die frische Luft der freien Natur um Pardess-Chana gut tat. Eine gesunde Röte trat auf ihre Wangen und ein zufriedenes, glückliches Lächeln wollte nicht von ihren Lippen weichen. In vollen Zügen atmete sie die klare Landluft ein, ohne sich räuspern oder gar husten zu müssen. Und ich ging neben ihr, stolz auf den erfolgreichen Besuch, auf das »Behagen«, das sie an mir hatte, darauf, dass sie meine Mutter war. Ich drückte ihren knochigen Arm an meine Brust und nahm mir vor, ihr soviel wie möglich abzunehmen und ihr Schicksal nach Kräften zu erleichtern, sobald ich auf eigenen Füßen stünde und dazu in der Lage wäre.

Dann standen wir in dem grünen Unterstand und warteten auf den Bus nach Tel Aviv. Mutter schenkte mir einen Blick, der mich an längst vergangene Zeiten denken ließ, als ich gerade mal drei Jahre alt war und sie mir Lebertran aus der Flasche einflößte. Sie sagte nichts, doch ihr Blick bürdete mir viele Hoffnungen auf und bestand auf der Einhaltung zahlloser Versprechen und Zusicherungen. Ich stand da und beteuerte schweigend, dass ich alle Erwartungen erfüllen würde; dass ich mich ihres Opfers würdig erweisen würde; dass ich genau so sein würde, wie sie es von mir erwartete.

Der Autobus kam, Mutter drückte mich an ihren ausgebrannten Körper und küsste mich auf die Stirn.

»Shalom, Avremale. Pass auf dich auf«, sagte sie und stieg ein.

»Shalom, Mutter.« Ich rang mir ein gequältes Lächeln ab.

»Mach dir keine Sorgen, es wird alles gut werden.«

Auf meinem Rückweg von der Synagoge, wo ich den *Kaddisch* für Mutter gebetet hatte, machte ich wochenlang Tag für Tag Halt in dem grüngestrichenen Wartehäuschen. Ich saß dort, wenn die Dunkelheit sich herabsenkte, rief mir Mutters Gestalt in Erinnerung und weinte hemmungslos, aufgewühlt und mit dem Gefühl, der ganzen Welt einsam und verlassen gegenüber zu stehen.

Mutters Tod warf mich zurück in den Teufelskreis aus Grübeln, Suchen nach dem eigenen Weg und Fragen, auf die es keine Antwort gab. Von neuem wanderte ich stundenlang ziellos über die Wege des Schulgeländes und versuchte erfolglos, meinem Leben wieder Stabilität und Form zu geben. »Es hilft nichts, Avremale«, beteuerte mein Bruder Gershon, als er neben mir auf der Bank am Rande des Schulhofs saß. Der Direktor, Dr. Wachtingel persönlich, hatte ihn aus dem Kibbuz, dem er sich nach Mutters Tod angeschlossen hatte, herbeigerufen, da er sich wegen meiner erneut nachlassenden schulischen Leistungen und vor allem wegen meiner Nichtteilnahme an allen gesellschaftlichen Aktivitäten, die nicht ausdrücklich zu den Verpflichtungen jedes Schülers gehörten, Sorgen machte. Anfangs zog ich mich noch zurück, um meine Trauer zu betonen, blieb bewusst allen Zusammenkünften fern, in deren Verlauf Gesang, Tänze, Frotzeleien oder generell Ausdruck von Lebensfreude zu erwarten waren. Doch schnell ließ ich mich durch den Zauber des Alleinseins gefangen nehmen und fing an, mich viele Stunden täglich abzusondern, was auch auf Kosten der Unterrichtsvorbereitung und der Hausaufgaben ging.

»Letztendlich fängt jedes Sterben am Tag der Geburt an«, fuhr Gershon fort. »Niemand kann diesen unvermeidlichen Prozess aufhalten. Andererseits ist es natürlich besonders tragisch, wenn er so früh eintritt wie bei Mutter. Doch über den Verlust der eigenen Mutter trauert und weint man in

jedem Alter. Du aber musst dich daran gewöhnen, die Gesetze der Natur zu akzeptieren, die stärker sind als alle gesellschaftlichen Konventionen oder wissenschaftlichen Entdeckungen: Der Mensch wird einsam geboren und stirbt
einsam. Nicht einmal die Liebe einer Frau oder der eigenen
Kinder, der Ruhm des Helden oder die Sympathie der Mas-
sen vermögen an dieser Tatsache etwas zu ändern oder den
Einzelnen für diese traurige Wahrheit zu entschädigen.«

»Aber ich fühle mich jetzt noch einsamer«, hielt ich meinem
Bruder entgegen. »Ich stehe vollkommen orientierungslos im
Leben.« Gershon betrachtete mich mit einem langen, zärtli-
chen und verständnisvollen Blick.

»Erinnere dich daran, dass es nicht auf den Lauf der Welt
ankommt, sondern nur auf dich. Wie heißt es in den Sprü-
chen der Väter? ›Wer ist ein Held? Der seine Triebe beherrscht.‹ Unser eigentlicher Kampf findet nicht mit der
Welt um uns herum, sondern zuallererst mit uns selbst statt.
Erst wenn wir mit uns selbst in Frieden leben können, ist es
möglich, den Herausforderungen der Welt zu trotzen.« Ich
spürte, wie sich meine schwermütigen Gedanken langsam
auflösten, und sich ein strahlender Himmel mit neuen Hoffnungen zeigte. Neue seelische Kräfte erwachten aus meinem
erworbenen Wissen und aus dem festen Rahmen des
Schulalltags, von dem ich ein Teil war. Vor allem jedoch
richtete ich mich am Werden unserer Nation und dem
Prozess des gesellschaftlichen Zusammenwachsens auf, der
uns einte und die Hoffnung und Gewissheit verlieh, in nicht
allzu ferner Zukunft die sicheren Gestade nationaler Unabhängigkeit zu erreichen. Ich spürte förmlich, wie viel Arbeit
noch vor uns lag, welche Gipfel wir noch zu erobern hatten.
Ich sah meine Kameraden, Männer und Frauen, die bereit-
standen, die so genannten »nationalen Institutionen« zu errichten. Tatsächlich jedoch folgten sie dem Klang der Frei-

heitsglocken, die zum Kampf um die Unabhängigkeit schlugen. Ich gehöre dazu, sagte ich mir und wandte mich an meinen Bruder: »Es wird schon werden, Gershon. Ich werd drüber hinwegkommen, so wie ich es während des letzten Jahres auch geschafft habe. Du brauchst dir keine Sorgen mehr zu machen. Du wirst sehen, dass alles in Ordnung kommt.«

Mein Bruder stand auf, um sich auf den Weg zu machen, und ich begleitete ihn bis zur Bushaltestelle. Den ganzen Weg über hielt er meine Schulter umfasst, versuchte, mir ein Gefühl familiären Zusammenhalts zu vermitteln, eine Andeutung von Halt, wie ich ihn in den kommenden Monaten so dringend benötigte.

Mitglied in der Hagana

Es war in den Morgenstunden eines Schabbats, als wir in Dreierreihe und unserer Khakikleidung mit Armeegamaschen über den Arbeitsschuhen und dem Nahkampfstock unter der Achsel geklemmt los marschierten. Unser Ausbilder Jehoshua marschierte vorneweg und gab den Rhythmus an: »Links! Zwei-drei-vier, links! Zwei-drei-vier …«

Als uns der Rhythmus in Fleisch und Blut übergegangen war, beschränkte sich Jehoshua auf »Links! _ _ _ , links! _ _ _, links!« Schnell hatten wir begriffen, worum es ging, und stampften bei jedem vierten Schritt kräftig mit dem linken Fuß auf, bis auch das Kommando »Links!« nicht mehr nötig war. Bald marschierte die ganze Abteilung aus acht Dreierreihen im Gleichschritt auf der Hauptstraße durch die Moschawa Pardess-Chana. Es war nichts zu hören, außer dem kräftigen Auftreten von vierundzwanzig Paar Füßen bei jedem vierten Schritt. Das berauschende Gefühl, Teil einer gut geölten Maschine zu sein, durchströmte uns. Ein Gefühl von imposanter Stärke. Unser Marschrhythmus wurde schneller, leichtfüßiger, wie ein Flugzeug, das Geschwindigkeit aufnimmt und jeden Augenblick abheben muss. Schließlich brach sich aus unseren Kehlen Yitzchak Shenhars »Lied der Freiheit«:

Das Antlitz zur aufgehenden Sonne,
erneut gen Osten zeigt unsere Spur.
Zu kosten der großen Stunde Wonne,
erhobenen Hauptes und im Herzen ein Schwur.

Jehoshua lächelte und freute sich an der Begeisterung, die uns erfasste. Er war klein und hager, und wenn er nicht dabei war, nannten wir ihn nur »Viertelhähnchen«. Jehoshua gehörte zu einer Gruppe junger Pioniere, die unweit der *Moschawa* lagerten und darauf warteten, Land zugewiesen zu bekommen, um einen Kibbuz zu gründen. Doch man durfte sich in ihm nicht täuschen, denn trotz seiner geringen Körpergröße und fehlender Masse schien er nur aus Muskeln zu bestehen. Wenn er im Kampf Mann gegen Mann seinen Stock einem von uns über den Kopf zog, half dem Angegriffenen alle Geschicklichkeit und Abwehrtechnik wenig. Der Schlag war so heftig, dass man meinte, die Hand, die den eigenen Stock schützend über den Kopf hielt, würde brechen.

So marschierten wir also leichtfüßig und lautstark singend zur Station der jüdischen Hilfspolizei in Pardess-Chana. Dort erwartete uns ein Feldwebel und versah jeden von uns mit einem Ausweispapier, das uns als »Reservepolizisten« auswies, für den Fall, der italienische Offizier, dem er unterstand, käme zu einem unangekündigten Überraschungsbesuch. Dann verteilte er italiensiche Karabiner. Wir quittierten die Waffen, und Jehoshua nahm noch zehn runde, kleine Zielscheiben mit, wie ich sie bis dahin noch nie gesehen hatte.

In den Stationen der jüdischen Hilfspolizei gab es von den italienischen Karabinern mehr als genug, doch allzu beliebt waren sie nicht. Bei den verhältnismäßig leichten Siegen, die die britische Armee gegen die Italiener in Nordafrika errungen hatte, ehe die deutschen Wüstencorps unter Rommels Führung auftauchten, waren Unmengen italienischer Waffen erbeutet worden. Da es sich dabei in der Regel jedoch um minderwertiges Material handelte, war dieses Waffenarsenal nutzlos für die Briten. Mit den zentnerschweren Karabinern bewaffneten sie daher die Männer der jüdischen Hilfspolizei, anstatt ihnen zuverlässigere und effizientere Modelle auszuhändigen.

Die Verpflichtung zur Bewaffnung Tausender jüdischer Hilfspolizisten, ging auf die enge Zusammenarbeit zwischen dem organisierten jüdischen *Jischuw* und der britischen Armee bei der Niederschlagung des arabischen Aufstands in den Jahren 1936 bis 1939 zurück. In jenen Jahren war es die Aufgabe der Hilfspolizisten, die jüdischen Siedlungen vor Angriffen der Araber zu schützen und die Verkehrsverbindung zwischen den einzelnen Siedlungen aufrecht zu erhalten. Sobald es zu einem Angriff kam, wurden die Briten gerufen, um Straßensperren zu beseitigen oder von vorneherein zu verhindern, dass sich arabische Banden zu Angriffen zusammenrotteten. Die jüdische Hilfspolizei stand in ständigem Kontakt mit dem Oberkommando der *Hagana* und war diesem insgeheim unterstellt. Rein formal orientierte sich ihre Rangstruktur an der Hierarchie in der britischen Armee. Ein jüdischer Hilfspolizist konnte bis in den Rang eines Oberfeldwebels aufsteigen und zum Leiter einer der Polizeistationen ernannt werden.

Auch die Rekrutierung zur jüdischen Hilfspolizei erfolgte in voller Abstimmung mit der *Hagana*. Der Dienst in der Hilfspolizei galt als »nationaler Dienst«, den jeder junge Mann, der das achtzehnte Lebensjahr erreicht hatte, abzuleisten hatte. Während des Zweiten Weltkriegs versahen die jungen, wehrpflichtigen Männer des jüdischen *Jischuws* auf drei unterschiedliche Arten ihren Dienst an der Waffe: In den Einheiten der britischen Armee und gegen Ende des Krieges auch in der »Jüdischen Brigade«, die als Verband der britischen Armee in Europa kämpfte, in der Hilfspolizei der jüdischen Siedlungen und schließlich in der *Palmach*, der Sturmtruppe der *Hagana*, die sich von den anderen *Hagana-*

Einheiten darin unterschied, dass ihre Kämpfer sich für einen Zeitraum von mehreren Jahren verpflichteten.

Die Entscheidung, welche militärische Laufbahn ein junger Hebräer im Lande Israel einschlagen sollte, lag in aller Regel bei der *Hagana*, auch wenn die familiären Verhältnisse, die körperliche Konstitution und die Vorlieben des Rekruten berücksichtigt wurden.

Die Polizeistationen der jüdischen Hilfspolizei dienten daher auch als Zentren für militärische Schulungen des *Hagana*-Nachwuchses, der im Alter von sechzehn Jahren zur so genannten »Feldtruppe« eingezogen wurde. Die Jüngeren fanden als Dreizehn- oder Vierzehnjährige Aufnahme in den so genannten »Jugendregimentern« der *Hagana*.

Mit dem Eintritt in die Landwirtschaftsschule in Pardess-Chana wurde jeder neue Schüler dem örtlichen Vertreter der *Hagana* präsentiert. Dieser kam gewöhnlich gegen Abend in die Schule, verschanzte sich in einem der Büros, und einer der älteren Schüler rief die Neuankömmlinge der Reihe nach zu ihm herein. Dies geschah im Einvernehmen mit dem Direktor. Diejenigen Schüler, die bereits an ihren Wohnorten durch die *Hagana* gemustert worden waren, wurden der lokalen *Hagana*-Einheit zugeteilt, zu der die Schule gehörte. Diejenigen hingegen, die noch nicht mit der *Hagana* in Berührung gekommen waren, wurden bei einem speziellen Gelöbnis gemustert, das für gewöhnlich im Jugenddorf Shafiya bei Sichron-Ya'akov abgehalten wurde.

Wir griffen uns die Karabiner und nahmen im Hof der Polizeistation Aufstellung. Zunächst drangsalierte uns Jehoshua mit endlosen Übungen an der Waffe: Gewehr über! Präsentiert das Gewehr! Gewehr abgesetzt! Stillgestanden! Rühren! Danach scheuchte er uns mit geschultertem Karabiner über den Hof, ließ uns seitwärts, rück- und vorwärts marschieren. Doch schon bald wurde der stillschweigende Verdruss über diese Schinderei durch das wachsende Gefühl von Befriedigung über die perfekte Harmonie, mit der wir die Übungen absolvierten, verdrängt.

Nach den Exerzierübungen ließen wir uns auf dem Boden nieder und lernten, den italienischen Karabiner zu zerlegen und wieder zusammenzusetzen, welche Bezeichnung seine Einzelteile hatten, welches Kaliber die Kugeln hatten und wie groß ihre Patronenhülsen waren und natürlich auch, wie das Gewehr zu säubern und zu pflegen war. Die Stunden vergingen wie im Flug und es kam der Augenblick, sich mit der Benutzung der Waffe vertraut zu machen: Unter- und Oberkimme, Anlegen und Zielen im Stehen, Knien und Liegen, Laden des Magazins und des Gewehrs, Benutzung des Sicherungshebels und zu guter Letzt Betätigung des Abzugs.

Jehoshua zog die kleinen Zielscheiben hervor, die er mitgenommen hatte. Paarweise mussten wir uns auf Strohmatten hinlegen, die er im Hof ausgebreitet hatte. Einer brachte das Gewehr in Anschlag, während der andere vor ihm lag und das Loch in der Zielscheibe genau vor die Mündung des Gewehrlaufs brachte. Dann kam der Befehl »Feuern!«, wobei die Vorschriften zum sicheren Anlegen und Abdrücken der Waffe exakt eingehalten wurden: Das Gewehr an die rechte Wange pressen und der Kolben kräftig gegen die rechte Schulter drücken, um den Rückstoß abzufangen; den Lauf fest mit der linken Hand umfassen, die dabei ein wenig nach rechts drückte, während die rechte Hand am Abzug leichten Gegendruck nach links ausübte.

»Dadurch ist das Gewehr nach allen Seiten fixiert und bekommt durch die linke und die rechte Hand, die nach innen drücken, zusätzliche Stabilität. Jetzt muss man nur noch den Abzug durchziehen, was langsam und sacht erfolgen muss, damit das Auslösen des Schlagbolzens, nicht zum plötzlichen

Schlag wird, der das Gewehr aus der Ziellinie bringt«, erläuterte Jehoshua. Ich bemühte mich, seine Anweisungen zu befolgen, und Chanan, der vor mir lag, stellte fest, wie oft ich daneben geschossen hatte, da die Gewehrmündung beim Auslösen des Schlagbolzens seitlich, nach unten oder oben versetzt wurde, und wie viele Male ich ins Schwarze getroffen hatte. Danach tauschten wir die Plätze.

Als die Schießübung beendet war, trugen wir die Karabiner zurück in die Polizeistation, ehe Jehoshua uns in eine der nahe gelegenen Dünen führte, um dort ein »Informationsgespräch« abzuhalten.

Das Gespräch sollte uns anhand zuverlässiger Informationen, deren Quelle die *Hagana* war, einen aktuellen Eindruck von den Geschehnissen im Land liefern, sollte uns informieren, was sich bei unseren arabischen Nachbarn tat, bei der britischen Mandatsverwaltung und auch in Bezug auf das Verhältnis zwischen der *Hagana* und den separatistischen Organisationen. Der Inhalt des »Informationsgesprächs« war streng vertraulich und fiel unter die Geheimhaltungsstufe 6, weshalb Jehoshua uns schwören ließ, niemandem davon zu berichten. Ich beneidete Jehoshua maßlos darum, dass er Zugang zu solch geheimen Quellen hatte, bis ich eines Tages, bei einem Besuch zu Hause in Tel Aviv, bei meinem Bruder eine Ausgabe des »Ashnaw« fand, jener Informationsschrift, die die *Hagana* an ihre hochrangigen Funktionsträger verteilte. Ich stürzte mich darauf wie auf eine kostbare Beute, doch meine Enttäuschung war grenzenlos, als ich dort exakt jene vertraulichen Inhalte fand, die Jehoshua uns eine Woche zuvor anvertraut hatte. Denn unverhofft war ich auf die zuverlässige Informationsquelle unseres Ausbilders Jehoshua »Viertelhähnchen« gestoßen.

Allen Bemühungen zum Trotz gelang es Jehoshua nicht, uns eine wirkliche Schießübung mit scharfer Munition zu ermöglichen, da die Schüsse sogleich arabische Hirten auf den Plan gerufen hätten. Diese waren mit ihren Herden überall zu finden, und meldeten solche Vorfälle unverzüglich der britischen Militärpolizei, was in der Vergangenheit schon etlichen Rekrutengruppen der *Hagana* widerfahren war. Die nächstgelegenen gesicherten und bewachten Schießstände, auf denen die Schießkurse der *Hagana* abgehalten wurden, waren zu weit entfernt und hätten einen Fußmarsch von mehreren Stunden oder aber die Ausgaben für einen LKW erforderlich gemacht, um uns dorthin zu bringen. Aus diesem Grund sorgte Jehoshua dafür, dass wir, wenn wir schon nicht mit scharfer Munition trainieren konnten, bei unseren »Trockenübungen« zumindest eine ganze Palette unterschiedlicher Waffen kennen lernten. Unter seiner Führung grasten wir sämtliche Hilfspolizeistationen im Umkreis der Schule ab und machten Bekanntschaft mit allen Gewehrtypen, die dort unter Verschluss gehalten wurden.

Die Polizeistation im Kibbuz Ma'anit war berühmt für ihr Arsenal kanadischer Karabiner. Jedes dieser Gewehre wog stattliche fünf Kilo, das ein Kilo schwere Bajonett nicht mitgerechnet. Jehoshua liebte es, uns nach Ma'anit zu führen und uns dort nach einem mindestens zweistündigen Gewaltmarsch mit den bleischweren Waffen zu quälen. Der kanadische Karabiner war mir nicht neu, da ich schon vor meiner Versetzung auf die Landwirtschaftsschule in der Polizeistation in Be'er-Ya'akov Gelegenheit gehabt hatte, damit zu üben. Von dieser Erfahrung berichtete ich Jehoshua jedoch nicht, auch nicht, als er meine »schnelle Auffassungsgabe« lobend hervorhob und die Geschicklichkeit, die ich beim Auseinandernehmen und Wiederzusammensetzen des Gewehrs bewies.

Nachdem wir uns mit der Waffe vertraut gemacht hatten, trainierte uns Jehoshua im Kampf Mann gegen Mann mit aufgepflanzten Bajonetten. Zuerst stürzten wir uns mit markerschütterndem Geschrei auf mit Stroh gefüllte Säcke, stachen die Bajonette hinein und zogen sie mit kreisenden Bewegungen wieder heraus.

»Das Hin- und Herdrehen des Bajonetts vergrößert die Stichwunde und lässt sie zu einer tödlichen Verletzung werden«, erklärte Jehoshua, den üblichen Anweisungen eines Lehrbuchs zur Waffenkunde folgend: »Ziel der Übung mit dem Gewehr ist es zu lernen, wie mit Hilfe dieser Waffe der Feind auf bestmögliche Art und Weise getötet wird …«

Danach lernten wir, wie wir einen mit aufgepflanztem Bajonett heranstürmenden Gegner überwältigen, ihn zu Boden werfen und ihm einige tödliche Bajonettstiche beibringen konnten. Der Umgang mit den Bajonetten erforderte äußerste Vorsicht, damit niemand verletzt wurde. Außerdem mussten wir auf der Hut vor einem Überraschungsbesuch des britischen Offiziers sein, dem die Station der jüdischen Hilfspolizei unterstand. Da der Kibbuz Ma'anit auf einer felsigen Anhöhe lag, zu der sich nur ein einziges schmales Sträßchen hoch schlängelte, reichte es aus, einen Schüler auf dem Dach der kibbuzeigenen Stärkefabrik »GALAM« zu postieren. Von dort konnte der Posten jedes sich nähernde Fahrzeug bereits in einer Entfernung von mehreren Kilometern ausmachen. Den Beziehungen zu den arabischen Nachbarn maß Jehoshua große Bedeutung bei. Auf unseren Märschen im Rahmen der Geländeübungen suchte er regelmäßig die arabischen Dörfer der Umgebung oder ein Beduinenlager auf, um die Ältesten des Ortes zu begrüßen und sich und uns zu einem Gespräch unter Ehrenmännern bei einem Gläschen starken, süßen Kaffees einzuladen. Er sprach fließend Arabisch und beeindruckte unsere Gastgeber immer wieder durch die Rituale arabischer Höflichkeit, die er perfekt beherrschte, und die ihm neben mancher Ehrenbekundung vor allem Zugang zum

Herzen seiner Gesprächspartner verschafften. Diese spürten, dass sie es mit jüdischen *Djama'a* zu tun hatten, die zu irgendeiner militärischen Organisation gehörten (eine Vermutung, die sich auf unsere Khakikleidung, die Nahkampfstöcke in unseren Händen und die *Shabriyas* in unseren Gürteln gründete), und das steigerte noch den Respekt, den sie uns entgegenbrachten. Jehoshua wollte uns gegenüber mögliche Ängste zerstreuen und vermitteln, dass wir noch eine offene Rechnung mit den Briten zu begleichen hätten, den Störenfrieden, die uns Juden und unsere arabischen Brüder daran hinderten, Seite an Seite in Frieden und Eintracht zu leben.

»Wäre da nicht die Hetzpropaganda der Engländer«, sagte er, »könnten wir hier zusammen wie im Garten Eden leben.« Worauf unsere Gastgeber zustimmend nickten. Wir saßen schweigend dabei, nahmen aber sehr wohl die findige Vielschichtigkeit der Ausdrucksweisen wahr, mit deren Hilfe Jehoshua es verstand, auf Umwegen und mit unendlich viel Geduld das Gespräch auf jene Themen zu lenken, die ihn tatsächlich interessierten.

»Du kommst in ein arabisches Dorf oder ein Beduinenlager und willst etwas über ihre Haltung zum kommunistischen Russland erfahren – wie stellst du es an?«, wollte Jehoshua bei anderer Gelegenheit wissen, als er uns über Informationsbeschaffung instruierte. Dovle, Sohn eines Obst- und Weinbauern mit weitläufigen Besitzungen in Rechovot, der Arabisch von den Feldarbeitern, die sein Vater auf seinen Pflanzungen beschäftigte, gelernt hatte, meldete sich freiwillig:

»Nach den einleitenden Segenswünschen und dem Kaffee zur Begrüßung frage ich interessiert, wie es den Söhnen des Hausherrn geht, seinen Kühen und Schafen, um dann ausgiebig das edle Ross zu bewundern, das draußen angebunden steht.«

»Über Pferde sollte man ausgiebig reden, denn das ist ein beliebtes Thema in jedem arabischen *Madhafe*«, pflichtete Jehoshua Dovle bei, ehe dieser fortfuhr: »Dann lenke ich das Gespräch auf die Regenmenge, die der Winter schon gebracht hat, und frage, ob sie schon ausreichen würde, damit das Getreide auf ihren Feldern keimen würde. ›Bei uns‹, sage ich zu ihnen, ›steht das Korn schon so hoch …‹« Bei diesen Worten ging Dovle in die Knie und hielt die Hand etwa zehn Zentimeter über den Boden. »Und wenn sie erwidern, bei ihnen hätten die Felder gerade erst zu keimen begonnen, werfe ich schnell ein, ich wisse, dass in Russland der Weizen sehr schnell wachse und bereits nach zwei Wochen bis zu den Knien gehe. Und so fange ich ein Gespräch über Mütterchen Russland an …« Jehoshua strahlte vor Vergnügen, das ihm sein Musterschüler bereitete, und auch wir anderen ergötzten uns an Dovles Bauernschläue.

Da keine Möglichkeit zur Übung mit scharfer Munition bestand, verlagerte Jehoshua den Schwerpunkt der Ausbildung auf Nahkampf, Mann gegen Mann.

»Zur Zeit handelt es sich bei den allermeisten Zwischenfällen noch um Zusammenstöße mit arabischen Hirten und umherstreunenden Banden, die in aller Regel nur leicht bewaffnet sind, das heißt mit Stöcken und Messern«, erklärte Jehoshua. »Wir müssen ihnen mit ähnlichen Waffen begegnen, jedoch viel, viel besser sein als sie.« Was sich hinter diesem Anspruch »viel, viel besser« verbarg, sollten wir schon bald am eigenen Leib erfahren – vor allem ich selbst. Jehoshua nahm sich die Zeit und half jedem von uns bei der Suche seines Nahkampfstocks. Dazu durchkämmten wir alle Zitruspflanzungen, in denen wilde Orangenbäume wuchsen, deren Äste sich am besten für Kampfstöcke eigneten.

Wilde Orangenbäume mit ihren sauren Früchten pflanzten

die Obstbauern in der Regel entlang der äußeren Begrenzung der Plantagen, um ungebetene Besucher davon abzuhalten, in die Pflanzungen einzudringen und das Obst zu pflücken. Außerdem wurden die wilden Orangenbäume zum Aufpfropfen benötigt. Die meisten Orangenplantagen jener Tage lieferten Früchte der Sorte »Shamuti« und waren Kreuzungen von kultivierten und wilden Orangenbäumen, da Wurzelwerk und Stämme der wildwachsenden Gattung äußerst resistent gegen Krankheiten und Schädlingsbefall waren.

Ein aus dem Ast eines wilden Orangenbaums gefertigter Kampfstock zeichnete sich dadurch aus, dass er trotz aller Schlankheit auch den härtesten Schlägen standhielt, selbst wenn diese mit weitaus dickeren Knüppeln geführt wurden. Die Wucht des Schlages hingegen, der sich mit einem solchen Stock anbringen ließ, überstieg deutlich die von anderen Schlagstöcken. Zudem war er leicht zu tragen und zu handhaben, ohne jemals zu brechen oder sich auch nur zu verbiegen.

Wenn der passende Ast gefunden war, der eine Länge von ungefähr achtzig Zentimetern haben musste, wurde er vom Stamm gesägt, von Blattwerk, kleinen Ästen und Zweigen gesäubert und zuletzt von der Rinde befreit. Dann ließen wir den geschälten Ast zwei bis drei Wochen lang trocknen.

Der Stockkampf Mann gegen Mann bedeutete, dass wir einzeln in der Technik der Abwehr von Schlägen gegen den Kopf, den Körper oder das Kinn und in entsprechenden Angriffsschlägen ausgebildet wurden. Jehoshua deckte uns mit Schlägen ein oder befahl uns, ihn zu attackieren, wobei er die Verteidigungstechniken demonstrierte.

»Deeeeckung!«, brüllte er plötzlich und zielte mit seinem Stock nach dem Kopf eines seiner Rekruten. Und wehe dem, der nicht schnell genug seinen Stock hoch bekam, um den Schlag abzufangen. Danach, als sei nichts geschehen, fuhr

Jehoshua fort, sich angeregt mit uns zu unterhalten, etwas wieder und wieder zu erklären, bis ebenso unerwartet der nächste Angriff erfolgte. So lernten wir, ständig auf der Hut zu sein und immer damit zu rechnen, dass er uns angriff.

Im nächsten Schritt ließ Jehoshua uns paarweise in zwei parallelen Reihen Aufstellung nehmen und gab Anweisung, abwechselnd Angriff und Verteidigung zu üben: Mal attakkierte der eine, mal musste sich der andere seiner Haut erwehren.

»Ich will Mordlust in euren Augen sehen!«, herrschte er uns an. »Der Nahkampf ist vor allem ein psychologischer Kampf mit dem Gegner. Ihr müsst wissen, wie ihr ihn überrascht, damit er auf euren nächsten Schlag nicht vorbereitet ist.«

Zu guter Letzt kam der Augenblick des freien Kampfes. Immer paarweise nahmen wir im Zentrum eines Kreises Aufstellung und begannen, als das Zeichen erteilt war, aufeinander einzudreschen, was nicht selten mit ziemlich herzhaften Schlägen endete, die einer von beiden einzustecken hatte. Jehoshua war es, der die Paare bestimmte, wobei er darauf achtete, dass Kraft und Geschicklichkeit beider Kontrahenten möglichst gleich war. Mit derlei Ausgewogenheit war es jedoch schnell vorbei, wenn wir vom freien Kampf Mann gegen Mann zu Gruppenkämpfen übergingen.

»Es wird immer wieder vorkommen, dass man uns ruft, um ganze Banden zu vertreiben, die ihr Vieh auf die Felder getrieben haben oder gerade dabei sind, sich an fremdem Eigentum zu vergreifen«, erklärte Jehoshua. »Daher müssen wir Erfahrung sammeln, wie man sich beim Nahkampf in einer Gruppe verhält.« Und so wurden wir eines Tages in zwei Gruppen eingeteilt, die sich voreinander aufbauten. Die angreifende Gruppe rückte in Form einer Speerspitze unter Führung von Chanan vor, während die sich verteidigende Gruppe in zwei Linien Stellung bezog, von denen jede abwechselnd einen Ausfallangriff unternahm. Ich wurde der sich verteidigenden Gruppe zuteilt. Der Kampf fand auf der Grevilleenallee statt, deren Stämme die seitliche Begrenzung des Schlachtfeldes markierten, die nicht überschritten oder umgangen werden durfte.

Die Kämpfer der attackierenden Gruppe machten mit Vorwärts- und Seitwärtssprüngen Boden gut, wobei sie ihre Stöcke von unten nach oben schwangen, während wir frontal vorgingen, einmal die eine Linie stockschwingend in vorderster Front kämpfte, ehe die zweite Linie mit erhobenen Stöcken von hinten nach vorne stürmte und sie ablöste. Gerade hatte ich mich aus der hinteren Linie nach vorn ins Kampfgetümmel gestürzt, als plötzlich Chanan vor mir auftauchte und seinen Stock von unten nach oben schwingenden wie mit einem Blitzschlag meinen Kiefer traf.

Es war das erste Mal, dass ich verstand – oder genau genommen bis auf den Knochen spürte –, was der Ausdruck »Sternchen sehen« tatsächlich bedeutete. Ich sah wahrhaftig Sternchen! Blut spritzte aus Mund und Kiefer, heftiger Schmerz durchzuckte mich bis in die Haarspitzen und zwei Zähne – der eine in meinem blutenden Mund schwimmend und der andere noch an seinem Platz, jedoch locker hin und her wackelnd – kündeten vom ganzen Ausmaß des Schadens. Der Stock glitt mir aus der Hand, ich fiel auf die Knie und hielt mir vor Schmerzen das Kinn. Der Kampf wurde sogleich unterbrochen, und Jehoshua eilte – überrascht und ehrlich besorgt – zu mir.

Alles in meinem Kopf drehte sich, so dass ich mich auf Schöpsale und Chanan stützen musste, die mich den ganzen Weg bis zum Krankenzimmer untergefasst hielten. Chanan fand keine Ruhe vor lauter Bestürzung, und ihn quälten heftige Gewissensbisse wegen des Vorfalls. Trotz der Schmerzen und meiner Benommenheit versuchte ich, ihn zu beruhigen und ihm zu versichern, es sei nichts passiert, und dass ich auf jeden Fall wisse, dass es ein unglücklicher Umstand und keine Absicht seinerseits gewesen sei.

Jehoshua versprach mir, die *Hagana* werde für alle Kosten, die durch die ärztliche Behandlung und die Wiederherstellung meines Gebisses entstünden, aufkommen, ehe er mich zu einem Zahnarzt in die *Moschawa* schickte. Doch abgesehen von einer ersten, notdürftigen Behandlung, die ich dort erhielt und bei der vor allem die Wurzel des abgebrochenen Zahns entfernt wurde, sollten viele Jahre vergehen, bis ich eine Prothese anstelle des fehlenden Zahns erhielt.

Die Nachricht von meiner Verwundung und ihren Begleitumständen verbreitete sich unter den Schülern wie ein Lauffeuer und brachte uns den Ehrentitel ein, echte »Gorillas« zu sein, furchtlose Kämpfer, die ohne Rücksicht auf Verluste in die Schlacht zogen. Jehoshua wurde mit Lob überschüttet für die harte Schule, die er uns angedeihen ließ, worauf er unsere Ausbildung um Messerkämpfe, den Umgang mit kurzem Schlagstock und Jiu-Jitsu erweiterte. Innerhalb weniger Wochen wurden wir zur Vorzeigetruppe der ganzen Gegend, allzeit bereit, wenn man uns rief. Wir bekamen Anweisung, mit unseren Kampfstöcken am Kopfende des Bettes zu schlafen, und diejenigen unter uns, die in Besitz einer *Shabriya* waren, befestigten diese Abend für Abend mit einem Druckknopf am Gürtel ihrer Hosen. Die Bereitschaft der Truppe wurde auf die Probe gestellt, als ein englischer Soldat eine der Schülerinnen entführte und deren Freund verletzte. Zweifellos war es unsere sofortige Bereitschaft, unverzüglich die Suche nach dem entführten Mädchen aufzunehmen, die den Soldaten letztendlich davon abhielt, sein abscheuliches Vorhaben in die Tat umzusetzen. Unsere Geistesgegenwart und der spontane Einsatzwille, den wir bewiesen, brachten uns viel Lob, selbst seitens der Schulleitung, ein.

Für noch mehr Bewunderung und Anerkennung sorgte unser Auftritt beim jährlichen Treffen von Jugendregimentern und Feldtruppen der *Hagana*, das im Jahre 1945 in Shafiya abgehalten wurde. Es war ein begeisterndes Schauspiel, die vielen Hundert junge Menschen auf dem Fußballfeld des Jugenddorfes aufmarschieren zu sehen. Aus allen Himmelsrichtungen trafen Abteilungen junger Rekrutinnen und Rekruten im Gleichschritt marschierend ein. Laut Plan hatte jede Abteilung einen Fußmarsch von fünf Stunden bis nach Shafiya zurückzulegen, wobei auf genaue Einhaltung der Marschzeiten zu achten war, damit die einzelnen Verbände sich unterwegs nicht begegneten. Denn umso größer war die Überraschung, als die Marschformationen gleichzeitig aus allen Richtungen ins Jugenddorf strömten.

Überhaupt war es eines der wenigen Male, dass die örtliche Kommandantur der *Hagana* es wagte, derart viele ihrer Gefolgsleute gleichzeitig und wie auf dem Präsentierteller an einem Ort zusammenzuziehen. Wie wir erst später erfuhren, waren auf allen Anhöhen um Shafiya erwachsene Wachen mit Signalausrüstung postiert worden, die mit Morseflaggen und Heliographen am Tage und Signallampen für die Nachtstunden ausgerüstet waren. Außerdem patrouillierten auf allen Zufahrtsstraßen zum Jugenddorf pausenlos Pritschenwagen der jüdischen Hilfspolizei, und es fuhren »rein zufällig« Personenwagen aus den umliegenden Kibbuzim durch die Gegend, um rechtzeitig jede verdächtige Bewegung eines britischen Militärfahrzeugs feststellen zu können. Die ganze Veranstaltung demonstrierte Macht und Stärke, und vermittelte jedem von uns erneut Sicherheit und Vertrauen in unsere Führung und bestätigte, dass wir alles unternahmen, um für den Tag X gerüstet zu sein.

Josef Rochel, der spätere General Avidar und *Hagana*-Oberbefehlshaber der Region Galiläa, eröffnete das Treffen mit einer flammenden Rede. Damals kannte noch niemand seinen Namen, doch allen fiel seine Handprothese auf, und unwillkürlich verbanden wir die Person des Redners mit einer anderen, von uns verehrten Figur, mit Joseph Trumpeldor und seinem ruhmreichen Weg bis zur Legenden umwobenen Verteidigung von Tel-Chai. Wir spürten, wie sich das Helden- und Märtyrertum der Generation der Pioniere, der Männer des *HaShomers* und der Verteidiger von Tel-Chai, mit unserem Schicksal verband, als wir in Khakikleidung und Armeegamaschen in endlosen Reihen zum Appell auf dem Fußballfeld von Shafiya antraten.

Umgeben von Dutzenden Kampfverbänden junger Frauen und Männer stand ich in straffer Habachtstellung und lauschte den Worten des Redners. Doch vermittelte mir nicht die funkensprühende Ansprache Josef Rochels ein unbeschreiblich starkes Zusammengehörigkeitsgefühl, sondern die stille, sich ihrer Stärke bewussten menschlichen Gemeinschaft, die in der wohlorganisierten Gegenwart so vieler junger Menschen spürbar wurde. Alle waren wir aus genau dem einen Grund in Shafiya zusammengekommen und hatten das eine gemeinsame große Ziel. Damals erwuchs in mir die unerschütterliche Gewissheit, dass es uns gegeben sein würde, die Ziele des Zionismus zu realisieren und einen Staat für unser in der Diaspora verstreut lebendes Volk zu schaffen. Als die Reden beendet waren, kam die Zeit der Darbietungen, die die einzelnen Verbände vorbereitet hatten: Tänze, Exerzierübungen, Übermittlung von Meldungen mittels Signalflaggen, das Leisten von Erster Hilfe, lautloses Anschleichen an einen Wachposten, um diesen unschädlich zu machen, und vieles andere mehr. Schließlich kamen wir an die Reihe.

»Die Abteilung der Landwirtschaftsschule in Pardess-Chana präsentiert uns einen freien Nahkampf!«, dröhnte es aus den

Lautsprechern. Wir stürmten in zwei Gruppen aufgeteilt in die Mitte des Platzes: Eine angreifende Gruppe präsentierte sich in Formation einer Speerspitze, die auch diesmal von Chanan angeführt wurde, und die sich verteidigende Gruppe stand in Doppelreihe unter Führung von Schöpsale. Die Übung, die wir vorführten, wurde ein überwältigender Erfolg. Die beiden Gruppen leisteten sich einen Kampf, der kaum von einem echten zu unterscheiden war, so dass nur Gewandtheit und Technik der einzelnen Kämpfer Verletzungen verhinderte.

Die Menge jubelte uns immer wieder zu, und am Ende erhielten wir von der Organisationsleitung den Pokal für die beste Darbietung des Treffens. Natürlich brachten wir diesen voller Stolz in die Schule, wo er im Trophäenschrank des Internats einen Ehrenplatz neben all den anderen Pokalen erhielt, die unsere Schule bei Fußball- und Basketballturnieren oder Leichtathletikwettbewerben schon gewonnen hatte. Fortan wurde unsere Kampfgruppe regelmäßig bei Aktionen der *Hagana*-Führung in Pardess-Chana eingesetzt.

Als gegen Ende des Jahres 1945 der offene Kampf des jüdischen *Jischuws* gegen die britische Mandatsregierung wieder aufgenommen wurde, befanden wir uns im Herzen eines Aufmarschgebiets der britischen Armee, von wo aus die Einheiten ausrückten, die gegen die Kräfte der *Hagana* und des *Etzel* kämpften. Die berühmteste dieser Einheiten war die 6. Luftlandedivision, deren Soldaten wegen ihrer roten Baretts – der für Fallschirmjäger international üblichen Farbe – im jüdischen *Jischuw* vor allem unter der Bezeichnung »die Anemonen« bekannt waren.

Beinahe Alltag

Die 6. Luftlandedivision war in einem Armeelager stationiert, das nur einen Kilometer von der Schule entfernt lag
und später, nach Ausrufung des Staates Israel, als »Lager 80«
des NACHAL bekannt wurde. Unsere Aufgabe war es, das
Lager zu beobachten und unverzüglich jede größere Bewegung von Material und Soldaten zu melden, die zumeist von
irgendeiner bevorstehenden Militäraktion gegen eine der jüdischen Siedlungen kündete. Verließ eine Wagenkolonne
das Lager, wurde sie durch Spähposten, die an jeder Weg-
kreuzung saßen, verfolgt und ihre Route an die nächstgele-
gene *Hagana*-Kommandantur weitergegeben. So war es möglich, die Fahrtrichtung vorherzubestimmen und rechtzeitig
diejenige Siedlung zu warnen, die Ziel der Razzia und Durch-
suchung zu werden drohte.
Eines Tages kehrten Schöpsale und Uri'el mit schweren
Rucksäcken beladen in die Schule zurück. Als sie im Schlafsaal des Internats die Rucksäcke öffneten, kamen ganze
Uniformen zum Vorschein: Uniformhosen und Kampfjacken,
die das Fallschirmjägerabzeichen – Schwingen auf rotem
Grund – trugen, sowie rote »Anemonen«-Baretts. Nachdem
sie eine Nacht lang das Lager der »Anemonen« ausgespäht
hatten, zögerten die beiden nicht, auf dem Rückweg zur
Schule einen Kommandowagen, der gerade das Lager verließ, anzuhalten und um Mitfahrgelegenheit zu bitten. Unterwegs dann warfen sie zwei Rucksäcke, die zu ihren Füßen

gelegen hatten, hinaus und sammelten diese wieder ein, nachdem sie den Fahrer anhalten lassen und sich bedankt hatten. Alle wollten wir die Uniformen einmal anziehen und uns sogar darin fotografieren lassen. Noch Wochen später konnte man auf den Pfaden des Schulgeländes kleine britische Fallschirmjäger treffen, die mit gestriegelter Uniform und gewichsten Schuhen umherstolzierten.

Weitere Informationen über die Bewegungen der 6. Luftlandedivision bekam die *Hagana* durch den Vater unseres Klassenkameraden Amnon Kaspi. Vater Kaspi war seit Ausbruch des Zweiten Weltkriegs im Jahre 1939 ständiger Gemüselieferant der britischen Armeelager. Da nun Einheiten, die zu Aktionen gegen jüdische Siedlungen ausrückten, Kampfrationen mit auf den Weg bekamen, wurde an solchen Tagen die Menge des anzuliefernden frischen Gemüses verringert oder gar ganz gestrichen. Sobald Herrn Kaspi mitgeteilt wurde, dass er am nächsten Tag kein Gemüse zu liefern brauche, war sonnenklar, dass eine Militäraktion gegen eine der Siedlungen oder Kooperativen bevorstand. Sogleich wurde in allen Kibbuzim und Moshawim Alarm gegeben, wurden die illegalen Waffenbestände noch sorgfältiger getarnt oder sogar auf die Felder oder hinter den nächsten Hügel geschafft. Die Rekruten aus den Kursen der *Hagana* wurden auf die Häuser der Siedler verteilt und die Zelte der *Palmach* in den Kibbuzim eiligst abgebrochen, damit die Briten sie nicht entdeckten. Omnibusse und Lastwagen wurden bereitgestellt, um in den nahe gelegenen Städten und Ortschaften möglichst viele Menschen aufzulesen und diese schleunigst, und bevor eine Ausgangssperre erging, zu jenen Siedlungen zu fahren, denen ein »Besuch« der britischen Armee ins Haus stand. Dies war ein erprobtes Mittel, um im allgemeinen Durcheinander die Identifikation von *Hagana*- und *Palmach*-Kämpfern zu erschweren.

An solchen Tagen bekamen wir den Befehl, die Zahl der Beobachtungsposten um das britische Militärlager zu erhöhen und auch nachts Wache auf dem hohen Wasserturm der von Pardess-Chana zu halten. Die Militäraktionen gegen die jüdischen Siedlungen begannen meist um Mitternacht. Dann verließen die Einheiten ihre Camps, um die Siedlung, auf die sie es abgesehen hatten, noch vor Sonnenaufgang und ehe die Bewohner zur Arbeit auf die Felder gingen zu umstellen. Da nicht nur die »Anemonen«, sondern auch andere Einheiten der britischen Armee im Kampf gegen den jüdischen *Jischuw* eingesetzt wurden, war es der *Hagana* unmöglich, jede solche Aktion zu registrieren und rechtzeitig genug vor ihr zu warnen. Deshalb gab es in jeder Siedlung, jedem Kibbuz oder Moschaw Reisighaufen und anderes leicht brennbares Material. Es wurde entzündet und zu weit sichtbaren Signalfeuern, sobald die betreffende Siedlung angegriffen und eingekesselt wurde. Von unserem Beobachtungsposten aus mussten wir die Feuer orten, ihre Richtung bestimmen und die Siedlung, die von der britischen Armee angegriffen wurde, lokalisieren. Zu diesem Zweck waren wir mit besonders genauem Kartenmaterial ausgerüstet worden, das wir stets bei uns hatten, wenn wir zu unserem Beobachtungsposten auf den Wasserturm hinaufkletterten. Sobald ein Feuer zu sehen war und die Richtung, aus der es kam, bestimmt war, stieg einer von uns so schnell wie möglich hinab und eilte zum Telefonapparat in der Schule, um den Vorfall dem diensthabenden Funker der *Hagana* zu melden.

Ein bestürzendes, zugleich aber auch grandioses Schauspiel bot sich unseren Augen, als wir in der Nacht zum Schabbat, dem 29. Juni 1946, auf unserem Posten standen. Ich hatte gerade einen Blick auf meine Uhr geworfen: Es war kurz vor drei Uhr morgens. Noch drei Stunden, dachte ich bei mir, und wir konnten vom Turm hinabsteigen und uns in unsere

Betten fallen lassen, nachdem wir eine weitere Nachtwache glücklich überstanden hatten. Plötzlich wurde der Himmel von Dutzenden Signalfeuern erhellt! Wir trauten unseren Augen nicht, liefen auf der runden Aussichtsplattform des Turmes verstört hin und her – aus allen Richtungen kam der Feuerschein der entzündeten Reisighaufen, ließen überall aufflammende Signalfeuer das Schlimmste befürchten.

Schöpsale, der in jener Nacht gemeinsam mit mir Wache schob, stürzte vom Turm, um der Kommandantur Mitteilung zu machen, während ich kopflos hin und her lief und versuchte, die Siedlungen zu bestimmen, die da verzweifelt um Hilfe riefen.

Trotz des Ausmaßes der Katastrophe, auf das die Zahl der Signalfeuer schließen ließ, konnte ich mich der Faszination dieses unvergleichlichen und einmaligen Schauspiels nicht entziehen, starrte wie gebannt auf die Feuerpunkte am Horizont, die die Nacht erhellten. Unwillkürlich musste ich an die Signalfeuer denken, die die Juden in Erez Israel zur Zeit des Zweiten Tempels entzündeten, um den Gemeinden im Land und jenen in der Fremde von der Ankunft des Neumondes zu künden. Diesmal jedoch kündeten die Feuer von einer aufziehenden Katastrophe, die über die Juden in Erez Israel hereinbrechen sollte.

So brach der Morgen über jenem »Schwarzen Schabbat« an, dem 29. Juni 1946, ein Tag, der unser Leben und unseren Alltag in der Schule mit einem Mal von Grund auf ändern würde.

»Aufstehen! Aufstehen! Aufstehen!« Ignatz Merawsky, unser Sportlehrer, kam in den Schlafsaal gestürmt. »Guten Morgen, alle miteinander!« Dabei zog er rechts und links die Decken von den Betten.

Der Länge nach durchschritt er den Saal, machte kehrt und

gewährte jenen, die noch immer unter ihren Bettdecken lagen, eine »Zusatzbehandlung«. »Aufstehen, habe ich gesagt – und in Sportkleidung auf dem Hof antreten!« Dann stürzte er sich auf das Bett von Jeshai, der vergeblich versuchte, weiterzuschlafen. »Hast du noch nicht genug geschlafen, Jeshai?«, fuhr ihn Merawksy an und riss ihm die Decke weg, die Jeshai mit aller Kraft, doch vergeblich festgekrallt hielt. »Schlafen kannst du zu Hause, in den Ferien – und dich von deiner Mutter verwöhnen lassen«, verkündete Merawsky mit schwerem polnischen Akzent triumphierend und reckte stolz den Kopf, als wartete er auf beifälliges Klatschen.

Es war 5.30 Uhr morgens. Der blutrote Himmel kündete vom baldigen Aufgang der Sonne. Morgenkühle zog durch die Tür des Schlafsaals, die unser Sportlehrer, der noch einmal die Runde machte, um auch die letzten Langschläfer aufzuwecken, sperrangelweit aufgestoßen hatte. Ich zog hastig Sporthemd und Hose an und band meine Turnschuhe zu. Minuten später trabte ich mit den anderen beim Morgenlauf, der in der kühlen, klaren Luft jeden Rest von Schlaf vertrieb, um das Fußballfeld.

Wir liefen noch, als Merawsky endlich auch die letzten Nachzügler aufgescheucht hatte, nun im Laufschritt aus dem Internatsgebäude kam und sich an die Spitze der Kolonne setzte. Danach ließ er uns in weitem Abstand auf mehrere Reihen verteilt Aufstellung nehmen und verschiedene Lockerungs- und Gymnastikübungen machen, bis uns alle Knochen wehtaten. Nach einer halben Stunde intensiver Leibesertüchtigung entließ er uns schließlich, und wir gingen duschen und uns ankleiden.

Abgesehen allein von den Tagen, an denen es schon morgens in Strömen goss, hielt Merawsky seinen Frühsport das ganze Jahr über ab, sommers wie winters. So konnte uns auch die kalte Dusche, unter die wir nach der körperlichen Anstrengung mit noch dampfenden Körpern traten, nicht mehr schrecken. Doch die sportliche Betätigung und die nachfolgende Dusche mit kaltem Wasser härteten uns ab und machten uns unempfindlich gegen Erkältungen, die tatsächlich äußerst selten unter uns Schülern auftraten.

Der Sportsgeist, der an unserer Schule herrschte, war sprichwörtlich. Ausgewählte Schülermannschaften nahmen an allen lokalen und nationalen Wettkämpfen der höheren Schulen teil. Zu jeder Tageszeit konnte man Schüler sehen, die in ihrer Freizeit trainierten – die einen beim Laufen, andere bei Weit- oder Hochsprung. Merawsky legte großen Wert darauf, hoffnungsvollen Schülern in den verschiedenen Disziplinen Einzeltraining zu geben, ihre Rundenzeiten mit der Stoppuhr zu messen, ihre Starttechnik, die Körperhaltung beim Überspringen der Latte oder die Beinhaltung beim Weitsprung zu verbessern. Besonderes Augenmerk legte er neben Kugelstoßen und Diskuswerfen vor allem auf unsere drei Auswahlmannschaften im Basketball, Volleyball und Tischtennis. Da unsere Schule aber über kein Schwimmbecken verfügte, mussten wir in Bezug auf alle Arten von Wassersport passen.

Das Aushängeschild der Schule und der Stolz unserer Klasse war die Basketballauswahl. Alle Spieler der ersten Fünf kamen aus unseren Reihen: Chanan, Yoram und Jehoshua Yarkoni im Angriff, und die schwergewichtigen Ya'ir und Dovle, der schon fünfundneunzig Kilo auf die Waage brachte, in der Verteidigung. Diese Truppe erntete unzählige Erfolge und steuerte etliche Pokale zur Trophäensammlung der Schule bei.

Unser Stolz als Sportler kannte nahezu keine Grenzen, denn sogar bei den Partien, die unsere Fußballelf gegen Mannschaften der britischen Einheiten austrug, gingen wir manches Mal als Sieger vom Platz.

Unsere Schule war außerdem beliebtes Ausflugsziel namhafter Persönlichkeiten. Besonderes Interesse zeigten hochrangige Vertreter der britischen Mandatsmacht an ihr, Kommandeure der in der Umgebung stationierten Divisionen und Repräsentanten des Hochkommissariats. Was sie besonders anzog war der britische *touch* unserer Schule, der dem Vorbild der englischen Public Schools entsprach, und die besondere, spartanische deutsche Note, die Dr. Birem, der Leiter des »Real«-Gymnasiums in Haifa, dem unsere Schule angegliedert war, der Anstalt zusätzlich verlieh. Auch die Tatsache, dass unsere Schule die einzige landwirtschaftliche Einrichtung im ganzen Land war, die ihren Absolventen ein Abschlusszeugnis verlieh und ihnen so ermöglichte, ohne vorherige Aufnahmeprüfung – abgesehen von einem entsprechenden Sprachnachweis – an jeder Universität der Welt aufgenommen zu werden, weckte die Neugier vieler Besucher.

Der jüdische *Jischuw* in Erez Israel hatte in diesem Punkt und im Zusammenhang mit der Landwirtschaftsschule »Kaduri« noch eine offene Rechnung mit der britischen Mandatsverwaltung. Die Gründung dieser Schule war erst durch eine größere Summe, die der jüdisch-britische Millionär Eli Silas Kaduri in seinem Testament hinterließ, möglich geworden. Kaduri, der irakischer Herkunft war und die meiste Zeit seines Lebens in Indien verbracht hatte, wo er zu einigem Wohlstand gelangte, überschrieb der britischen Mandatsregierung über Palästina besagte Geldsumme, damit diese eine Landwirtschaftsschule für die Landeskinder gründe. In seiner Einfalt versäumte der Spender jedoch, ausdrücklich zu vermerken, dass er eine Landwirtschaftsschule für jüdische Kinder im Sinn hatte. Er ging vielmehr von der Annahme aus – so behaupteten später zumindest seine Angehörigen –, dass die Regierung Seiner Majestät, die es sich zur Aufgabe gemacht habe, in Palästina eine Heimstatt für das jüdische Volk zu errichten, mit seinem Geld folgerichtig eine jüdische Landwirtschaftsschule erbauen würde.

Die »objektive« britische Mandatsregierung dachte in diesem Punkt jedoch ganz anders. Sie machte sich eiligst daran, von dem Erbe gleich zwei Schulen zu gründen – eine für die Juden in der Nähe von Kfar-Tabor und eine für die Araber in Tul-Karem. Da zu jenem Zeitpunkt aber doppelt so viele Araber im Land lebten wie Juden, geriet die arabische Schule in Tul-Karem entsprechend zweimal so groß wie die Schule bei Kfar-Tabor. Infolge dieser Entscheidung fiel außerdem der Etat für die jüdische Schule derart gering aus, dass die Anzahl der Klassen, vor allem im Bereich der landwirtschaftlichen Fächer, reduziert werden musste und eine Aufstockung bis zur Erlangung des Reifezeugnisses nicht möglich war. Die Entscheidung entsprach ganz und gar der Kolonialhaltung der britischen Regierung zu den *natives*, den Eingeborenen, die – egal ob Juden oder Araber – in ihnen minderwertige Kreaturen sahen, die keine höhere Bildung benötigten. Wurden sie gute Bauern, so war das mehr als ausreichend. Unsere Schule hingegen weckte die Neugier der Briten, da hier der erfolgreiche Versuch unternommen worden war, aus eigener Kraft und dank Unterstützung der Bauernvereinigung, der Hilfe des »Real«-Gymnasiums in Haifa sowie der Bildungsabteilung des Exekutivkomitees eine Schule zu gründen, die einem derart hohen Niveau genügte.

So kam es, dass uns eines Tages der britische Hochkommissar Lord Gurret höchstpersönlich besuchte. Die gesamte Schülerschaft stand wie bei einer Militärparade auf der Grevilleenallee in zwei Reihen Spalier. Der hohe Gast schritt zwischen den beiden Reihen hindurch, blieb immer wieder stehen und wandte sich an einzelne Schüler mit der Frage nach ihrem Geburtsort. Und antwortete der betreffende Schüler, er sei nicht im Lande geboren, wollte der Hochkommissar wissen, in welchem Jahr er oder vielmehr seine Eltern denn eingewandert seien. Bei der Rede, die er wenig später auf Englisch vor Lehrern, Schülern, Würdenträgern aus der *Moschawa* und Repräsentanten der Bauernvereinigung hielt, konnte er sein Erstaunen über die Vielzahl der verschiedenen Herkunftsländer der Schüler nicht verbergen.

»Ich möchte zunächst bemerken«, begann Lord Gurret, »dass ich besonders von der Tatsache beeindruckt bin, aus wie vielen unterschiedlichen Ländern die Schüler stammen, die in Ihrer Anstalt lernen. Sie verkörpern – und zwar im wahrsten Sinne des Wortes –, den Prozess, der aus Ihrem Volk *ein* Volk zu machen verspricht. Zudem versinnbildlichen diese Schüler den Wandel, den Ihr Volk durchläuft: Ein Volk von Krämern wird unter Ihren Händen zu modernen und gebildeten Bauern, zu Arbeitern der Scholle und werktätigen Menschen.« Es war ungewöhnlich, eine solch »zionistische« Rede ausgerechnet aus dem Munde des britischen Hochkommissars zu hören. Tatsächlich ging Lord Gurret als der dem jüdischen *Jischuw* wohlgesonnenste Hochkommissar in die Geschichte ein, weshalb er auch sehr bald schon von seinem Posten enthoben wurde.

Eine andere hochrangige Persönlichkeit, die uns mit ihrem Besuch beehrte, war der Präsident der Zionistischen Weltorganisation, Professor Chaim Weizmann. Auch zu seinem Empfang standen wir auf der Allee Spalier, ehe wir später auf Bänken vor einer improvisierten Bühne saßen und seiner Rede lauschten.

Professor Weizmann war beeindruckt von der Art und Weise, wie an unserer Schule die praktische landwirtschaftliche Arbeit mit naturwissenschaftlicher Ausbildung verbunden wurde. In seiner Rede ging er auch auf das Siv-Institut ein, jenes bescheidene wissenschaftliche Institut, das er rund zehn Jahre zuvor in Rechovot gegründet hatte, und äußerte die Hoffnung, die Absolventen unserer Schule würden eines Tages ihre Studien dort fortsetzen. Weizmann ließ uns wissen, dass just in jenem Jahr – 1944 – das Institut erweitert worden sei, und er hoffe, dass in nicht allzu ferner Zukunft in Rechovot landwirtschaftliche Forschung auf universitärem Niveau betrieben werde.

»Ich sehe schon den Tag, an dem ihr nicht mehr bis nach Kalifornien reisen müsst, um an der dortigen Universität in Berkley eure Ausbildung im Fachbereich Agrarwissenschaften abzuschließen. Denn in Rechovot werdet ihr die Antwort auf all eure Wünsche finden!« Und tatsächlich sollte im Jahre 1952, dem Jahr, in dem Weizmann verstarb, die agrarwissenschaftliche Fakultät der Hebräischen Universität in Rechovot gegründet werden.

Der Präsident der Bauernvereinigung und Vorsitzende des Schulaufsichtsrates, Herr Achihod, antwortete dem Präsidenten und dankte ihm für seine lobenden Worte. Er ließ jedoch auch nicht unerwähnt, dass es die »Jüdische Kolonisationsvereinigung für Palästina«, eine 1924 von der Familie Rothschild gegründete Siedlungsgesellschaft, gewesen sei, die geholfen habe, die Schule zu gründen und zu unterhalten – und nicht etwa die Kolonisationsabteilung der Zionistischen Weltorganisation, deren Präsident Weizmann zum damaligen Zeitpunkt noch war. Achihod brachte außerdem zur Sprache, was in seinen Augen eine Benachteiligung der privaten Landwirtschaft zu Gunsten der genossenschaftlich organisierten Landwirtschaft der Kibbuzim und Moschawim darstellte.

»Sehen Sie es einmal so, verehrter Herr Präsident«, begann er. »Wir privaten Bauern sind doch altruistische Menschenfreunde: Im Schweiße unseres Angesichts erzeugen wir die

Früchte der Natur – Gemüse, Obst, Milch und Eier. Und was geschieht dann mit unseren Produkten? Der Fahrer, der sie in die Stadt bringt – verdient daran. Der Großhändler, der bei uns kauft, verdient daran. Der Einzelhändler, der unsere Produkte der Hausfrau verkauft, verdient daran. Wen interessiert es da noch, dass wir – die kleine Minderheit – draufzahlen? Wir sind mächtig »stolz«, dass dank unserer bescheidenen und defizitären Spende so vielen Juden ermöglicht wird, Gewinne zu machen und sich des Lebens zu erfreuen.«

Unterwegs im Land

»Schöpsale, vielleicht ist es ja dort?« Ich wies auf einige Lichter, die in der Ferne flackerten. Vier geschlagene Stunden stapften wir, die sieben eingeschworenen Wanderer der Klasse, bereits durch den Matsch der Jesre'el-Ebene auf der Suche nach der Ortschaft Kfar-Jehoshua. Und nicht genug, dass seit Stunden ein lästiger Regen erbarmungslos auf uns niederpeitschte, war nun auch noch die Nacht angebrochen. Durch die regennassen Gläser meiner Brille versuchte ich, die Richtung zu bestimmen, doch ohne Erfolg. Der Himmel war wolkenverhangen, so dass nicht ein Stern, an dem wir uns hätten orientieren können, zu sehen war. Einige von uns waren mit ihren Kräften am Ende, und um sie in der Dunkelheit nicht zu verlieren, gingen wir dicht hintereinander, immer die Hand auf den Rucksack des Vordermanns gelegt. Schöpsale war unsere Vorhut.

Vor der Überquerung der kleinen Bachnebenarme des Kishon, die bei heftigen Regenfällen mit einem Mal zu reißenden Flüssen wurden, hatten wir Angst. Die Ufer waren steil, und wehe dem, der nicht aufpasste und mit einem unbedachten Schritt hineinfiel – seine Chancen, wieder herauszuklettern ohne von den Fluten mitgerissen und bis ins Meer mitgetrieben zu werden, waren äußerst gering. Trotz unserer misslichen und gefährlichen Lage konnte ich nicht umhin, mich an einen Vers aus dem Hymnus der Dvorah zu erinnern, den ich nun – voller Ehrfurcht – im Stillen zitierte: »Der

Kishonfluss packte sie, ein Fluss aus grauer Vorzeit, der Kishonfluss, wappne dich, meine Seele.« Ich war unmittelbar hinter Schöpsale, als er sich zu mir umdrehte und flüsterte:»Avi, halt dich an meinen Gürtel fest. Wenn ich in einen der Nebenarme falle, kannst du mich herausziehen.« Schöpsale wollte vermeiden, dass die anderen ihn hörten. Einen Augenblick später wandte er sich mit lauter Stimme an die Kolonne in meinem Gefolge:»Freunde, Kopf hoch! Wir schaffen es, ich verspreche euch, dass wir es schaffen – nur ein wenig Geduld noch!« Und gleich darauf :»Chanan, bist du der Letzte?«, um sich zu vergewissern, dass niemand verloren ging. Der muskulöse, geschmeidige Chanan bildete die Nachhut und machte seine Arbeit gewissenhaft. In der Mitte unserer Marschkolonne gingen zwei Mädchen – Chedwa, Chanans Freundin aus der Klasse unter uns, und unsere Klassenkameradin Shira. Wir Jungen hatten den beiden die Rucksäcke abgenommen und trugen nun abwechselnd die zusätzliche Last.

Wie immer auf unseren Ausflügen hatten wir auch diesmal die asphaltierte Straße schon bald verlassen, um uns unseren Weg quer durch die Felder der Jesre'el-Ebene von Jokneam in Richtung Kfar-Jehoshua zu bahnen. Doch wir hatten nicht mit dem matschigen, tiefen Boden gerechnet, der jeden unserer Schritte zur Qual werden ließ. So überraschte uns die Dunkelheit und ließ uns ohne jede Orientierung kopflos durch die verschlammten Felder stapfen.

Aber ein Späher wie Schöpsale gab so leicht nicht auf. Sein Orientierungssinn war beinahe sprichwörtlich. Vor Antritt der Wanderungen studierte er gewissenhaft die Karten, prägte sich die Routen ein und hielt unterwegs exakt auf unseren Bestimmungsort zu, ohne nach rechts oder links abzuweichen. Auch dieses Mal besann er sich und ließ sich weder durch den Regen noch durch die Finsternis beirren, bis wir schließlich wieder festen Boden unter den Füßen spürten: Wir hatten die Straße gefunden.

»Wir sind auf dem richtigen Weg«, munterte uns Schöpsale auf. »Von jetzt an ist es ein Kinderspiel, bald sind wir da.« Doch die anderen waren zu sehr erschöpft, legten trotz der Nässe und der Sturzbäche, die sich über die Straße ergossen, ihre Rucksäcke ab und sanken völlig entkräftet nieder. Schöpsale, Chanan und ich sonderten uns ein wenig ab, um zu beratschlagen. Schöpsale wies auf die nächste Steigung hin und versicherte uns, dass hinter der nächsten oder spätestens übernächsten Straßenkehre die Lichter von Kfar-Jehoshua zu sehen sein müssten und wir in weniger als einer halben Stunde dort wären.

»Wir lassen sie eine Viertelstunde ausruhen«, schloss er. »Dann hilfst du, Chanan, Chedwa auf die Beine, und du, Avi, kümmerst dich um Shira. Beim Gehen sollen sie sich auf euch stützen. Ich überrede Hillel und Noach, aufzustehen und sich auf mich zu stützen. Von jetzt an müssen wir nicht mehr in einer Reihe hintereinander hergehen, sondern können paarweise nebeneinander laufen.« Und so geschah es: Wir fühlten uns wie Flüchtlinge in dem Kriegsfilm, den wir vor kurzem gesehen hatten, schleppten uns, den Gefahren (Regen und Matsch) glücklich entkommen, zu einem warmen, trockenen und sicheren Unterschlupf.

Die »Siebener Bande« hieß es in der Schule, wann immer wir zu unseren Wochenendausflügen aufbrachen. Genau genommen waren nur vier bei jeder Wanderung mit von der Partie: Schöpsale, Chanan, seine Freundin Chedwa und ich. Dazu erlaubten wir in wechselnder Besetzung drei – jedoch nicht mehr – von unseren Kameraden, sich uns anzuschließen. Schöpsale pflegte zu sagen, dass es langweilig sei, mit weniger als sieben Personen zu wandern, und manchmal sogar gefährlich, etwa wenn es zu Reibereien mit arabischen

Hirten oder Bewohnern der benachbarten Dörfer kam. In der »Menge« – also mit mehr als sieben Personen – zu wandern, mache es hingegen unmöglich, die Landschaft zu genießen. Am Freitagnachmittag brachen wir zu unseren Wanderungen auf und setzten uns in einer Entfernung von ungefähr vier Marschstunden ein Ziel, wo wir die Nacht verbringen konnten. Meistens kündigten wir unser Kommen in den Sekretariaten der Kibbuzim an, damit man uns erlaubte, dort zu schlafen, oder wir informierten Bekannte oder Angehörige in einem der Moschawim. Obgleich wir Decken und Proviant immer bei uns hatten, um nicht von unseren Gastgebern abhängig zu sein, kam es niemals vor, dass wir nicht in den Speisesaal gebeten wurden oder man uns kein passendes Schlaflager bereitet hatte. In jenen Tagen waren die Kibbuzim und Moschawim noch recht einsam gelegen und ihre Bewohner freuten sich über jeden Besucher, der sich zu ihnen verirrte.

So »durchpflügten« wir an unzähligen Wochenenden die schroffen Höhenzüge des Carmels und seine Wälder, besuchten die Drusendörfer Daliyat al-Carmel und Assufiya, die Ortschaften Sichron Ya'akov und Shafiya, wo Schöpsales Onkel als Lehrer arbeitete. Wir dehnten unsere Märsche bis in die Jesre'el-Ebene aus, besuchten die Moschawim Nahalal und Kfar-Jehoshua sowie die Stadt Afula und erreichten auf einer unserer Wanderungen sogar den Berg Tabor. Nicht alle Wege waren sicher, doch das Auftauchen einer Gruppe von fünf, manchmal sogar sechs jungen Burschen, die mit Nahkampfstöcken und *Shabriyas* bewaffnet waren, genügte in der Regel, um die Shabbab, die arabischen Jugendlichen davon abzuhalten, sich mit uns anzulegen.

Das Risiko, das die Wanderungen in rein arabisch besiedelten Landstrichen mit sich brachten, ließ unsere Streifzüge nur noch interessanter und aufregender werden. Die Märsche erschlossen uns unbekannte Gegenden unseres Landes und gewöhnten uns daran, uns in der freien Natur zurecht zu finden. So machten wir uns die fremden und deshalb auch ein wenig Angst einflößenden Weiten zur vertrauten, geliebten Heimat.

Besonderes Interesse entwickelten Schöpsale und ich an der Landwirtschaftsschule für Mädchen, die etwa vier Marschstunden von unserer Schule entfernt lag.

»Ein solcher Hühnerstall, wo es vor Junghühnern nur so wimmelt, ist wie ein Magnet«, stellte Schöpsale fest. »Eine derartige Gelegenheit darf man sich einfach nicht entgehen lassen.« Zwei ehemalige Klassenkameradinnen von Schöpsale waren jetzt Schülerinnen dort, und er nutzte ihre Bekanntschaft aus, uns Zugang zu diesem Paradies zu verschaffen. Wir trafen gewöhnlich am Freitag gegen Abend bei der Schule ein und warteten draußen, bis das Abendessen beendet war. Wenig später tat sich im Zaun eine Seitenpforte auf, und eines der Mädchen lotste uns still und heimlich aufs Schulgelände. Hier gab es keine großen Schlafsäle wie in unserem Internat, sondern kleine, von je vier Schülerinnen bewohnte Einzelräume. Wir wurden in eines der Zimmer bugsiert, wo bereits zwei Teller mit lauter Köstlichkeiten des Schabbatmahls aus der Schulküche auf uns warteten. Außerdem wurden wir mit Kuchen und Kaffee, den die Mädchen auf ihrem Zimmer frisch aufbrühten, bewirtet.

Das erste Zusammentreffen war ein wenig peinlich, denn wir fanden im Raum nicht weniger als acht Mädchen vor, die – wie sie sagten – gekommen waren, »um die Freunde von Etti und Ruchamä kennen zu lernen«, Schöpsales ehemaligen Klassenkameradinnen. Alle gingen in die dritte Klasse, die zugleich die Abschlussklasse auf jener Schule war. Schnell fanden wir heraus, dass sie wesentlich selbstständiger waren und weniger unter pädagogischer Kontrolle standen, als es in unserem Internat der Fall war: Ein gemeinschaftliches »Licht aus« gab es hier genauso wenig wie den Kontrollgang, bei dem die Erzieherinnen in die Zimmer kamen, um sicherzustellen, dass alle in den Betten lagen.

Die Tatsache, dass sie uns gegenüber in der Überzahl waren, verlieh den Mädchen, die sich im Zimmer versammelt hatten, ein Selbstbewusstsein, wie wir es bei Mädchen nicht gewohnt waren: Wir fühlten uns wie »zur Schau gestellte Ware«, und die Bemerkungen und Frotzeleien, die wir zu hören bekamen, hätten genauso gut von einer Gruppe Halbwüchsiger, die einem einzelnen Mädchen hinterherschaut, kommen können. Später wurde uns berichtet, dass, als von der Schulleitung beschlossen wurde, die reine Mädchenschule zu einer gemischten Schule zu machen, die Schülerinnen Aufstellung nahmen, um die erste kleine Gruppe von Jungen mit genau dem gleichen Machogehabe zu empfangen und ihnen auf dem Weg zur Jungendusche nachzupfeifen.

Auch wir hatten ähnliche Gefühle, als wir nun einer solchen Ansammlung von Mädchen gegenübersaßen. Doch die »Vorstellung«, die wir ihnen gaben, währte nur kurz. Die Mädchen verließen eines nach dem anderen das Zimmer, bis wir mit den beiden Freundinnen Schöpsales aus seiner *Moschawa* alleine waren. Allem Anschein nach hatten die beiden auf Grund vorheriger Absprache das »Recht der ersten Nacht« an uns zugesprochen bekommen. Ihre beiden Zimmergenossinnen hatten für diese Nacht ein Ausweichquartier gefunden. Schöpsale hingegen hatte mich vorsorglich mit Kondomen versorgt, und als nun das Licht erlosch, wurden das allgemeine Flüstern, Kichern und die Bewegungen der Körper in den beiden parallel zueinander stehenden Betten zu einer Melodie, die uns vieren half, unsere Verlegenheit angesichts der »Gruppenintimität« abzulegen.

Natürlich waren wir nicht die Ersten, die dieses Paradies entdeckten. Die Burschen aus den Moschawim und die jungen Kibbuzniks aus der Umgebung unterhielten wesentlich engere Beziehungen zu den Schülerinnen als zwei flüchtige Besucher, wie wir es waren, die nur für eine Nacht blieben. Tatsächlich sollten etliche der Mädchen nicht in die Ferne schweifen. Sie heirateten junge Männer aus den nahe gelegenen Moschawim und Kibbuzim und machten so die nähere Umgebung der Schule zu ihrem festen Zuhause.

Doch dieser Umstand hielt weder Schöpsale noch mich davon ab, der Mädchenschule alle paar Wochen einen Besuch abzustatten.

Einen weiteren Ausflug unternahmen Schöpsale und ich in den letzten Pessachferien vor den Abschlussprüfungen. Schöpsale wollte die Ferien nicht zu Hause verbringen, während ich außer dem Kibbuz, dem sich mein Bruder nach dem Tod unserer Mutter angeschlossen hatte, ohnehin kein Zuhause mehr hatte, wo ich in den Ferien hätte hinfahren können. Wir beschlossen also, auf eine lange, einwöchige Wanderung zu gehen, an deren Ende Schöpsale in den Kibbuz Amir in der Chule-Senke zu seinem Onkel und ich in den Kibbuz meines Bruders im *Emeq* Beit-She'an fahren sollte.

Wir benötigten einen halben Tag, um mühsam per Anhalter nach Safed zu gelangen. In jenen Tagen waren die Araber, die in Safed und den um die Stadt verstreut liegenden Dörfern lebten, den jüdischen Bewohnern der Stadt nicht weniger feindlich gesonnen, als die Araber in Hebron, Nablus oder anderen Ortschaften mehr. Daher streiften wir durch das jüdische Viertel von Safed, besichtigten den antiken Friedhof und die Synagoge des Heiligen Ari, hüteten uns jedoch, das arabische Stadtviertel zu betreten. Dann ließen wir uns zu einem sehr verspäteten Mittagessen im Bussel-Sanatorium der Kupat-Cholim einladen. Die Köchin dieses Sanatoriums war früher in unserer Schulküche beschäftigt gewesen, weshalb wir es für angebracht hielten, ihr einen Besuch abzustatten.

Es war vor allem Schöpsale, der besonders enge Beziehungen zu den jungen Köchinnen der Internatsküche unterhielt, um in den Genuss von Köstlichkeiten zu kommen, die nicht auf unserem regulären Speisezettel standen. Jetzt machten wir uns diese Kontakte zu Nutze und erfreuten uns an einem vorzüglichen Essen, woran auch der Umstand nichts änderte, dass wir gezwungen waren, es klammheimlich im hintersten Winkel der Küche einzunehmen.

Gleich nach dem Essen machten wir uns auf zu dem neuen Kibbuz Biriya, der ein Jahr zuvor, 1945, gegründet worden war. Doch die Häuser und Hütten des Kibbuz beherbergten inzwischen Einheiten der britischen Armee, die sich des Kibbuz' zwei Monate vor unserem Eintreffen bemächtigt und seine Bewohner verhaftet hatten, nachdem bei ihnen illegale Waffenbestände gefunden worden waren. Seither war in unmittelbarer Nähe des Kibbuz ein Zeltlager entstanden, in dem eine große Anzahl von Kämpfern der *Palmach* stationiert war. Sie hielten sich ständig dort auf, nachdem es zum großen Aufeinandertreffen der britischen Armee mit 3.000 Angehörigen des jüdischen *Jischuws* gekommen war, die die Freilassung der Inhaftierten und die Rückgabe von Biriya an seine Bewohner forderten.

Die Sonne begann schon zu sinken, als wir noch immer vergeblich auf irgendein Gefährt warteten, das westwärts in Richtung Haifa fuhr und uns hätte mitnehmen können.

»Wir gehen zu Fuß«, beschloss Schöpsale plötzlich und schon marschierte er los. Ich ließ mich nicht lange bitten und stapfte ihm nach, die Straße hinunter auf Ain-Zaitun zu. Bald schon waren wir vom lebhaften Treiben der arabischen Ortschaft umgeben, sahen Dutzende ihrer Bewohner in Cafés sitzen, Wasserpfeife rauchen, Mokka schlürfen und Tawila spielen. Sie sahen uns erstaunt nach, ließen uns aber unbehelligt. Sobald wir jemandem begegneten, grüßten wir mit lautstarkem »Marhaba«, begleitet von einem freundlichen Lächeln. Nachdem wir die letzten Häuser der Ortschaft hinter uns gelassen hatten, bogen wir nach rechts auf einen unbefestigten Weg ab, der den Hügel empor nach Biriya führte.

Es wurde bereits dunkel, als wir unversehens am Eingang des Zeltlagers auftauchten und zwei Wachposten mit Strickmützen auf dem Kopf aufscheuchten. Die beiden beeilten sich, ihre »Sten«-Maschinenpistolen zu entsichern und auf uns zu richten.

»Keine Panik«, rief Schöpsale ihnen zu. »Wir sind Juden.«

Die Wachposten kamen näher und beäugten uns misstrauisch, und als sie festgestellt hatten, dass wir tatsächlich Juden waren, brachten sie uns mit großem Tamtam zu ihrem Kommandanten.

»Woher kommt ihr?«, wollte der junge Kompaniechef, dem eine Anstecknadel vom Kompanieführerkursus noch am Revers blinkte, von uns wissen. Er saß in einem Zelt, das im Zentrum des Lagers aufgebaut war, und stützte sich mit dem Ellbogen auf einen Feldtisch, auf dem eine Sturmlaterne wie ein Schornstein rußte.

»Aus Safed«, antworteten wir, bemüht, so gleichmütig wie möglich zu klingen.

»Ihr kommt jetzt aus Safed?« Er hob überrascht die Stimme. »Und ihr seid zu Fuß allein durch Ain-Saitun marschiert?« Als wir auch dies bestätigten, fasste er sich an den Kopf und fragte weiter: »Und niemand hat euch etwas getan?«

»Wie Sie selbst sehen können, sind wir heil und gesund.«

»Ihr habt bei weitem mehr Glück als Verstand. Nicht einmal wir wagen uns noch zu Fuß nach Ain-Saitun, sondern nur im Fahrzeug und unter Begleitung von Männern der jüdischen Hilfspolizei. Wisst ihr etwa nicht, wie viele Juden in den letzten zwei Wochen durch Araber in dieser verfluchten Ortschaft mit Steinen beworfen und verletzt worden sind?« Schweigend wiesen wir auf unsere Nahkampfstöcke und die *Shabriyas* in unseren Gürteln. Er warf einen langen Blick auf unsere Bewaffnung, hob dann die Augen zu uns und brach in schallendes Gelächter aus: »Was habt ihr denn da? Salz, das ihr mitgebracht habt, um es der Maus auf den Schwanz zu streuen? Um heil durch Ain-Saitun zu kommen, braucht man Maschinenpistolen und keine Nahkampfstöcke.«

Dann wurde er wieder ernst und bombardierte uns mit Fragen über den Grund unseres Besuchs und unsere weiteren Pläne. Wir berichteten ihm, dass wir uns gleich nach den bald anstehenden Abschlussprüfungen zum Dienst in der *Palmach* verpflichten wollten und nun noch eine letzte Wanderung machten, ehe wir uns ganz auf das Lernen konzentrierten. Doch wir hüteten uns, ihm aufzutischen, dass es unsere Absicht war, zu Fuß durch das Wadi Lamun und das Wadi Amud zum See Genezareth zu wandern, da er uns mit Sicherheit daran gehindert hätte, »unsere Dummheit« ein zweites Mal zu begehen. Stattdessen machten wir ihm weiß, dass wir am Morgen per Anhalter nach Rosh-Pina und von dort weiter zu den landwirtschaftlichen Siedlungen des Chule-Tals fahren würden.

Die Tatsache, dass wir eine Laufbahn in der *Palmach* anstrebten, brach das Eis. Der Kommandant lud uns ein, mit allen Soldaten seiner Kompanie zu Abend zu essen. Danach verbrachten wir, auf Matten in einem der Zelte sitzend, Stunden damit, begierig die Geschichten und Witze der Kameraden in uns aufzunehmen.

Im Laufe der Nacht erfuhren wir, dass ein Teil der Anwesenden zur so genannten arabischen Kompanie der *Palmach* gehörte. Ihre dunklen, orientalischen Züge waren sämtlich von schwarzen Schnurrbärten geschmückt. Die Geschichten, die die Männer zum besten gaben, würzten sie mit arabischen Ausdrücken und brachen an Stellen in lautes Gelächter aus, die uns nicht im mindesten verständlich waren. Vor allem genossen wir ihre Schilderung der Erlebnisse, die ihnen als Araber verkleidet in den Suks von Damaskus oder den Vergnügungsvierteln von Beirut widerfahren waren. So hockten wir mit vor Aufregung glühenden Gesichtern und bewunderten still die Erzähler. Wir wurden Zeuge der berühmten »Zeltgeschichten der *Palmach*«, noch ehe wir richtig dazugehörten.

Ein Pritschenwagen der Kompanie brachte uns am nächsten Morgen zurück zur Straße Akko-Safed. Schöpsale breitete eine Karte im Maßstab 1:100.000 aus, studierte sie ausgiebigst und meinte dann: »Gut, wir ziehen los.«

Wir machten uns daran, von Nordwesten aus einen gebührend weiten und sicheren Bogen um Safed zu schlagen, drangen dabei zusehends weiter in das Wadi ein und arbeiteten uns langsam nach Osten in Richtung des Sees Genezareth vor. Safed lag nun direkt über uns und gewann an Höhe je tiefer wir in das Wadi hinabstiegen. Als wir uns dann umwandten, erschien uns die Stadt wie ein hoch oben in die zerklüfteten Felsen gebauter Adlerhorst.

»Wir müssen den Eingang zum Wadi Lamun finden«, erklärte Schöpsale, der vorweg marschierte. »Wenn wir erst im Wadi sind, können wir uns nicht mehr verlaufen, denn es mündet direkt im Wadi Amud, und mit dem kommen wir ganz sicher zum See Genezareth.«

Unterwegs trafen wir auf einen arabischen Fellachen, der mit einer Grabschaufel ein Stück Land von ein paar Dutzend

Quadratmetern, auf dem Obstbäume wuchsen, bestellte, auf ein junges Hirtenmädchen, das gewissenhaft eine Hand voll Ziegen hütete, und auf zwei Frauen, die mit Sicheln essbare Kräuter und Gräser schnitten. Sie alle begleiteten uns mit erstaunten Blicken, erwiderten jedoch freundlich unser »Marhaba«.

Unser Pfad führte in Windungen stetig bergab. Jetzt kam uns auf einem Esel reitend ein Effendi von etwa fünfzig Jahren entgegen, dessen ausladender weißer Schnurrbart über die ganze Breite seines Gesichts ragte. Auf dem Kopf hatte er eine weiße *Kufiya*, die von einem goldfarbenen *Ikal* gehalten wurde, und um seine Schultern hing eine ebenfalls mit Goldfäden durchwirkte *Abbaya*. Man sah ihm an, dass er eine geachtete Persönlichkeit war und sich seiner Stellung wohl bewusst war. Wir machten ihm Platz und senkten die Köpfe zum Gruß: »Marhaba, ya Sidi – ehrenwerter Herr.« Dazu lächelten wir freundlich, und ehe er an uns vorbei war, beeilte sich Schöpsale zu fragen: »Hada et-tariq li-Wadi Lamun – ist das der Weg zum Wadi Lamun?«

»Na'am – ja«, bestätigte der Effendi mit einem Lächeln, hob die Hand, in der er einen Stock hielt, an dessen Ende Schweifhaare angebracht waren, um damit seinen Esel anzutreiben und lästige Fliegen zu verscheuchen, und wies in Richtung eines Wadis, das zu unserer Rechten nach Osten abzweigte.

»Kathir cheirak – haben Sie vielen Dank«, dankten wir laut und vernehmlich und setzen unseren Weg fort.

»So far, so good«, meinte Schöpsale, als wir außer Hörweite waren. Die Anspannung wegen der Suche nach dem Eingang des Wadis und vielleicht auch aufgrund des Risikos, in das wir uns begeben hatten, war ihm deutlich anzumerken. Wir marschierten in die Richtung, die uns der Effendi gewiesen hatte. Der Pflanzenbewuchs am Fuße des Wadis wurde immer dichter und verbarg uns gegen Blicke von oben durch ein beinahe undurchdringliches Geflecht aus Ästen und Laubwerk. In dem schummrigen Halbdunkel konnten wir die ersten Felsblöcke des Wadis, die von beiden Seiten näherrückten und nur eine schmale Öffnung ließen, erkennen.

»Wir sind auf dem richtigen Weg«, meinte Schöpsale. »Nur gut, dass die Vegetation hier so dicht ist und man uns nicht sehen kann.« Auch mir kamen allmählich Zweifel, was den Sinn unserer Unternehmung anbetraf: zwei Jungen allein auf sich gestellt, unterwegs in einer fremden und feindlich gesonnen Umgebung, ohne jemandem etwas davon zu sagen. Wenn uns hier etwas zustößt, dachte ich, wird nie jemand davon erfahren, denn wir werden ja nirgendwo erwartet. Wir werden einfach verschwunden sein, als hätte sich die Erde aufgetan und uns verschluckt. Doch ein Zurück gab es nicht, und der einzige Ausweg bestand darin, unserm ursprünglichen Plan zu folgen.

Bald hatten wir das Unterholz verlassen und die Steilwände des Wadis traten auseinander. Wir stapften jetzt durch niedriges Gestrüpp, das uns bis zu den Knien ging. Nach einer der Wegkehren eröffnete sich mit einem Mal der Blick auf den See Genezareth in voller Pracht vor uns, und unsere Stimmung besserte sich augenblicklich.

»Noch ein paar Kehren, und wir sind im Wadi Amud«, behauptete Schöpsale, nachdem wir bereits über eine Stunde marschiert waren. Da bemerkten wir weiter oben im Talkessel in einiger Entfernung zu unserem Pfad eine Gruppe von Häusern, offenbar ein kleines Dorf. Zahllose Pfade führten von dort zu dem Weg, auf dem wir uns befanden. Die Häuser erschienen ganz unvermittelt, als wir aus der letzten Windung des Wadis kamen, so dass wir für alle Welt sichtbar waren und keine Möglichkeit mehr hatten, das Dorf zu umgehen.

Uns blieb keine andere Wahl, als weiterzugehen. Augenblicke später kamen fünf Männer mit gezückten *Shabriyas* in den Händen aus den Häusern gestürzt und stürmten mit Gebrüll und Geschrei auf uns zu.

»Geh weiter«, raunte Schöpsale. Ich sah, wie er mit der Hand nach dem Hemdknopf über dem Gürtel tastete, um seine *Shabriya* ungehindert zücken zu können, und folgte seinem Beispiel. Etwa zehn Schritte von uns entfernt kam die Gruppe zum Stehen, und ihr Anführer, ein Mann von vielleicht vierzig Jahren, brüllte uns an: »Shu bidkum hon – was wollt ihr hier?« Auch wir blieben stehen. Schöpsale blickte ihn ruhig an und musterte ihn mit festem, kaltem Blick.

»Bidana b-ruch li Tabariya, min hon et-tariq li Tabariya – wir wollen nach Tiberias, ist das hier der Weg nach Tiberias?« Er wählte bewusst die arabische Bezeichnung der Stadt.

»Mafish tariq min hon li Tabariya – von hier führt kein Weg nach Tiberias«, antwortete der Araber. »Imshi, ruchu min hon wa kuss imo kullu-l-yahud – geht, verschwindet von hier, verflucht seien alle Juden«, endete er mit einer Verwünschung, fuchtelte mit seiner gezückten *Shabriya* und bedeutete uns, kehrt zu machen.

»Dreh dich ganz gemächlich um und keine Hektik«, flüsterte Schöpsale mir zu. Jetzt ging ich vorweg. »Bleib auf dem Weg und schau bloß nicht zurück«, gab er Order. So leiteten wir unseren Rückzug ein und warteten jeden Augenblick auf das Geräusch der Schritte unserer Verfolger. Doch nichts geschah. Sie blieben stehen, wo sie waren, und begleiteten uns mit den Augen, bis wir hinter der Spitzkehre des Wadis verschwunden waren.

»Und jetzt lauf, was du kannst!« rief Schöpsale und setzte sich wieder an die Spitze. Bald schon bog er in ein Seitental ab, um das Dorf zu umgehen und dann wieder ins Hauptwadi zurückzukehren. Kurze Zeit später ließen wir das Wadi Lamun hinter uns und marschierten zwischen den imposanten Felsblöcken des Wadi Amud hindurch. Am Grund des Wadis floss ein klarer Bach, begleitete uns mit seinem fröhlichen Plätschern und erfrischte uns mit seinem kühlen Nass.

Von jetzt ab passten wir auf wie die Schießhunde, um jede Begegnung mit Arabern zu vermeiden. Vor jeder Wegkehre überprüften wir, ob der Weg frei war, und ließen in regelmäßigen Abständen den Blick an den Hängen des Wadis empor gleiten, um sicherzustellen, dass nicht irgendein Hirte uns bemerkte. Zu guter Letzt stießen wir auf die hohe Felssäule, die sich am Eingang des Wadis erhob und ihm seinen Namen verlieh, und verewigten sie und uns mit Hilfe von Schöpsales Boxkamera.

Wenig später marschierten wir bereits auf der Straße von Tiberias nach Rosh-Pina in Richtung des Kibbuz Ginossar. Der Kommandant der örtlichen *Palmach*-Kompanie, bei dem wir nach unserer Ankunft im Kibbuz vorstellig wurden, mochte nicht glauben, dass wir soeben einen Marsch durch das Wadi Lamun und das Wadi Amud hinter uns gebracht hatten – nur wir beide allein.

»Erst vor zehn Tagen«, sagte er, »ist ein Zug von uns, der ohne Schusswaffen auf Patrouille im Wadi unterwegs war, angegriffen worden. Die Kameraden sind nur in Unterhosen davongekommen.« Er berichtete halb ernst und halb im Spaß, doch wir hatten keinen Zweifel, dass die Sache sich tatsächlich so ereignet hatte. »Ich kann kaum glauben, dass sie euch heil und gesund haben davonkommen lassen.«

Schöpsale hatte da seine eigenen Theorie: »Wir sind sehr selbstbewusst aufgetreten, sind nicht weggelaufen und haben nicht klein beigegeben«, meinte er. »Ich nehme an, sie hielten uns für die Vorhut einer größeren Marschkolonne, und haben sich daher damit zufrieden gegeben, uns zu vertreiben.« Schnell machte die Kunde von unserer Heldentat

im Lager der *Palmach* in Ginossar die Runde, und viele
kamen, um sich uns einmal näher zu beschauen und uns
sogar auf die Schulter zu klopfen. Nach dem Abendessen
wurden wir gebeten, unsere Geschichte noch einmal zum
besten zu geben, angefangen bei unserem Gang durch die
Ain-Saitun bis hin zum Zusammentreffen mit den Arabern
im Wadi Lamun.

»Ich finde, wir amüsieren uns prächtig zusammen«, meinte
Schöpsale am nächsten Morgen zu mir. »Warum solltest du
es da eilig haben, zu deinem Bruder zu kommen und in
seinem Kibbuz zu arbeiten, wo du doch Ferien hast?« Er
schlug mir vor, mit ihm gemeinsam seinen Onkel im Kibbuz
Amir zu besuchen und einige Tage dort zu verbringen.

Wir nahmen von unseren Gastgebern, den Palmachniks,
Abschied, und kaum eine Stunde später setzte uns der
Lastwagenfahrer, der uns mitnahm, an der Zollkontrolle von
Rosh-Pina wieder ab. Wir erzählten ihm, dass wir unsere
Shabriyas bei uns trügen und Angst hätten, man würde
unsere Kleidung abtasten und die Messer finden.

»Packt eure *Shabriyas* in die Rucksäcke und lasst sie bei mir
im Wagen. Ich bringe sie durch die Kontrolle, und auf der
anderen Seite könnt ihr sie wieder haben. Ich fahre jedoch
nicht weiter, so dass ihr euch eine andere Mitfahrgelegenheit
suchen müsst.« Sprach's und tat's. Dankend nahmen wir
nach der Kontrolle unsere Rucksäcke wieder in Empfang und
setzten uns auf die Veranda von Gitls Restaurant, um auf die
nächste Mitfahrgelegenheit zu warten.

»Gitls Restaurant« war in ganz Galiläa bekannt. Sogar an
Tagen schlimmster Lebensmittelknappheit konnte man bei
Gitl eine Portion Huhn oder ein gebratenes Täubchen, ein
Omelett aus drei Eiern und sogar eine Kalbszunge bekom-
men. In der Küche und als Bedienung im Restaurant arbei-
teten Araber aus dem nahen Dorf. Von ihrem Platz hinter

dem Kassentresen, den sie niemals verließ, brüllte Gitl ihre Anweisungen mit donnernder Stimme auf Arabisch durch den ganzen Laden. Dabei hatte sie einen so starken jiddischen Akzent, dass die arabischen Brocken, die aus ihrem Mund kamen, kaum zu verstehen waren.

Aus allen Ecken und Enden Galiläas kamen Gäste zu ihr, um ein vorzügliches Essen vorgesetzt zu bekommen, aber auch, um sich an ihrem jiddischen Arabisch zu ergötzen. Wie viele alte Pioniere in Galiläa war sie in beiden Sprachen, Jiddisch und Arabisch, zu Hause, genau wie viele arabische Arbeiter und Hausangestellten, die in Häusern von Juden tätig waren.

Gegen Abend trafen wir im Kibbuz Amir ein und wurden von Schöpsales Onkel freudig begrüßt. Wir verbrachten vier herrliche Tage dort, aalten uns im Schwimmbecken des Kibbuz oder tauchten in die kalten Fluten des Jordans, der durch die Besitzungen der Kooperative floss. Wir stießen bis zum Wald der Vierzig und bis Tel al-Kadi vor, besuchten die Kibbuzim Dan und Daphne und dehnten unsere Ausflüge sogar bis Tel-Chai, bis zum Kibbuz Kfar-Giladi und Metulla aus.

Zum ersten Mal offenbarten sich uns die Schönheiten Galiläas, die zahlreichen Bäche und Quellen, der so genannte Ofenwasserfall und die Statue des brüllenden Löwen zum Gedenken an die Verteidiger von Tel-Chai. Wir ahnten nicht, dass wir schon in weniger als sechs Monaten im Rahmen der mit der Rekrutierung zur *Palmach* verbundenen *Hachschara* in eine der Siedlungen dieses Landstrichs zurückkehren und einen neuen Kibbuz an der libanesisch-syrischen Grenze errichten würden.

Die Zeit war gekommen, von Schöpsale Abschied zu nehmen. Sein Onkel beschaffte mir einen Platz in einem Tanklaster, der die Milch des Kibbuz direkt zur Kooperativmolkerei der *Tnuva* im Kibbuz Tel-Josef brachte, so dass ich eine Mitfahrgelegenheit bis zum Kibbuz' meines Bruders hatte.

Im Kibbuz im Emeq Beit-She'an

»Ich habe den Entschluss gefasst, mich einem Kibbuz anzuschließen«, hatte mein Bruder mir plötzlich eröffnet, während wir noch auf der Bank an einer der Alleen auf dem
Schulgelände saßen. Gerade hatte er besagtes Gespräch mit
dem Schulleiter nach Mutters Tod hinter sich gebracht. »In
der Stadt habe ich nichts mehr zu suchen«, fügte er hinzu.
»Ich habe keine engen Freunde, und nach Mutters Tod ist
mir die Wohnung kalt und fremd geworden. Jeden Tag leide
ich unter dem Gedanken, nach der Arbeit in Großmutters
Wohnung und unser trostloses Zimmer zurückkehren zu
müssen. Im Kibbuz werde ich wenigstens angenehme Gesellschaft haben und sowohl Gefallen an der Arbeit als auch an
den Freizeitgestaltungen finden.«
Mein armer Bruder, er war wirklich einsam. Ich hatte ja hier,
im Internat, wenigstens noch die engen Freunde, die die
Leere, die Mutters Tod hinterließ, ausfüllten. Die schulischen Probleme, die ich durchmachte, resultierten mehr aus
dem Verlust des letzten Rests von Sicherheit und Stabilität,
den Mutter ausstrahlte, auch wenn sie weit weg von der
Schule war. Jetzt war ich gezwungen, die Bruchstücke meiner Persönlichkeit, die mit Mutters Tod auseinander gefallen
war, aufzulesen und das Wesen meiner Existenz neu zu
definieren. Mein Bruder hingegen – so dachte ich zumindest
– benötigte eine Frau, mit der er sein Leben teilen und eine
gemeinsame Zukunft aufbauen konnte. Er musste einen Weg

ins Leben finden, während ich mir zunächst über das Leben klar werden musste, das ich leben wollte, wenn es so weit war.

»Ich habe Verbindung zu einem Kibbuz im *Emeq* Beit-She'an aufgenommen, alles junge Männer und Frauen in meinem Alter«, fuhr mein Bruder fort. »Ich habe vor, in zwei Wochen dorthin überzusiedeln. Deshalb habe ich Dr. Wachtingel gebeten, dir zu gestatten, nach Tel Aviv zu fahren und alles einzupacken, was du gern behalten möchtest. Wir stellen die Sachen dann in Koffern verschlossen in Großmutters Wohnung unter.« Das war es, dachte ich. Die letzte Ankertrosse war gekappt. Von nun an würde ich keinen Hafen mehr haben, den ich anlaufen konnte, nichts, wohin ich zurück konnte, keinen Ort, zu dem ich fuhr. Schluss, aus und vorbei. Von jetzt an gab es nur noch die Zukunft. Genau wie Lots Frau durfte man nicht zurückblicken. Ich spürte, wie mich Selbstmitleid überkam. Doch mein Bruder, als hätte er meine Gedanken gelesen, fuhr fort: »Was ich dir damals, am Tag, als Mutter starb, gesagt habe, hat nach wie vor Gültigkeit. Ich habe bereits mit dem Schatzmeister des Kibbuz vereinbart, dass ich die einhundertsiebzig Pfund, die ich gespart habe, um alle Zahlungen bis zum Ende deiner Ausbildung sicherzustellen, bei ihm deponieren werde. In dieser Hinsicht musst du dir keine Sorgen machen. Aber bitte, Avremale – lass es nicht so weit kommen, dass sie dich hier rauswerfen, denn eine Ausbildung, wie du sie jetzt hier bekommst, kriegst du nirgendwo sonst im Land. Sie würde dir dein ganzes Leben fehlen.« Wie sehr liebte ich in diesem Moment meinen Bruder, dem es die Sprache verschlug, sobald er etwas Emotionales, Persönliches oder Nettes zu sagen hatte. Es fiel ihm so schwer, aus seiner Schale auszubrechen, doch jetzt hatte er es getan – und das für mich, für mich! Er muss mich wirklich sehr lieben, dachte ich.

»Ich muss mich nur ein wenig im Kibbuz einleben, dann

kannst du mich besuchen kommen«, fuhr er fort. »Anstatt nach Tel Aviv zu fahren, kommst du zu mir, und bei mir im Kibbuz wird dein Zuhause sein, solange du möchtest.« Zum Abschied umarmten wir einander kräftig und küssten uns auf die Wangen. Ich begleitete ihn zum Bus und versicherte ihm, dass meine Lernkrise schnell vorübergehen würde, und sei es, nur um ihm eine Freude zu machen und ihn nicht zu enttäuschen.

Als ich jetzt zu ihm fuhr, konnte ich mich mit Fug und Recht als altgedienter Veteran fühlen. Mein Bruder hatte sich sehr gut in seinem Kibbuz eingelebt. Ihm war die Leitung der Schlosserei und die Planung von Projekten übertragen worden. Auch ich wurde im Kibbuz mit offenen Armen empfangen, vor allem als der Arbeitsverteiler und der Koordinator der einzelnen Wirtschaftszweige sich ein Bild von meinen Kenntnissen und Fähigkeiten auf landwirtschaftlichem Gebiet gemacht hatten. Im Kibbuz gab es nicht viele, die eine gründliche Unterweisung in den einzelnen landwirtschaftlichen Bereichen erfahren hatten. Meine Anwesenheit im Kuhstall oder den Hühnergehegen, auf den Feldern, wo Viehfutter angebaut wurde, oder im Gemüsegarten erwies sich als nützlich und oftmals sogar als dringend erforderlich. Am Ende jeder Ferien, die ich dort verbrachte, wurde mein Abschied vom Kibbuz stets vom großen Bedauern über den Verlust einer wichtigen Fachkraft überschattet, und wenn ich in den nächsten Ferien erneut zum Arbeitseinsatz kam, wurde ich jedes Mal freundlich und mit offener Zuneigung empfangen.

Nicht nur meine fachlichen Kenntnisse, sondern auch der Umstand, dass man mich ohne Probleme von einem Wirtschaftszweig zum nächsten verschieben konnte, verschafften mir im Kibbuz den Status, ein »Gewinn, der nicht mit Gold aufzuwiegen ist« zu sein. Denn der Einsatz von Kibbuzmitgliedern in unterschiedlichen Arbeitsbereichen war äußerst problematisch – jedes Mitglied hatte Forderungen, Wünsche und auch eherne Prinzipien. Dieser war bereit, nur in »seinem« Bereich zu arbeiten, jener war nicht dazu zu bewegen, bestimmte Arbeiten zu verrichten oder mit gewissen Leuten zusammenzuarbeiten. Der eine musste ausgerechnet an jenem Tag in die Stadt fahren, dem anderen tat der Rücken weh, weshalb er, obwohl er für diese Arbeit eingeteilt war, sich, bedauerlicherweise, außerstande sah, den Lastwagen abzuladen.

Ich hingegen hatte keinerlei Verpflichtungen und stellte keine Bedingungen, was die Verwendung meiner Arbeitskraft anbelangte, und trat, in welchen Wirtschaftszweig ich auch geschickt wurde, meine Arbeit an. So war ich eines Tages mit Judith, der Verantwortlichen für die Kleiderkammer, auf dem Weg zu einem alteingesessenen Kibbuz im Jordantal, um dort die wöchentliche Wäsche der Kleidungsstücke aus dem Kibbuz meines Bruders zu erledigen. Niemand war erpicht auf diese Aufgabe, die das Schleppen von Säcken mit nasser Wäsche, das stundenlange Stehen neben den Waschmaschinen und Wäschetrocknern und die Heimfahrt erst in den Abendstunden mit sich brachte. Rafi, der Fahrer, fuhr uns beide am Morgen hin, half mir, die Säcke mit der Schmutzwäsche neben der Waschbaracke abzuladen, und versprach, uns am frühen Abend wieder einzusammeln.

Den ganzen Tag über arbeiteten wir neben den Maschinen, die furchtbare Hitze abstrahlten. Manchmal mussten wir warten, bis wieder eine Maschine frei war, da die Wäsche des gastgebenden Kibbuz' stets Vorrang hatte, obgleich der Kibbuz meines Bruders für jedes Kilo gewaschene Wäsche gutes Geld bezahlte. Die Wellblechbaracke, in der die Wäscherei untergebracht war, steigerte die drückende Hitze nur noch.

Schweißüberströmt, von der Wärme wie betäubt und durchnässt von den Schwaden, die die Maschinen freisetzten, gingen wir unserer Arbeit nach. Ich musste aus den riesigen Waschmaschinen die zu nassen und schweren Knäueln verschlungenen Wäschestücke herausziehen, sie zum Tümmler schleppen und danach in saubere Säcke verpacken, um sie Zuhause zum Trocknen aufzuhängen.

Ich dachte an die autobiographische Erzählung des englischen Schriftstellers Jack London in seinem Buch *Martin Eden,* wo er die Fron beschreibt, die er in der Waschküche eines seiner Arbeitgeber zu verrichten hatte. Auch Judith und ich wurden durch eine ähnliche Mangel gedreht, denn abgesehen von zwei kurzen Essenspausen verbrachten wir den ganzen Tag in der heißen, von Schwaden durchzogenen, erstickenden Waschbaracke.

Ich arbeitete mit freiem Oberkörper und nur mit kurzen Shorts bekleidet. Judith trug einen Rock und eine enge Bluse, die schnell triefnass war und ihren Büstenhalter und ihren Brüste betonte. Einen ähnlichen Anblick boten auch die anderen Frauen, die dort arbeiteten. Doch ich hatte weder Zeit noch Kraft, mich näher mit den immer offensichtlicher zu Tage tretenden Reizen der Frauen zu beschäftigen, da ich alle Anstrengungen aufbieten musste, um unter der Last der schweren Arbeit zu bestehen.

Es war schon Abend, als Rafi, der Lastwagenfahrer, erschien, um uns zurückzufahren. Da dies für ihn eine zusätzliche Fahrt war, die er nach seiner eigentlichen Arbeit erledigen musste, hatte er seine Freundin dabei, damit diese ihm in der Fahrerkabine Gesellschaft leisten konnte, weshalb Judith keine andere Wahl blieb, als es sich mit mir auf den Säcken mit der nassen Wäsche, die Rafi und ich inzwischen aufgeladen hatten, bequem zu machen.

Die warme, stickige Luft lastete auch während der Fahrt

weiter auf uns. Sogar der Fahrtwind war heiß und trocken wie ein Fön. Wir lagen daher auf den Säcken ausgestreckt und genossen die kühle Feuchtigkeit, die von der nassen Wäsche auf unsere Rücken strömte.

Ich legte meinen Kopf auf Judiths Bauch, wie es üblich war, wenn man im Kibbuz zu Gespräch oder zu gemeinsamen Gesang zusammenkam. Judith war sechs Jahre älter als ich, weshalb ich mich ihr – wie auch allen anderen Frauen im Kibbuz – gegenüber stets korrekt verhielt und darauf achtete, Distanz zu wahren. Meine sexuellen Phantasien behielt ich für mich und hätte niemals gewagt, offen einer von ihnen nachzustellen, so wie wir es bei unseren Klassenkameradinnen in der Schule taten. Auch dass ich meinen Kopf auf Judiths Bauch legte, erschien mir unter den gegebenen Umständen vollkommen natürlich, und mit Sicherheit hätte ich es ebenso selbstverständlich gefunden, hätte sie den ihren in meinen Schoß gelegt.

Doch nach kurzer Zeit spürte ich unter meinem Kopf, wie ihre Atemzüge schneller und kürzer wurden. Ich drehte den Kopf ein wenig und lagerte ihn an eine ihrer Brüste, jeden Augenblick damit rechnend, dass sie mich ohrfeigen und zurechtweisen würde. Doch nichts geschah, außer dass ihr Atem schwerer ging. Ich ließ meinen Kopf weiter auf ihren Brüsten ruhen und nach einiger Zeit wandte ich ihr das Gesicht zu und umfasste ihre Brüste mit meinen Händen. Sie hatte ihre Augen hinter den Brillengläsern fest verschlossen, ihr Gesichtsausdruck schien in sich gekehrt und entrückt, als läge sie jetzt nicht unter mir. Also ließ ich eine Hand unter ihren Rock gleiten und langsam zwischen ihre Beine wandern.

Zu meinem maßlosen Erstaunen stieß meine Hand tastend auf ihr Schamhaar. Sie trug keine Unterwäsche … Während ich noch überlegte, welcher Schritt als nächstes zu tun war, schlug Judith die Augen auf, drückte mich auf den Rücken, schob ihren Rock hoch und setzte sich mit gespreizten Beinen auf mich. Mit einiger Mühe gelang es mir, die Knöpfe meiner Hosen aufzumachen und meine Unterhose herab zu streifen, denn Judith hatte es eilig, mich in sich aufzunehmen und sich kurzatmig keuchend auf mir auf und ab zu bewegen. Trotz aller Lust, die in mir brannte und willig Judiths immer schneller werdenden Rhythmus erwiderte, konnte ich mich angesichts der hemmungslosen Begierde einer Frau, die mir damals unendlich erwachsen und fern schien, des Gefühls nicht erwehren, noch ein rechtes Kind zu sein.

Judith rollte sich von mir herab und ließ sich wieder auf den Rücken fallen, ohne ein Wort zu sagen oder mich eines Blickes zu würdigen, als sei soeben nichts zwischen uns passiert. So blieb sie auf den Wäschesäcken liegen, tat so, als schliefe sie, mit gleichmäßiger und ruhiger werdenden Atemzügen, bis wir den Kibbuz erreicht hatten.

»Rafi, hilf Avi, die Wäschesäcke abzuladen. Stellt sie neben die Wäscheleinen. Wir hängen sie erst morgen zum Trocknen auf«, sagte sie und wandte sich ab, um zu ihrem Zimmer zu gehen, ohne einem von uns noch mit einem Blick zu bedenken. Ähnlich verhielt sie sich am nächsten Morgen und auch an den darauffolgenden Tagen. Doch aus den Augenwinkeln fing ich die Blicke auf, die sie flüchtig nach mir warf, wenn sie dachte, ich würde es nicht bemerken. Daher schlich ich mich hin und wieder in der Nähe der Kleiderkammer herum, und Judith, die mich wohl bemerkte, sagte kein Wort. Eines Abends war sie allein in der Kleiderkammer zurückgeblieben, um noch einige Hemden fertig zu bügeln. Ich hatte sie lange Zeit von außen beobachtet, trat in aller Unschuld und wie zufällig ein. Judith erhob sich von ihrem Platz, ohne mich anzusehen, und ging ins Nebenzimmer, wo in Säcken die getrocknete Wäsche darauf wartete, geplättet und gefaltet zu werden. Ich ging ihr nach, und als sie sich auf einen der Wäschesäcke setzte, war ich schon bereit.

Dies wiederholte sich von nun ab mit schöner Regelmäßigkeit: Ohne Umarmung, ohne Küsse, ja sogar ohne Liebkosen – nur »die Sache« an sich. Unsere sporadischen Begegnungen dauerten den ganzen Sommer über, den ich im Kibbuz meines Bruders verbrachte. Doch als ich in den nächsten Ferien voller Erwartungen eintraf, musste ich feststellen, dass Judith inzwischen in ein gemeinsames Zimmer mit einem der jungen Kibbuzniks gezogen war und mein »Vergnügen« vorbei war.

Ich sah sie dann im Speisesaal wieder und setzte mich zum Essen ihr gegenüber. Sie wechselte kein Wort mit mir. Erst als das Essen zu Ende war und sie das Geschirr auf ihrem Tablett zusammenstellte, warf sie mir lächelnd einen langen Blick zu, stand auf – und ging.

Der Kibbuz hatte sehr unter der Unverfrorenheit der arabischen Hirten aus der Umgebung zu leiden. Diese hatten besonders ein Auge auf die künstlich bewässerten Felder geworfen und trieben bei jeder sich bietenden Gelegenheit ihre Herde dorthin. Die Möglichkeit, den Speiseplan ihrer Kühe, Schafe und Ziegen um eine Portion Luzernen, Klee oder zarten, grünen jungen Mais zu bereichern, war einfach zu verlockend, vor allem während der Sommermonate, wenn der trockene, heiße Talkessel von Beit-She'an sich braun verfärbte und alles Grünzeug verdorrte. Wenn die arabischen Hirten den für die Felder zuständigen Wächter auf seinem Pferd heran galoppieren oder einige Kibbuzmitglieder auf der Ladefläche des hüpfenden Pritschenwagens näherkommen sahen, trieben sie ihre Herden zusammen und zogen sich mit ihnen auf die Hügel oberhalb des Tals zurück.

Die künstlich bewässerten Felder des Kibbuz lagen in der

Senke unterhalb des Anhöhe, auf der die Wirtschafts- und Wohngebäude der Kooperative errichtet worden waren, so dass es möglich war, frei fließendes Wasser auf die Felder zu leiten. Dieses Wasser kam aus den salzhaltigen Quellen des Tals und wurde in einem besonderen Mischbecken mit Süßwasser, das aus einem Brunnen der Wasserwerke »Mekorot« kam, vermischt. Der ganze Prozess machte es möglich, an Ort und Stelle eine großangelegte Feldforschung über den maximalen Salzgehalt von Wasser durchzuführen, das in der Landwirtschaft Verwendung finden konnte.

Die Kibbuzmitglieder waren stolz auf ihre Erfolge auf diesem Gebiet, da sie anstelle von 160 Milligramm Chlor auf einen Liter Wasser, was als der höchstmögliche Salzgehalt von Süßwasser galt, zu dem bahnbrechenden Ergebnis gelangt waren, Wasser mit einem Salzgehalt von sage und schreibe 600 Milligramm Chlor pro Liter zur Bewässerung der Felder zu verwenden, ohne die Böden zu übersäuern! Für die Weiterführung des Forschungsprojekts musste die Menge Grünfutter, die auf jeder Parzelle geerntet wurde, gewogen und genau registriert werden und ebenso genau Buch über jedes Quantum Wasser, das auf die Felder floss, geführt werden. Das wilde Weiden der arabischen Herden beeinträchtigte die Experimente, zerstörte die Bewässerungskanäle und -anlagen und verursachte dem Kibbuz erhebliche finanzielle Verluste.

Ein besonderer Wächter, zumeist ein Mitglied, das nur eine begrenzte Zeit pro Tag physische Arbeit verrichten konnte, wurde auf einem der Hügel postiert, um die anderen Mitglieder zu alarmieren, sobald die arabischen Hirten ihre Herden auf die Grünfutterfelder trieben. Doch die Hirten lernten schnell und fingen an, ihre Herden nur noch des Nachts auf die Felder zu treiben. Alles Vorstelligwerden des Kibbuzvorstehers bei den Ältesten der umliegenden Dörfer und den

Häuptern der Beduinenstämme blieb zwecklos – sie gaben sich ahnungslos und verurteilten gemeinsam mit dem Beschwerdeführer »solch ehrlose Kreaturen, die derartige Schandtaten begehen«. Sie versprachen dem Kibbuzvorsteher, dass die verantwortungslosen Hirten nicht aus ihren Dörfern oder Stämmen kämen, und dass sie die Kibbuzniks sofort informieren würden, sollte ihnen bekannt werden, wer die Gesetzesbrecher seien.

Es wurde also der Entschluss gefasst, ihnen eine Lehre zu erteilen. Wir legten uns an einigen Punkten rund um die bewässerten Felder auf die Lauer, und als die Herden auf die Felder kamen und tiefer in die Pflanzungen vordrangen, umzingelten wir sie und trieben einige Dutzend Kühe, Ziegen und Schafe zum Kibbuz. Dort wurde das Vieh in eine eigens zu diesem Zweck errichtete Umzäunung gepfercht. Die wenigen Hirten, die bei den Herden gewesen waren, waren in alle Richtungen auseinander gestoben und rannten, um Hilfe herbeizuholen. Bald schon stiegen über den unbefestigten Wegen, die aus den Dörfern und Beduinenlagern führten, Staubwolken auf. Mehrere Dutzend Araber, Fellachen und Beduinen, die meisten zu Fuß und einige hoch zu Pferd oder Esel, waren schon von weitem auf dem Weg, der zum Kibbuz empor führte, zu sehen.

Alarmbereitschaft wurde ausgerufen, und die mobile Truppe, bewaffnet mit den legal registrierten Waffen der örtlichen Hilfspolizeistation, kletterte auf die Ladefläche des Pritschenwagens, um sich jederzeit in Bewegung setzen zu können. Die übrigen Kibbuzmitglieder bewaffneten sich mit den Stielen von Spitzhacken und Schaufeln, die aus der Gerätekammer des Kibbuz geholt wurden. Ich jedoch stürmte in mein Zimmer und zog unter dem Bett meinen getreuen Nahkampfstock, den ich auf all meinen Wanderungen bei mir trug, hervor.

Der Vorsteher und der Wächter, die beide fließend Arabisch sprachen, ritten auf ihren Pferden der herannahenden Menge entgegen und trafen sie auf halbem Weg zur Anhöhe.

»Marhaba«, eröffneten die beiden den Gruß, worauf die Araber, die Stöcke und Messer in den Händen hielten, beim Anblick der zwei Männer, die es wagten, allein einer solchen Meute entgegenzutreten, verwundert stehen blieben.

»Marhabtein«, erwiderten einige der Älteren aus der Menge den Gruß.

»Falls ihr unsere Gäste im Kibbuz sein wollt, entbieten wir euch ein ›Ahalan wa Sahalan‹, erweist uns die Ehre und seid herzlich willkommen, wir freuen uns, euch zu bewirten.« Doch wie ein Dieb, der auf frischer Tat ertappt wird und nichts mehr zu verbergen hat, waren die Araber nicht bereit, bei diesem Wortspiel aus Höflichkeitsfloskeln, wie es in jedem Madhafe – dem Empfangsraum für Gäste in einem arabischen Haus – üblich war, zu verweilen.

»Wir wollen nicht als Gäste zu euch kommen, sondern verlangen, dass ihr uns unverzüglich unser Vieh, das ihr gestohlen habt, zurückgebt«, schrien einige aus der aufgebrachten Menge.

»Sind es denn etwa eure Kühe und Ziegen?«, wollte der Vorsteher mit aufgesetztem Erstaunen wissen. »Wir waren doch erst in der vergangenen Woche bei euch und haben uns über die Verwüstung unserer Felder beklagt. Und ihr habt uns gesagt, ihr wüsstet davon nichts und dass ihr uns Bescheid geben würdet, sobald ihr die Identität der Übeltäter herausgefunden hättet. Also bitte, sollen die, denen das Vieh gehört, kommen, die Tiere identifizieren und für den entstandenen Schaden bezahlen – dann geben wir ihnen in aller Form ihre Kühe, Schafe und Ziegen zurück.«

Die Menge hatte die beiden Emissäre jetzt schon fast eingekreist, und wir, die das Geschehen vom Hügel aus beobachteten, begannen, uns um sie zu sorgen. Der Kibbuzsekretär meinte sogar, sowohl die regionale Kommandantur der *Hagana* als auch die englische Polizeistation in dem hauptsächlich von Arabern bewohnten Beit-She'an über den sich anbahnenden Konflikt informieren zu müssen.

Die aufgebrachte Menge brüllte jetzt wild durcheinander. Der zynische Vorschlag der beiden Kibbuzniks, war mehr Provokation als sie vertragen konnten.

»Ihr gebt uns alles zurück und zwar sofort – sonst werdet ihr schon sehen!«, schrien sie und schwenkten ihre Stöcke und Messer. Von den Rändern der brodelnden Meute ertönten die altbekannten Rufe »itbach al-yahud – schlachtet die Juden« und »allahu akbar!«

Die beiden Kibbuzniks wendeten ihre Pferde und versuchten, die Einkesselung zu durchbrechen, während wir im Laufschritt den Hügel hinabstürmten. Es entwickelte sich ein Kampf mit Messern und Stöcken, wie ihn der Kibbuz seit seiner Gründung noch nicht erlebt hatte. Schnell fand ich mich in vorderster Front kämpfend wieder, ließ meinen Stock blitzschnell durch die Luft zischen und schlug auf meine Gegenüber ein. Nachdem ich während der Übungskämpfe den schmerzhaften Stockhieb gegen meinen Kiefer erlitten hatte, kannte ich keine Furcht mehr, und meine Stockschläge waren überlegter und präziser. Innerhalb weniger Minuten war ein Freiraum um mich herum entstanden, da die Araber sich hüteten, in Reichweite meines schwirrenden Stocks zu kommen. Doch unsere Gegner waren überall, vor uns und in unserem Rücken, so dass viele der Kibbuzniks, darunter auch mein Bruder, ordentlich Prügel einsteckten und vor allem am Kopf verwundet wurden. Andere erlitten Messerstiche.

Als die Lage kritisch zu werden drohte, wurde die mobile Truppe alarmiert. Diese kam auf ihrem Pritschenwagen herangestoben, und ihre Leute gaben einige Schüsse in die Luft ab. Angesichts der Feuerwaffen zogen sich die Araber überrascht zurück, und es war ihnen anzumerken, dass sie plötzlich viel von ihrem Selbstbewusstsein verloren hatten. Wir belauerten uns gegenseitig, als zwei gepanzerte Fahrzeuge der britischen Polizei auftauchten und zwischen den beiden verfeindeten Lagern zum Stehen kamen.

»Wir haben von weitem Schüsse gehört. Wer hat hier geschossen?«, fragte der befehlshabende Offizier. Der Vorsteher unseres Kibbuz trat auf ihn zu und stellte sich vor.

»Mein Kamerad, der hier neben mir steht, und ich befanden uns in Lebensgefahr«, erklärte er. »Deshalb haben die jüdischen Hilfspolizisten, die befugt sind, eine Waffe zu tragen, in die Luft gefeuert und uns vor der Meute, die drauf und dran war, uns zu lynchen, gerettet.« Wobei er auf Dutzende von Arabern wies, die mit Stöcken bewaffnet in einiger Entfernung standen. Der Offizier schaute sich um und sah unsere Verwundeten, die sich auf ihre Kameraden gestützt, blutend und hinkend den Hügel hochschleppten. Dann trat er an den Pritschenwagen, warf einen Blick hinein und überprüfte die Waffen, die die Männer von der mobilen Truppe auf die Ladefläche gelegt hatten.

»Bringt die Waffen in den einen Panzerwagen«, befahl er dann und wandte sich, als seiner Anweisung Folge geleistet wurde, an den Vorsteher und sagte. »Alle, die auf dem Pritschenwagen waren, und Sie auch, kommen mit mir zur Polizeistation in Beit-She'an.« Danach wandte er sich der arabischen Seite zu und wollte wissen: »Welche Beschwerden habt ihr gegen den Kibbuz?«

»Sie haben unser Vieh gestohlen und in ihren Kibbuz getrieben«, riefen einige.

»Herr Offizier«, ergriff erneut der Kibbuzsekretär das Wort. »Diese Leute verwüsten schon seit Wochen unsere Felder.

Sie treiben widerrechtlich ihr Vieh darauf und verursachen uns immense Schäden. Wir haben ganz einfach alles Vieh, das unerlaubterweise auf unseren Feldern weidete, zusammengetrieben, und verlangen nun von den Eigentümern der Tiere, dass sie uns für den entstandenen Schaden entschädigen.«

»Wem von euch gehört das Vieh, das zum Kibbuz getrieben wurde?«, fragte der Offizier scheinbar arglos. Einige der Umstehenden traten vor, darunter einige *Muchtars* und Stammesoberhäupter, bei denen die Abgesandten des Kibbuz in der Vergangenheit vorstellig geworden waren.

»Ihr kommt auch mit auf die Polizeistation. Und jetzt – alle auseinander!«, rief er Juden wie Arabern gleichermaßen zu. »Imshi, imshi – geht, geht! Auseinander!« Die Kunde von dem Zwischenfall verbreitete sich rasend schnell in allen umliegenden arabischen Dörfern und unter den Beduinenstämmen. Vor allem waren sie zornentbrannt darüber, dass ihnen ihr Viehbestand nicht zurückgegeben worden war. So etwas war in der Vergangenheit noch nie vorgekommen, denn die Repräsentanten der britischen Mandatsverwaltung waren stets auf ihrer Seite. Vor der Polizeistation in Beit-She'an begannen sich Hunderte von Arabern zusammenzurotten, so dass wir uns ernsthafte Sorgen um das Wohl unser Kameraden machen mussten. Der Vorsitzende des Regionalrats wurde durch den Kibbuzsekretär alarmiert und begab sich eiligst zur Polizeistation in Beit-She'an, ebenso wie einige alteingesessene jüdische Siedler aus der Gegend, die über Einfluss und gute Beziehungen zu den britischen Mandatsbehörden verfügten.

Ein endlos mühsames Feilschen und Verhandeln begann. Die zum Tragen einer Waffe berechtigten Kibbuzniks wurden in einem Schnellverfahren wegen »vollkommen grundlosen Gebrauchs scharfer Munition« zu einer Geldstrafe verurteilt. Darüber hinaus wurden der Leitung des Kibbuz und dem Vorsitzenden des Regionalrats besondere Bürgschaften abverlangt, dass so etwas sich nicht wiederholte. Doch unter dieser Bedingung sollten die Waffen an die jüdische Hilfspolizeistation zurückgegeben werden.

Die arabischen Viehbesitzer wurden aufgefordert, am nächsten Tag in den Kibbuz zu kommen und ihre Tiere zu identifizieren. Das Ganze erfolgte unter Aufsicht des britischen Offiziers. Für jede Kuh, Ziege oder jedes Schaf sahen sich deren Besitzer genötigt, ein halbes Mandatspfund zu bezahlen.

Danach hörten die Übergriffe und Sachbeschädigungen auf. Doch mein Bruder und einige andere Kameraden liefen noch wochenlang mit Kopfverbänden und bandagierten Armen und Beinen im Kibbuz herum. Mein Einsatz in vorderster Frontlinie war den Kibbuzniks nicht entgangen, und alle lobten meinen Mut und vor allem meine Fertigkeiten im Stockkampf.

Während meines Aufenthalts im Kibbuz sollte auch mir das zweifelhafte Privileg gewährt werden, in einem britischen Gefängnis einzusitzen – wenn auch nur für eine Nacht. Das Ganze passierte eine Woche nach dem Zusammenstoß mit den arabischen Hirten. Eine der Erzieherinnen erschien gegen Abend plötzlich in dem Raum, in dem die Arbeitspläne aufgestellt wurden, und behauptete, in den Kinderhäusern gäbe es nicht einen Tropfen Wasser mehr zum Trinken und um die Kinder zu waschen. Im Kibbuz meines Bruders gab es zum damaligen Zeitpunkt noch kein fließendes Trinkwasser aus der Leitung. Süßwasser wurde mit einem Tanklaster aus einem Nachbarkibbuz geholt, um dann die Wassertanks in der Gemeinschaftsküche und in den Kinderhäusern zu befüllen. Außerdem gab es ein großes Holzfass, das von einem

Wellblechdach beschattet neben dem Speisesaal stand, und aus dem sich die Mitglieder Trinkwasser zum Eigenbedarf in arabische *Dscharras* – irdene Tonkrüge – abfüllten, um diese mit in ihre Räume oder zur Arbeit zu nehmen. Das fließende Wasser, das in den Privaträumen aus der Leitung kam, war salzhaltig und nur zum Waschen oder Saubermachen bestimmt.

Den Kibbuz – und vor allem die Kinderhäuser – eine ganze Nacht lang ohne Trinkwasser zu lassen, kam sowohl wegen der stets vorhandenen Bedrohung als auch aufgrund der drückenden Hitze, die noch während der Nachtstunden herrschte, nicht in Frage. Doch infolge der wachsenden Aktivitäten der Bewegung des »Arabischen Widerstands« seit Anfang des Jahres 1946 war jeglicher motorisierter Verkehr des Nachts verboten und alle Straßen der Region von sechs Uhr abends an unter Ausgangssperre. Es wurde also beschlossen, eine der Kibbuzfrauen, die hochschwanger war, in die Fahrerkabine zu setzen, um sie »ganz dringend ins Krankenhaus zu bringen«.

Außerdem wurde noch ein Freiwilliger benötigt, der Rafi, dem Fahrer, helfen musste, den Tanklaster zu befüllen und die Tuchschläuche festzuhalten, solange das Wasser in die Tanks strömte. Freudig meldete ich mich für diese Aufgabe, doch mein Bruder war nicht bereit, mich alleine fahren zu lassen, und schloss sich mir an. Wir kletterten auf die Ladefläche des LKWs und quetschten uns für die Fahrt zwischen die beiden Tanks. Der Anblick der hochschwangeren Frau und vor allem ihr Stöhnen und Ächzen überzeugten die Briten, dass hier ein Notfall vorlag, und in der für sie typischen Gentlemanmanier ließen sie den Tanklaster passieren.

Doch diesmal war Rafi ein wenig zu schnell bei der Sache. Anstatt zwei oder drei Stunden unterwegs zu sein, was in etwa die Zeit war, die man brauchte, um eine hochschwangere Frau zur Geburt ins Krankenhaus nach Afula zu fahren, befüllte er die Tanks und raste auf den von Autos freien Straßen zurück. So fuhr unser Tross innerhalb weniger als einer Stunde ein zweites Mal an eben jenem Kontrollpunkt vor. Die britischen Polizisten erinnerten sich sehr wohl noch an uns und brachten ihr Erstaunen darüber zum Ausdruck, dass die Frau, die gerade noch kurz vor der Entbindung gestanden hatte, jetzt wieder im Fahrerhaus saß und nach Hause zurückkehrte.

Alle Erklärungen Rafis nutzten nichts und auch nicht die vorsorglich ausgestellte Bestätigung des Krankenhauses, eine Frau Soundso sei bei ihnen zur Untersuchung gewesen und für den weiteren Schwangerschaftsverlauf nach Hause zurückgeschickt worden.

»Und wer ist der Bursche, der da auf der Ladefläche hockt?« fragte der Polizist.

»Das ist der Ehemann der Dame«, antwortete Rafi.

»Und das junge Bürschchen da neben ihm?«

»Das ist der Bruder des Gatten, der Schwager der Dame«, blieb Rafi bei seinen »Erklärungen«. Doch diesmal ließen sich die Polizisten nicht von ihm hinters Licht führen und verlangten, Ausweispapiere zu sehen. Schnell war der ganze Schwindel aufgeflogen, und der Lastwagen von den Polizisten zur Polizeistation in Beit-She'an eskortiert. Nach endlosem Hin und Her erklärte sich der Stationsvorsteher schließlich bereit, Rafi die schwangere Frau in den Kibbuz zurückbringen zu lassen, doch erst, nachdem er eine ausführliche Anzeige gegen ihn aufgesetzt und ihm die Zusage abgenommen hatte, dass Rafi am nächsten Morgen erneut auf der Polizeistation vorstellig werden würde. Mein Bruder und ich bekamen jedoch, nachdem wir die Anzeige gegen uns unterschrieben und sie unsere Fingerabdrücke genommen hatten, zwei schmutzstarrende Armeedecken ausgehändigt und wurden dann für die Nacht in eine der Zellen der Polizeistation gesperrt. Glücklicherweise steckten sie keine weiteren Häftlinge zu uns in die Zelle. Doch trotz solcher »Annehmlichkeiten« wagten wir es nicht, uns auf die dreckigen Pritschen zu legen oder uns gar mit den Decken zuzudecken.

Am nächsten Morgen erschien der Kibbuzsekretär auf der Wache und löste uns aus, nachdem er die gegen uns verhängte Strafe beglichen hatte. Auch Rafi bekam ein Bußgeld verpasst, verbunden mit der Warnung, sollte er ein zweites Mal gefasst werden, werde man ihm den Führerschein entziehen.

Die Tage und Wochen, die ich im Kibbuz meines Bruders verbrachte, halfen mir letztendlich, mich selbst zu verwirklichen: Sie verschafften mir die unschätzbare Gelegenheit, das, was ich in der Schule gelernt hatte, praktisch umzusetzen. Sie boten mir Aktivitäten und aufregende Augenblicke außerhalb der eigentlichen Arbeitsstunden, und sie ließen mich einen Blick auf das werfen, was mich erwartete, wenn ich mich eines Tages meinem eigenen Kibbuz anschließen würde. Es ist daher nicht überraschend, dass ich die Ferientage im Kibbuz meines Bruders herbeisehnte, wie meine Klassenkameraden die Tage und Wochen, die sie im Hause ihrer Eltern verbringen würden.

Die damalige Zeit war eine schicksalhafte Phase für die Arbeiterbewegung im Lande Israel: Es kam zur Spaltung der »Partei der Arbeiter in Erez-Israel« (MAPAI) und zum Zerwürfnis in ihrer Jugendbewegung. Viele der Kameraden aus dem Kibbuz meines Bruders hatten führende Position innerhalb der »HaTnu'a HaMe'uchedet«, der Jugendbewegung der MAPAI inne. Meine persönliche Bekanntschaft mit ihnen sollte uns schon bald sehr helfen, einen Kibbuz zu finden, dem wir – ich und vier meiner Klassenkameraden – uns nach bestandener Abschlussprüfung im Rahmen der mit der Rekrutierung zur *Palmach* verbundenen *Hachschara* anschließen wollten.

Auf dem Weg in die Palmach

Schon während des Winters in unserem letzten Jahr auf der Schule tauchte die Frage auf, wohin sich jeder von uns nach Abschluss der Ausbildung wenden würde. Da der Zweite Weltkrieg inzwischen beendet war und die jungen Frauen und Männer des jüdischen *Jischuws* im Lande Israel sich nicht mehr zum Dienst in der britischen Armee meldeten, standen jedem Schulabgänger nur noch zwei Möglichkeiten offen, seinen Dienst an der Waffe zu leisten – der Eintritt in die Reihen der jüdischen Hilfspolizei oder die Rekrutierung zur *Palmach*. Die nationalen Organe verlangten von jedem Schulabgänger die Verpflichtung für ein Jahr, weshalb der Dienst in der jüdischen Hilfspolizei den persönlichen Plänen der meisten meiner Klassenkameraden entgegenkam, die vorhatten, ihre akademischen Laufbahn in Israel oder im Ausland fortzusetzen.

Um uns die Fortführung unserer Studien im Land selbst schmackhaft zu machen, war unser Lehrer Agassi mit der Versuchsstation in Rechovot übereingekommen, jedem von uns einen Eignungstest in Bezug auf die erworbenen naturwissenschaftlichen Kenntnisse zu ermöglichen. Wer diesen Einstufungstest erfolgreich bestünde, versprach uns Agassi, würde ohne weitere Prüfungen an der angesehenen naturwissenschaftlichen Fakultät der Hebräischen Universität in Jerusalem angenommen werden.

Die Einberufung zur *Palmach* schreckte viele ab, da die

Vertreter der *Palmach* sich strikt weigerten, genaue Angaben zur Länge der Dienstzeit zu machen. Gerüchte besagten, es sei auch denkbar, dass die allgemeine Lage uns zwingen würde, für die nächsten sieben Jahre in der *Palmach* zu dienen! Da wir alle wussten, dass der Beitritt zu einer der paramilitärischen Untergrundorganisationen – die *Palmach* mit eingeschlossen – jeden Rekruten zu absoluter Treue und Geheimhaltung verpflichtete, war klar, dass mit einer Untergrundarmee nicht zu spaßen war. Wir kannten ja die Losung: »Aus ihren Reihen befreit nur der Tod.«

Schöpsale sorgte mit Hilfe unseres Zugführers in der *Hagana*, Jehoshua »Viertelhähnchen«, dafür, dass der Rekrutierungsoffizier der *Palmach* zu einem Gespräch mit der Klasse geladen wurde. Diesem gelang es, die allermeisten Befürchtungen zu zerstreuen, indem er versprach, der Dienst werde auf zwei Jahre begrenzt sein. »Nur in Ausnahmefällen und für besonders verantwortungsvolle Funktionen werden geeignete Kameraden gebeten, sich für weitere Aufgaben, besonders in der Führungsebene, auch im Ausland zur Verfügung zu stellen.«

Das Leben in der *Palmach*, wie der Rekrutierungsoffizier es beschrieb, machte auf uns alle großen Eindruck: Dienst an der Waffe und gleichzeitiges Durchlaufen einer *Hachschara*, einer Vorbereitungszeit in einem Kibbuz, um später in die Lage versetzt zu werden, eine eigene Siedlung zu errichten. Damit die *Hachschara* mit Blick auf die spätere Siedlungstätigkeit nach unserem Ausscheiden aus der *Palmach* auch sinnvoll war, würden wir eine gemischte Gruppe aus jungen Frauen und Männern bilden. Außerdem sollte besonders darauf geachtet werden, die inneren Angelegenheiten der Gruppe während der *Hachschara* durch ein von uns zu wählendes Sekretariat regeln zu lassen. Reizvoll erschien uns zudem die Einfachheit des Lebens in der *Palmach* und die

270

enge Beziehung zwischen Befehlshabern und ihren Untergebenen, die ohne Salutieren, stumpfen militärischen Drill und
Rangabzeichen auskam. Auch die Möglichkeit, die einzelnen
Wirtschaftszweige des Kibbuz, der uns aufnehmen würde,
durchlaufen und sich in beruflicher Hinsicht weiterentwi-
ckeln zu können, sprach für sich. »Und außerdem ist da noch
die Faszination, die einmalige Faszination des Lebens in der
Palmach«, schwelgte der Rekrutierungsoffizier in Gefühlen
und Erinnerungen. »Die Lieder und Geschichten am Lagerfeuer, die *Kummsitze*, die Märsche durch die Wüste und die
Begegnung mit Landschaften von atemberaubender Schönheit – dies alles sind Erlebnisse, die ein jeder von euch bis
zum Ende seiner Tage im Herzen bewahren wird.«
Die Begeisterung war groß. Am nächsten Tag teilte mehr als
die Hälfte der ganzen Klasse Schöpsale und mir ihre Entscheidung mit, sich zum Dienst in der *Palmach* zu melden.
Jetzt war es an uns beiden, die für uns geeignetste *Hachschara* zu finden und mit ihr in Kontakt zu treten. Es bestand
auch die Möglichkeit, sich zum Dienst in der *Palmach* zu
melden und reinen Kampfeinheiten beizutreten, ohne an
einer *Hachschara* teilzunehmen. Da es in diesen Einheiten
aber keine Frauen gab und die Lebensweise dort eine sehr
viel stärker militärisch geprägte und spartanischere war, war
niemand von uns dafür zu begeistern.
Ich nutzte meine Kontakte zu den Spitzen von »HaTnu'a
HaMe'uchedet« aus dem Kibbuz meines Bruders, um über
diese in Verbindung mit dem so genannten *Garin* ihrer Bewegung zu treten, einer Gruppe junger Frauen und Männer,
die schon bald zur *Hachschara* in einen Kibbuz gehen würde.
Schöpsale hingegen gelang es mit Hilfe seiner beiden ehemaligen Schulkameradinnen, die jetzt die Landwirtschaftsschule
für Mädchen besuchten, Zugang zu Mitgliedern des *Garins*
der konkurrierenden Jugendbewegung »Machanot Olim« zu

finden. Es gab auch mehrere *Garinim* der »Arbeitenden Jugend«, doch diese zogen wir nicht in Betracht.

Unter der Bezeichnung *Garin* wurden in den einzelnen Jugendbewegungen all jene Schüler der Abschlussklassen geführt, die verkündet hatten, sie wollten aktiv an der Besiedlung des Landes teilhaben und neue Kibbuzim gründen. Die Ausrufung eines *Garin* fand zu Jahresbeginn im Rahmen einer besonderen Zeremonie statt, an der die Leitung der Jugendbewegung sowie ihr nahe stehende Persönlichkeiten und Politiker teilnahmen. Jede der einzelnen Jugendbewegung war bemüht, möglichst viele *Garinim* aufzustellen, um ihre Vormachtstellung und Beliebtheit bei der Jugend hervorzuheben.

Ab dem Tag, da ein *Garin* ausgerufen war, musste sich jedes Mitglied der Gruppe den Entscheidungen des *Garins* und der von ihr gewählten Leitung unterwerfen. Diese erhob von allen Mitgliedern eine Abgabe, um einen Grundstock für die Gruppenkasse zu bilden. Zudem führte das Sekretariat des *Garin* die Verhandlungen mit der *Palmach* über den genauen Zeitpunk der Einberufung und den Kibbuz, in den die Gruppe nach der Rekrutierung ihre *Hachschara* absolvieren sollte, wozu die Mitglieder des *Garin*-Sekretariats verschiedenen, ihnen angebotenen Kibbuzim einen Besuch abstatteten. Und schließlich war es der Leitung des *Garins* vorbehalten, bezahlte Arbeitstage in den Kibbuzim oder bei einem der gewerkschaftseigenen Unternehmen, vor allem dem Straßenbauunternehmen »Solel-Boneh«, zu organisieren, um die Gemeinschaftskasse aufzufüllen. Noch in der Stadt begannen die Mitglieder der *Garin*-Vertretung, das Leben als Kommune zu proben, das sie während ihrer Dienstzeit in der *Palmach* und danach, wenn sie an ihrem endgültigen Bestimmungsort siedeln sollten, führen würden.

Zunächst trafen wir mit den Sekretariaten von zwei *Garinim* zusammen, um erste Informationen zu erhalten. Obgleich wir von einem anderen Stern kamen, einer von der privatwirtschaftlichen Bauernschaft getragenen Landwirtschaftsschule, empfing man uns mit offenen Armen. Die fundierten Kenntnisse auf landwirtschaftlichem Gebiet, die wir in den *Garin* aus Schülern städtischer Schulen, die in Sachen Ackerbau und Viehzucht nicht die geringste Ahnung hatten, einzubringen versprachen, machte uns vom ersten Augenblick an zu äußerst begehrten Kandidaten.

Die Aussicht, dass der *Garin* zu gegebener Zeit den mit der Besiedlung des Landes betrauten nationalen Gremien Mitglieder aus seinen Reihen würde präsentieren können, die über eine hervorragende landwirtschaftliche Ausbildung verfügten, um auf diesem Wege seine Chancen auf einen prestigeträchtigen Siedlungsplatz zu steigern, machte uns zu einer »heißen Ware« auf dem Markt der *Garinim*, der von den miteinander konkurrierenden Jugendbewegungen heftig umkämpft wurde. Auch die Tatsache, dass es sich bei uns um eine große Gruppe von immerhin zwölf jungen Frauen und Männern handelte, ließ den Appetit jedes *Garins* und der dazugehörigen Jugendorganisation noch weiter wachsen.

Nicht von ungefähr wurden wir umworben, besuchten die Zusammenkünfte unterschiedlicher *Garinim*, hielten Kontakt und regelmäßigen Briefverkehr zu ihnen und nahmen sogar uneingeschränkt an ihren Aktivitäten teil. Diese fanden zumeist an den Wochenenden statt und nötigten uns, in die Städte, vor allem nach Tel Aviv, zu fahren. Die Last der Besuche bei den verschiedenen *Garinim* teilten wir untereinander auf, so dass jeder aus unserer Klasse, der die Absicht geäußert hatte, sich zum Dienst in der *Palmach* zu verpflichten, Gelegenheit erhielt, unmittelbar die Lebensweise, die ihn dort erwartete, kennen zu lernen und seinen künftigen Kameraden und Weggenossen zu begegnen.

Als die Vorbereitungen auf die anstehenden Abschlussprüfungen immer fieberhafter wurden, waren wir gezwungen, die Besuche einzuschränken. Im ständigen Kontakt zu den einzelnen *Garinim* zu bleiben, war fortan Schöpsale und mir vorbehalten.

Obgleich das Lernniveau in der Klasse sehr hoch war und niemand ernsthaft Gefahr lief, bei den Abschlussprüfungen zu scheitern, stand unser Entschluss fest, jedem, der auf Hilfe angewiesen war, auch während der Prüfungen unter die Arme zu greifen. Jetzt, da so viele meiner Klassenkameraden, unter ihnen auch mehrere externe Schüler, verkündet hatten, sie würden sich zum Dienst in der *Palmach* melden, war der Zusammenhalt innerhalb der Klasse noch stärker geworden: Die gemeinsame Zukunft, die uns erwartete, sorgte schon jetzt für ein promptes Zusammenrücken.

Vor allem begeisterte uns, dass mit einem Mal die gesellschaftlichen Schranken zwischen uns Internatsschülern und den externen Schülern, die in unserer Klasse lernten, aufgehoben schienen. Diese waren während der ganzen fünf Jahren unserer gemeinsamen Schulzeit Tag für Tag wie von einem anderen Stern in die Schule gekommen, hatten keinen Anteil am Leben im Internat genommen, hatten ihre Verpflegung und die »guten Dinge«, die sie von zu Hause mitbekamen, nicht mit uns geteilt, hatten nicht auf dem Schulgehöft mitarbeiten müssen und nicht an unseren gemeinschaftlichen Lernanstrengungen bei der Anfertigung der Hausaufgaben oder den botanischen Exkursionen teilgenommen. Die meiste Zeit des Tages lebten sie ein Leben, das nichts mit dem unseren und unseren Aktivitäten als Internatsschüler gemein hatte. Und doch hatten sich nun vier von ihnen, darunter unsere beiden Klassenkameradinnen Shira und Rachel, bereit erklärt, sich einem *Garin* anzuschließen und

274

gemeinsam mit uns künftig ein Leben als Kommune zu wagen.

Ein Komitee des »*Garins* von Pardess-Chana«, das aus drei Mitgliedern – Schöpsale, Shira und mir – bestand, wurde gewählt und gleichzeitig die organisatorische Vorbereitung für die Abschlussprüfungen in Angriff genommen. Lerngruppen entstanden, die sich um den jeweils besten Schüler in einem Fach formierten. Dieser war es, der die Vorbereitung und Wiederholung für die Abschlussprüfung leitete und bei kniffligen Fragen mit Erklärungen und Erläuterungen half. Mir fiel die Aufgabe zu, die Lerngruppe im Fach Bibelkunde zu betreuen.

Unsere Abschlussprüfung hatten wir in den Sälen der hebräisch technischen Hochschule in Haifa zusammen mit allen anderen Schülern der achten Klassen aus Haifa und Umgebung zu absolvieren. Die erste Prüfung bestand darin, einen Aufsatz auf Hebräisch zu verfassen. Wir beschlossen, gleich bei dieser ersten Prüfung unser einstudiertes »Programm zur gegenseitigen Hilfe« zu erproben, da im Verlauf dieses ersten Examens mit großer Wahrscheinlichkeit noch keine besonders strikten Vorkehrungen gegen Abschreibversuche ergriffen werden würden.

Jeder Schüler bekam, nachdem am Eingang zum Prüfungssaal seine Identität festgestellt worden war, eine Nummer und die Anweisung, an dem Pult, das seine Nummer trug, Platz zu nehmen. Auf der Stelle entschieden wir, diese Anweisung zu missachten und uns so zu setzen, wie es geplant war: der Tutor im Zentrum und alle Klassenkameraden, die vielleicht Hilfe benötigten, an den Tischen in seinem Umkreis. Bald stellten wir zu unserer Freude fest, dass das Aufsichtspersonal im Saal der Sitzordnung keine besondere Aufmerksamkeit widmete. Gehorsamen Schülern anderer Schulen, die der Anweisung nachkommen und sich auf

Plätze setzen wollten, die schon eingenommen waren, erklärten wir »einfühlsam«, dass die Sitzplatzordnung nicht verpflichtend sei.

So kam es, dass sich unser Verhalten nach Ende der einzelnen Prüfung deutlich von dem aller anderen Prüflinge unterschied. Die Schüler der anderen Schulen scharten sich dann zusammen, ehe der Klassenprimus seine Ergebnisse bekannt gab, worauf einige in Freudengeheul ausbrachen, während sich andere niedergeschlagen abwandten und schon von jener Sorge gepackt waren, die in den folgenden Monaten bis zur Bekanntgabe der endgültigen Zensuren an ihnen nagen würde. Wir hingegen konnten selbstgewiss und lächelnd die Balfour-Straße in Haifa hinunterschreiten, eine verschworene Gemeinschaft junger Frauen und Männer, die soeben gemeinsam eine unlösbare Aufgabe bewältigt hatte. Denn es war wirklich so etwas wie eine unlösbare Aufgabe, wenn auch aus ganz anderen Gründen, die in keinem direkten Zusammenhang mit dem Lernen und den Prüfungen standen.

Wir hatten gerade die Prüfung in Bibelkunde hinter uns gebracht und waren nun mitten in den Vorbereitungen für das Englischexamen, als der so genannten »Schwarze Schabbat« über uns hereinbrach. Während Schöpsale und ich in jener Nacht zum 29. Juni 1946 noch dabei waren, alle Welt wegen der zahllosen Signalfeuer, die wir von unserem Ausguck hoch oben auf dem Wasserturms sehen konnten, zu alarmieren, waren bereits alle Straßen des Landes abgeriegelt und ein Fahrverbot für die nächsten vierundzwanzig Stunden erlassen worden. Wie gebannt lauschten wir der »Stimme Jerusalems« und den kurzen Verlautbarungen der britischen Mandatsregierung, die über den Sender verbreitet wurden. Vor allem bereitete uns Sorgen, dass der illegale Sender der *Hagana* nun schon solange schwieg. Offenbar, so dachten wir voller Entsetzen, war die Sendestation geortet und ihre Betreiber verhaftet worden.

Doch dann begann die *Hagana*-Station mit ein paar Stunden Verspätung wieder zu senden und berichtete über das teuflische Vorgehen Zehntausender britischer Soldaten, über Aberdutzende von Siedlungen, die belagert und von der Außenwelt abgeschnitten wären, über das gewaltsame Eindringen in Siedlungen mit Hilfe von Panzern, das Herausreißen von Bodenbrettern in den Häusern der Kibbuzniks, über Beschlagnahmung von Waffen und schließlich die Verhaftung fast aller Männer in den Siedlungen. Ebenso wurde die Verhaftung der gesamten Führungsspitze des jüdischen *Jischuws* gemeldet, allen voran Moshe Shertok.

Den ganzen Schabbat über waren Kolonnen britischer Lastwagen zu beobachten, auf denen Hunderte von Männern unter strengster Bewachung in Richtung Süden gekarrt wurden. Wir bekamen Befehl, uns am Straßenrand zu postieren, die vorbeifahrenden LKWs zu zählen und die Namen der Kibbuzim, deren Mitglieder weggeschafft wurden, zu notieren. Diese konnten wir leicht an Hand der großen Schilder identifizieren, die die Verhafteten auf den Ladeflächen der Lastwagen schwenkten, sobald sie jemanden am Straßenrand stehen sahen, und auf denen in gut lesbaren Lettern die Namen der Kibbuzim standen.

Bald war klar, dass die meisten Kibbuzim kaum noch Arbeitskräfte hatten und so gut wie funktionsunfähig waren, da sich niemand mehr um die Pflege der Tiere, die Bewässerung der Felder, die Ernte von Gemüse und Obst oder den Schnitt und das Einbringen des Getreides kümmern konnte. Alles war lahmgelegt.

Ein Welle der Hilfsbereitschaft erfasste den gesamten jüdischen *Jischuw* in Palästina. Junge Leute aus allen Städten des Landes melden sich freiwillig, um in den betroffenen Kibbuzim zu arbeiten. Auch wir hielten eine Klassenversammlung ab und entschieden, obwohl mitten in den Examina, vereint einem Kibbuz zur Hilfe zu kommen. Aus diesem Grund wandten wir uns an den Schulleiter, der überraschenderweise Verständnis für unsere Entscheidung zeigte. Obwohl wir damit das gute Abschneiden unserer Schule bei den noch ausstehenden Prüfungen gefährdeten, ermutigte er uns und bot sogar seine persönliche wie auch die Hilfe der Schule bei unserem Hilfsunternehmen an.

Wenig später wurden wir in den Kibbuz Tel-Josef geschickt, der etwa eine Fahrstunde von Haifa entfernt lag. Unser Eintreffen als Gruppe war hochwillkommen, da man uns unverzüglich bei allen Arbeiten, die entsprechendes Fachwissen voraussetzten, das den städtischen Freiwilligen abging, einsetzen konnte: Beim Melken, dem Fahren von Traktoren und anderen landwirtschaftlichen Maschinen, dem Sortieren von Gemüse und Obst und ähnlichem mehr. Innerhalb von nur Stunden hatten wir die Verantwortung für die allermeisten Arbeitsbereiche im Kibbuz übernommen, wobei die wenigen Männer, die verblieben waren, uns einwiesen und mit uns zusammenarbeiteten.

So verbündeten sich die Absolventen einer bürgerlichen, von der freien Bauernschaft getragen Landwirtschaftsschule mit einem Kibbuz der Arbeiterbewegung, um mit vereinten Kräften den Fortbestand der Siedlung zu garantieren und den drohenden Zusammenbruch abzuwenden, nachdem die britische Mandatsregierung uns den Krieg erklärt hatte. Wir waren mit großer Begeisterung bei der Sache und bereiteten uns nach der Arbeit ungeachtet aller körperlicher Erschöpfung eisern weiter auf die noch ausstehenden Prüfungen vor. Jetzt waren wir alle in einem Boot, externe wie Internatsschüler, und dieser Umstand trug wesentlich dazu bei, uns als Gruppe zusammenzuschweißen.

278

Schöpsale und ich rieben uns beim Anblick der Klasse, die gemeinsam arbeitete und lernte, zufrieden die Hände, denn wir wussten, dass etliche unserer Klassenkameraden auch den nächsten Schritt mit uns tun und sich zum Dienst in der *Palmach* melden würden. Doch es sollte eine herbe Enttäuschung auf uns warten.

Die Prüfungen gingen ihrem Ende entgegen und gleichzeitig kamen immer mehr der inhaftierten Kibbuzniks frei. Jeden Tag tauchten weitere freigelassene Mitglieder auf und reihten sich sogleich in den Arbeitsablauf des Kibbuz ein. Wir spürten, dass unser Auftrag erledigt war. Das Sekretariat des Kibbuz gab uns zu Ehren eine Abschiedsfeier, an der alle Mitglieder teilnahmen, ehe wir erneut unsere Bündel schnürten, um ein jeder seines Wegs zu gehen.

Schöpsale und ich beriefen ein Treffen mit all denen ein, die sich zum Dienst in der *Palmach* verpflichten wollten, um zu verabreden, wann wir alle vereint zum Sammelpunkt mit dem *Garin,* dem wir uns anschließen wollten, fahren würden. Wie groß war unsere Überraschung und wie grenzenlos die Enttäuschung, als zur vereinbarten Stunde im Versammlungsraum sich nur noch drei andere unserer Klassenkameraden einfanden: Chanan, Uri'el und Shira. Alle übrigen, insgesamt sieben an der Zahl, ließen wissen – die einen kleinlaut und die anderen sich rechtfertigend und die Schuld auf ihre Eltern schiebend –, dass sie sich nun doch entschieden hätten, sich für ein Jahr zum Dienst in der jüdischen Hilfspolizei zu verpflichten.

Am nächsten Tag waren nur noch wir fünf im Kibbuz Tel-Josef. Unsere Klassenkameraden hatten sich eiligst aus dem Staub gemacht und waren nach Hause gefahren, einige sogar, ohne sich richtig zu verabschieden.

Nur die, die schon im voraus hatten verlauten lassen, dass sie sich nicht zum Dienst in der Palmach melden würden, kamen mit einem triumphierenden Lächeln auf den Lippen, um sich von uns zu verabschieden: »Ihr hättet nicht zu viel auf die Versprechungen unserer ›Maulhelden‹ geben dürfen«, meinte Zwi Hasafri, als er uns die Hand zum Abschied hinstreckte. »Ihr kennt sie doch – sie versprechen und versprechen, aber am Ende ist jeder von ihnen sich selbst der nächste.«

Wir jedoch zogen es vor, die schönen Aspekte unseres Lebens als Kommune in Erinnerung zu behalten, die Bereitschaft, selbstlos einzuspringen und zu helfen, die uns ausnahmslos alle ergriffen hatte. Auch vergaßen wir nicht, die Tatsache zu erwähnen, dass auch all jene, die sich zu guter Letzt entschieden hatten, nicht in die *Palmach* zu gehen, sich dennoch dem Dienst für ihr Volk nicht entzogen. Wir waren sicher, viele von ihnen überall im Land in der jüdischen Hilfspolizei, in der sie dienen würden, wiederzutreffen.

Viele unserer Klassenkameraden hatten schlicht Angst, sich mit der Untergrundarmee der *Palmach*, die indirekt durch die Leitung der *Histadrut* beherrscht wurde, einzulassen, galt doch die allmächtige Gewerkschaft als der übermächtige, unnachgiebige Gegner der freien Bauernschaft im Lande Israel. Einige von ihnen hatten zudem ihre persönlichen Erfahrungen bei Konfrontation mit den Mahnwachen jüdischer Arbeiter gemacht, die gegen die Beschäftigung von arabischen Arbeitskräften auf den Zitrusplantagen und Weinbergen ihrer Familien protestierten. Anderen war die unüberwindbare Abneigung gegen alles, was nur im entferntesten nach Sozialismus roch, mit in die Wiege gelegt worden, während so gut wie alle einfach zauderten, ihr Schicksal auf unbestimmte Zeit in die Hände der *Palmach*-Führung zu geben, ohne zu wissen, wann sie in ein normales Leben zurückkehren und vor allen Dingen ihre akademischen Studien würden fortsetzen können.

Niemand konnte zum damaligen Zeitpunkt voraussehen, dass all solches Abwägen und Spekulieren innerhalb kürzester Zeit in Wirren des Kriegs gänzlich an Bedeutung verlieren würde. Wir wussten noch nicht, dass wir ausnahmslos, in den brodelnden Kessel des Unabhängigkeitskrieges geworfen werden und mit unseren Körpern, unserem Blut und unseren persönlichen Plänen für das große Geschenk bezahlen würden: Die Anerkennung unseres Rechts, einen eigenen, unabhängigen und freien Staat gründen zu dürfen.

Wir waren also nur noch zu fünft, als wir nun auf den Lastwagen warteten, den uns die Leitung des Kibbuz Tel-Josef versprochen hatte. Dieser sollte uns in einen anderen Kibbuz bringen, wo sich unser *Garin* zur Einberufung in die *Palmach* versammeln würde. Der Laster gehörte der örtlichen Transportkooperative und sollte Bananen in einem der Kibbuzim des Jordantals laden und sie in die Lagerhäuser der *Tnuva* nach Haifa bringen.

So standen wir am Tor des Kibbuz, als der Lastwagen endlich kam und der Fahrer uns mit breitem Lächeln aufforderte, aufzusteigen. Wir wuchteten unsere Rucksäcke auf die Ladefläche, nahmen hinter der Fahrerkabine Aufstellung und hielten uns an den Verstrebungen dort fest – vier junge Männer und eine junge Frau, das Produkt der Erziehung im jüdischen *Jischuw*, der um sein Überleben kämpft, fünf typische Vertreter jener Generation, die später einmal als die 48er bezeichnet werden sollte:

Chanan, ein Enkel der Gründer des Moschaws Hartov und Nachkomme früherer zionistischer Pioniere der bulgarischen Judenheit.

Uri'el, ein aus Jerusalem gebürtiger, in siebter Generation im Lande Israel lebender Nachfahre jener sefardischen Juden, die vor der Reconquista aus Spanien hatten fliehen müssen.

Shira, eine Kind deutscher Zionisten der zweiten *Aliya*, die früh genug die Shoah, die über die jüdische Gemeinde ihres Landes kommen würde, erkannt hatten und inzwischen fest verwurzelt im Lande Israel waren.

Schöpsale, der Sohn einer osteuropäischen jüdischen Familie, deren Mitglieder ihre akademischen Berufe aufgegeben hatten und zu Arbeitern der Scholle geworden waren.

Und ich, ein Städter, der sich von der Religion losgesagt hatte, ein Überlebender, der durch den tragischen Tod des eigenen Vaters zufällig dem Morden am europäischen Judentum entronnen war.

Unter uns stampfte der Lastwagen dahin und in unseren Herzen erklang ein Lied: »Unser Antlitz zur aufgehenden Sonne.« Eine hoffnungsvolle, frohe Zukunft erwartete uns. So fuhren wir und sangen – auf in die *Palmach*!

Glossar

Abbaya: (arab.) Mantelartiger Überwurf aus Wolle, auch gestreift.

Bar Mizwa: (hebr.: Sohn des Gebotes) Feier, die Jungen im Alter von 13 Jahren zu vollwertigen Mitgliedern der jüdischen Religionsgemeinschaft macht. Seit dem 19. Jahrhundert im liberalen und konservativen Judentum auch für Mädchen praktiziert (Bat Mizwa).

Bejtar: hebräisches Kurzwort für »Brit Trumpeldor – Trumpeldor-Bund«; 1923 in Riga gegründete Jugendorganisation der Revisionistischen Partei, deren Mitglieder in Palästina dann die meisten Kämpfer in den Untergrundorganisationen Etzel und Lechi stellten.

Cheder: (hebr.: Zimmer, Stube) Bezeichnet die sog. Lehrstube, die traditionelle ostjüdische Elementarschule für Jungen bis zur Bar Mizwa.

Chewra Kaddischa: (hebr.: Heilige Vereinigung) Eine in jeder jüdischen Gemeinde existierende Beerdigungsbruderschaft, deren Mitglieder sich um Krankheits- und Todesfälle kümmern. Die Bruderschaft begleitet den Sterbenden vor und in der Stunde des Todes, bereitet den Leichnam für die Beerdigung vor und bestattet ihn.

Djama'a: (arab.: Gruppe, Schar) Wie viele andere arabische Ausdrücke auch fester Bestandteil der hebräischen Umgangssprache in den dreißiger und vierziger Jahren, die durch Übernahme arabischer Begriffe die gleiche natürliche Verbundenheit ihrer Träger mit dem Land unterstreichen sollte, wie sie der autochthonen arabischen Bevölkerung zugeschrieben wurde.

Emeq: (hebr.: Tal) Meint oft das Jesreeltal.

Etzel: (hebr. Abk. für Irgun Zva'i Le'umi: Nationale Militärorganisation) Extrem nationalistische, militärische Untergrundorganisation, die 1931 gegründet wurde. Nach arabischen Aufständen im April 1937 spaltete sich die Organisation in Hagana-Anhänger und einen revisionistischen Flügel, der der revisionistischen Partei Vladimir Jabotinskys nahe stand. Während der Mandatszeit u.a. für den Anschlag auf das King-David-Hotel am 22. Juli 1946 verantwortlich, ging die Etzel nach der Ausrufung des Staates Israel nur unter erheblichem Widerstand in der regulären Armee auf und schuf sich als Nachfolgeorganisation die Cherut-Partei, deren Führer der Et-zel-Mann Menachem Begin wurde.

Garin: (hebr.: Obstkern) Bezeichnet den »festen Kern« einer Gruppe junger Leute, die zum Nukleus einer neuen landwirtschaftlichen Siedlung – eines Kibbuz oder Moschaws – werden soll.

Goj, Goja, Gojim: (hebr.: Nichtjude, Nichtjüdin, Nichtjuden)

HaTikwa: (hebr.: Hoffnung) Titel der 1878 von Naftali Herz Imber verfassten Hymne der zionistischen Bewegung, in der die Hoffnung auf eine Rückkehr nach Zion zum Ausdruck gebracht wird; seit 1948 offizielle israelische Nationalhymne.

Hagana: (hebr.: Schutz, Verteidigung) Die offizielle Untergrund-armee des jüdischen Bevölkerungsteils im Palästina der Mandats-zeit. Sie bestand von 1920 bis 1948 und wurde zur Vorläuferin der regulären israelischen Armee.

Halacha: (hebr.: Gehen, Wandeln) Der Begriff bezeichnet das ge-samte »rechtliche« System des Judentums. Die Halacha besteht aus mündlichen sowie schriftlichen Überlieferungen, die einem stetigen geschichtlichen Wandel unterworfen waren. Die Halacha regelt die alltägliche Lebensführung entsprechend den religiösen Traditionen.

Hachschara: (hebr.: Vorbereitung) Mit Hebräischunterricht verbun-dene berufliche Ausbildung vor allem auf landwirtschaftlichem Gebiet, durch die junge Juden noch vor ihrer Einwanderung auf ein Arbeitsleben in Palästina vorbereitet werden sollten. Zu diesem Zweck entstanden vor und während des Zweiten Weltkriegs in Osteuropa und Deutschland zumeist auf Gehöften und Farmen angesiedelte Zentren für landwirtschaftliche Lehrgänge. Der Begriff wurde im Jischuw auf die Vorbereitung junger Menschen auf das Leben in der Landwirtschaft und die Gründung neuer landwirtschaft-licher Kooperativen ausgedehnt.

HaShomar HaTzaír: (hebr.: der junge Wächter) 1913 in Galizien gegründete links-sozialistisch-zionistische Jugendorganisation, die in Palästina am Aufbau zahlreicher Kibbuzim beteiligt war und mit der Zeit zu einer politischen Partei wurde. 1948 gehörte sie zu dem Zusammenschluss, aus dem die spätere Arbeitspartei entstand.

Histadrut: (hebr.: Organisation) Kurzform für »Allgemeine Organi-sation der jüdischen Arbeiter im Lande Israel«. 1920 in Haifa als Arbeitnehmerorganisation des sozialistischen Zionismus gegründet, entwickelte sich die Histadrut zum politischen und wirtschaftlichen Zentrum des Jischuw, bereitete institutionell und ideologisch die Schaffung des jüdischen Staatswesens vor und wurde nach der Staatsgründung zur einflussreichen Einheitsgewerkschaft mit weit-reichenden Unternehmer- und Wohlfahrtsfunktionen.

Hora: Rumänischer Volkstanz, Kreistanz mit untergehakten Armen. Der Tanz wurde zum Sinnbild für die ausgelassene Fröhlichkeit der

284

jungen zionistischen Pioniere und stand im Mittelpunkt öffentlicher Feiern des vorstaatlichen Jischuws.

Ikal: (arab.) Oftmals kunstvoll umwickeltes Band aus Kamelwolle, das zum Halten der Kufiya um den Kopf gelegt wird.

Jecke, Jeckin: Bezeichnung im Volksmund für deutsche Juden, die in den dreißiger und vierziger Jahren nach Palästina einwanderten und denen man nachsagte, an Kleidung, Sprache und Verhaltensformen noch Jahre nach der Immigration kenntlich gewesen zu sein.

Jeschiwa: (hebr.: Sitzen, Sitzung) Bezeichnet die Institution, in der anhand der jüdischen Traditionsliteratur, besonders des Talmud, Schüler ausgebildet werden.

Jischuw: (hebr.: bewohntes Land) Bezeichnet die Gesamtheit der jüdischen Siedlungen und Einwohner in Palästina von Beginn der zionistisch motivierten Einwanderung ab etwa 1882 bis zur Gründung des Staates Israel im Jahre 1948.

Kaddisch: (aramäisch: heilig) Jüdisches Totengebet.

Keren Kayyemet LeIsrael (KKL): (hebr.: Jüdischer Nationalfonds) 1901 auf dem 5. zionistischen Kongress als eine Körperschaft der Zionistischen Weltorganisation zum Zweck des Bodenerwerbs in Palästina gegründet. Der Jüdische Nationalfonds (JNF) verpachtete das erworbene Land an jüdische Siedler. Seit 1948 ist er v. a. für die Erschließung und Wiederaufforstung des Landes zuständig. 1960 wurde der gesamte Landbesitz des JNF an den Staat übertragen. Heute verwaltet er über neunzig Prozent des Bodens ins Israel.

Kufiya: Kopfbedeckung arabischer Männer.

Kummsitz: (jidd.: komm und sitz) Lagerfeuer; stehender Begriff im Wortschatz der Palmach-Generation, der das gesellige Beisammensein, jedoch auch die dabei zum Besten gegebenen Heldentaten und Anekdoten meint und zum Inbegriff eines Lebensgefühls wurde.

Lechi: (hebr. Abk. für Lochamej Cherut Israel: Kämpfer für die Freiheit Israels) Extrem zionistisch-revisionistische Untergrundorganisation, die sich unter Führung Avraham Sterns 1940 von Etzel abspaltete, weshalb sie von ihren Gegnern auch »Stern-Bande« genannt wurde. Nach dem Tod Sterns im Februar 1942 übernahm eine Gruppe von Lechi-Mitgliedern das Kommando, zu der auch der spätere Premier Yitzchak Shamir gehörte. Nach dem erfolglosen Versuch, 1948 eine eigene Partei zu gründen, schloss sich ein Teil des Lechi der Cherut-Partei an.

Minjan: (hebr.: Zahl) Meint die Mindestanzahl von zehn männlichen, religionsgesetzlich mündigen Personen, die als Gebetsquorum für den jüdischen Gottesdienst verbindlich festgeschrieben ist.

Mizwa, pl. Mizwot: (hebr.: Gebot Gottes) Religiöse Ge- und Verbote im Judentum, die auf die Thora zurückgeführt werden. Insgesamt werden 613 Mizwot gezählt, 248 Gebote (»Du sollst!« – Mizwot

Asseh) und 365 Verbote (»Du sollst nicht!« – Mizwot Lo Ta'asseh). Forderung oder Pflicht, oft auch im Sinne von »gute Tat« benutzt.

Moschaw: Dorf mit genossenschaftlich organisierter Landwirtschaft. Maschinen und Geräte werden gemeinsam angeschafft, Erzeugnisse kooperativ vertrieben. Jede Familie besitzt ihren eigenen Haushalt, ihr eigenes Stück Land und erhält den Erlös der von ihr erzeugten Waren. Der erste Moschaw war der 1921 gegründete Moschaw Nahalal im Jesreeltal, aus dem u.a. auch Mosche Dayan kam.

Muchtar: (arab.) Dorfschulze, Dorfvorsteher.

Nebbich: (jidd.) Nichtsnutz.

Palmach: (hebr. Abkürzung für Plugot Machatz. Stoßtruppen) Linkssozialistisch motivierte Eliteeinheit der jüdischen Selbstschutztruppe in Palästina (Hagana) vor der Staatsgründung.

Rosh HaSchana: (hebr.: Haupt des Jahres) Jüdisches Neujahrsfest.

Schidduch: (hebr.: Ehestiftung, Ehevermittlung) Bezeichnet Verhandlungen zwischen den Familien des Bräutigams und der Braut um eine mögliche Ehe bzw. eine vorläufige Entscheidung dazu. Besonders in der ostjüdischen Tradition ging mit einer solchen Art Verlobung auch ein gewisser vertraglicher Akt einher.

Shabriya: (arab.) Krummdolch

Siddur: (hebr.: Ordnung) Das jüdische Gebetbuch für Werktage und den Schabbat.

Tallit: (hebr.: Gebetsmantel) Meint hier den so genannten kleinen Gebetsmantel (Tallit Katan), der auch Arba Knafot/Vier Ecken genannt wird, zumeist ein ungesäumtes, rechteckiges Stück Tuch mit Halsausschnitt und Schaufäden an den vier Ecken, das als tägliches Bekleidungsstück von gläubigen Juden unter der Kleidung getragen wird.

Tembelhut: Baumwollhut ohne Krempe, der als Schutz gegen die Sonne getragen neben Khakishorts und -hemden sowie hohen, festen Arbeitsschuhen mit Gamaschen zum Erkennungszeichen der jungen, neuen Israelis – der Sabres – wurde. Später dann vor allem mit den Bewohnern der Kibbuzim in Verbindung gebracht, verkörperte diese Kopfbedeckung auch immer ein wenig naive, gutgläubige Tumbheit.

Tnuwa: 1927 vom Jischuw gegründete, genossenschaftlich organisierte Verwertungskooperative für landwirtschaftliche Produkte.

Treife: (jidd.) Von hebräisch taref, »rituell unrein, unbrauchbar«, meint Nahrungsmittel, die aufgrund der religionsgesetzlichen Vorschriften zum Verzehr verboten sind.

Yom Kippur: (hebr.: Tag der Versöhnung) Wichtigster Feiertag der jüdischen Religion, der am zehnten Tag des jüdischen Monats Tishri (September/Oktober) mit einem Fastentag begangen wird. An Yom Kippur wird um die Vergebung für die Sünden gebeten.